Lost Brands – vom Aufstieg und Niedergang starker Marken

Michael Brückner • Andrea Przyklenk

Lost Brands – vom Aufstieg und Niedergang starker Marken

Warum „too big to fail" nicht einmal für Traditionsmarken gilt

 Springer Gabler

Michael Brückner
Redaktionsbüro Brückner
Multatulistraße 22
55218 Ingelheim
Redaktion.Brueckner@gmail.com
www.redaktion-brueckner.de

Andrea Przyklenk
Rutesheimer Straße 36/1
71229 Leonberg
apmail@powerconcept.de
www.powerconcept.de

ISBN 978-3-8349-2820-7   ISBN 978-3-8349-6984-2 (eBook)
DOI 10.1007/978-3-8349-6984-2

Die Deutsche Nationalbibliothek verzeichnet diese Publikation in der Deutschen Nationalbibliografie; detaillierte bibliografische Daten sind im Internet über http://dnb.d-nb.de abrufbar.

Springer Gabler
© Springer Fachmedien Wiesbaden 2013

Lektorat: Angela Pfeiffer

Gedruckt auf säurefreiem und chlorfrei gebleichtem Papier

Springer Gabler ist eine Marke von Springer DE. Springer DE ist Teil der Fachverlagsgruppe Springer Science+Business Media
www.springer-gabler.de

Vorwort

Mitunter enden sogar Legenden ganz banal. Am 9. Juni 2009 verließ Horst Piepenburg das Gebäude der Arcandor-Zentrale in Essen-Bredeney durch den Hintereingang. In seiner Aktentasche befanden sich brisante Papiere. Sie sollten das Ende des Firmenkonglomerats besiegeln, zu dem unter anderem die Einzelhandelsunternehmen Quelle und Karstadt gehörten. Piepenburg machte sich auf den Weg zum Amtsgericht Essen, wo er den von allen Vorstandsmitgliedern unterschriebenen Insolvenzantrag des Arcandor-Konzerns vorlegte. Es war ein schwerer Gang, aber es dauerte nicht lange. Schon kurz nach 14 Uhr war die Unternehmensgruppe offiziell insolvent. Mehr als 40 Konzernunternehmen gingen einer höchst ungewissen Zukunft entgegen.

Karstadt konnte am Ende gerettet werden, doch das Großversandhaus Quelle blieb auf der Strecke. Wer heute, aus Richtung Würzburg kommend, mit dem Zug nach Nürnberg unterwegs ist, fährt wenige Minuten vom Hauptbahnhof der Frankenmetropole entfernt in Fürth an den mittlerweile schon ziemlich heruntergekommenen ehemaligen Quelle-Immobilien vorbei. Auf dem Parkplatz stand bis vor kurzem sogar noch ein ausrangierter blauer Quelle-Lastwagen. Die Pleite kam nicht überraschend. Und dennoch war es ein unwürdiges Ende für das einstmals größte Versandhaus Europas.

Uns hat der Zusammenbruch von Quelle zum vorliegenden Buch inspiriert. Denn immerhin gehörte der Name des Fürther Großversandhauses früher zu den ersten Adressen in Deutschland und zu den anerkannten Stars der deutschen Wirtschaftswunderjahre. Heute ist das einstige Vorzeigeunternehmen schon ein Stück Wirtschaftsgeschichte – und die letzten Quelle-Kataloge avancieren zu Sammlerstücken. Ein ähnliches Schicksal widerfuhr dem einstigen Erzkonkurrenten Neckermann.

Keine Einzelfälle, im In- und Ausland scheiterten in den vergangenen Jahrzehnten immer wieder Unternehmen, die symbolhaft für bestimmte Produkte standen, ein ganz bestimmtes Lebensgefühl vermittelten oder fast schon wie Dynastien anmuteten.

Die Marke Borgward steht für den kühnen Versuch, gleich nach dem Zweiten Weltkrieg in Deutschland wieder Autos mit außergewöhnlichem Design und anspruchsvoller Technik zu bauen. Die amerikanische Fluggesellschaft PanAm war der Carrier in die Neue Welt schlechthin (und jahrzehntelang die Airline, die Berlin mit weiten Teilen der früheren Bundesrepublik verband). Auf Kreidler-Mopeds sammelten viele die ersten motorisierten Fahrerlebnisse, und wer einen Fernseher von Saba hatte, war mächtig stolz. Wer bei

Philipp Holzmann arbeitete, glaubte, einen sicheren Arbeitsplatz zu haben, und Männer
mit Preisbewusstsein kauften ihre Garderobe bei Müller-Wipperfürth. Der Einstieg ins
digitale Zeitalter begann für viele mit einem Commodore Amiga-PC.

Und schließlich sind da noch „untergegangene Marken", an die man sich mit gemisch-
ten Gefühlen erinnert. Zum Beispiel an die Pleitebank von Iwan Herstatt, die in den 1970er
Jahren die Finanzwelt fast schon so erschütterte wie die Lehman-Insolvenz 2008.

Doch gibt es daneben zahlreiche Beispiele für gerettete oder „wiederbelebte" Marken.
Einige von ihnen stellen wir in diesem Buch ebenfalls vor. Ein solcher Mutmacher ist zum
Beispiel der Schwarzwälder Uhrenhersteller Junghans, der nach seiner Insolvenz eine viel
beachtete Renaissance erlebte. Als wir Junghans besuchten und mit dem neuen Chef, Matthias Stotz, sprachen, war noch keineswegs sicher, ob das Unternehmen dauerhaft überleben würde. Dann aber fand sich ein Investor, der vor allem auf eines setzte – die nach wie
vor vorhandene Zugkraft der Traditionsmarke Junghans.

Liebe Leserin, lieber Leser, tauchen Sie auf den nachfolgenden Seiten mit uns ein in eine
faszinierende Markenwelt. Erfahren Sie, wie die großen Marken zu dem wurden, was sie
waren, und woran sie letztlich scheiterten. Sie lernen schillernde Unternehmerpersönlichkeiten, geniale Strategen, größenwahnsinnige Patriarchen und fanatische Tüftler kennen.
Die meisten von ihnen hatten am Beginn ihrer Karriere eine verrückte Idee – jedenfalls
nach dem Urteil ihrer Mitmenschen. Sie durchlebten Höhen und Tiefen, und selbst wenn
sie heute auf dem Markenfriedhof ruhen, prägten viele von ihnen doch die deutschen
Wirtschaftswunderjahre.

Insofern geht es in diesem Buch nicht nur darum, die Gründe des Scheiterns zu analy-
sieren, sondern vor allem auch die Gründe des vorangegangenen, teilweise spektakulären
Erfolgs. Viele der Markengeschichten laden ein zum Schwelgen, andere rufen ungläubi-
ges Staunen hervor, erinnern doch manche Vorkommnisse und Machenschaften an einen
Wirtschaftskrimi.

Das Buch bietet somit zum einen natürlich unterhaltsamen Lesestoff für alle, die sich für
Wirtschaft und Wirtschaftshistorie interessieren. Aufgrund der analytischen Aufbereitung
der Gründe des Scheiterns sollen die Fallstudien aber auch Managern und Marketingverantwortlichen ein hohes Maß an Praxiswert und interessante Erkenntnisse bieten. Eines
zeigen unsere Beispiele nämlich sehr deutlich: Too big to fail – das gilt nicht einmal für
starke Marken. Denn der Markt ist ein strenger Schiedsrichter.

Wir wünschen Ihnen in jedem Fall eine spannende und anregende Lektüre.

Michael Brückner
Andrea Przyklenk

Inhaltsverzeichnis

1 **Einleitung** 1
   1.1 Macht und Magie der Marke 1

2 **Lost Brands** 5
   2.1 Handel im Wandel 5
      2.1.1 Horten: Im Schatten des Patriarchen 5
      2.1.2 Quelle: Versiegte Legende 10
      2.1.3 Neckermann: Am Ende war nichts mehr möglich 17
      2.1.4 Müller-Wipperfürth: Bruchlandung einer
            Wirtschaftswunder-Marke 23
      2.1.5 Co op AG: Die Marke in einem Wirtschaftskrimi 28
      2.1.6 Schlecker: Billigheimer mit Imageproblemen 33
   2.2 Abgestürzt & ausgebremst 39
      2.2.1 PanAm: Der Crash einer Kultmarke 39
      2.2.2 Swissair: Bruchlandung einer Prestige-Airline 45
      2.2.3 Borgward: Kult-Autos vom Patriarchen 51
      2.2.4 Motorräder – Horex, vom Sturz einer Königin 56
      2.2.5 Kreidler: Flach liegend dahingepfiffen 62
      2.2.6 Zündapp: Ein Elefant geht baden 68
   2.3 TV und PC von dazumal 76
      2.3.1 Saba: Von den Grenzen eines Familienunternehmens 76
      2.3.2 Grundig: Sendepause für Traditionsmarke 83
      2.3.3 Nixdorf: Vom Absturz eines Computer-Pioniers 89
      2.3.4 Commodore: Computer für alle 94
   2.4 Crash-Kurs extreme 100
      2.4.1 Neue Heimat: Zu hoch gebaut 100
      2.4.2 Holzmann: Pfusch am Bau 106
      2.4.3 Herstatt-Bank: Beben in Köln 113
   Weiterführende Literatur 118

3   **Saved Brands – Überlebenskünstler** 121
    3.1   Dinkelacker: Fast verschluckt 121
    3.2   Märklin: Vorsicht an der Bahnsteigkante! 124
    3.3   Salamander: Lurchis Comeback 133
    3.4   Schiesser: Gerippt 138
    Weiterführende Literatur 145

4   **Brands Revived – Neustart oder Untergang** 147
    4.1   Trendgetränke 148
          4.1.1   Sind wir nicht alle ein bisschen Bluna? 148
          4.1.2   Sexy-mini-super-flower-pop-op-cola 149
          4.1.3   Die Sinalco schmeckt 150
          4.1.4   Tri Top ist wieder da 151
    4.2   Maybach: Wiederbelebt und doch gestorben 152
    4.3   Junghans-Uhren: Als die Zeit abgelaufen schien 159
    Weiterführende Literatur.. 163

Die Autoren

Michael Brückner Jahrgang 1958, lebt und arbeitet als freier Wirtschaftsjournalist, Autor und Kommunikationsberater in Ingelheim bei Mainz und in Lindau/Bodensee. Nach zehnjähriger Tätigkeit als Redakteur der *Mainzer Allgemeinen Zeitung* übernahm er Ende der 1980er Jahre die Chefredaktion des Wirtschaftsmagazins *Europa* und veröffentlichte parallel mehrere Bücher zur europäischen Integration und zur Währungsunion. Später übernahm er die Redaktionsleitung des Magazins *Monumente*, herausgegeben von der Deutschen Stiftung Denkmalschutz, für die er auch als Cheftexter tätig war.

Im Jahr 1995 machte sich Brückner selbstständig. Er schreibt für mehrere Zeitschriften und Zeitungen (unter anderem *Welt am Sonntag*), veröffentlichte zahlreiche Bücher zu Finanz- und Marketingthemen und arbeitet als Kommunikationsberater für Banken und Versicherungen.

Brückner ist außerdem ein gefragter Redenschreiber – und knüpfte auf diese Weise enge Kontakte zu Vorständen, Inhabern und Geschäftsführern vieler Unternehmen in Deutschland und im europäischen Ausland. Gemeinsam mit seiner Kollegin Andrea Przyklenk, der Mit-Autorin des vorliegenden Buches, betreibt Brückner darüber hinaus die Online-Magazine www.luxus-momente.de und www.kapitalanlage-sachwerte.de.

Andrea Przyklenk Jahrgang 1957, arbeitet seit fast 25 Jahren als freie Journalistin, Buchautorin und Ghostwriterin. Sie verfasst Texte für Unternehmenswebseiten, Kundenzeitungen und Broschüren. Außerdem ist Andrea Przyklenk Chefredakteurin des Stuttgarter Unternehmermagazins *Die News*.

Vor ihrer Selbstständigkeit arbeitete die Journalistin zehn Jahre in der Redaktion von *Das Beste aus Reader's Digest*. Dabei lernte sie, welche Rolle die Menschen für eine gute Geschichte spielen. Heute findet Andrea Przyklenk ihre Geschichten überall: in Unternehmen, auf Veranstaltungen, auf Reisen, in Gesprä-

chen und in ihrem täglichen Leben. Darüber berichtet sie unter anderem auf ihrer Website
www.powerconcept.de

„Ich habe gern mit unterschiedlichen Themen zu tun", sagt die Autorin. Selbst Themen,
die auf den ersten Blick langweilig erschienen, seien spannend, wenn man sich damit aus-
einandersetze. Die Menschen, die sich für die Dinge interessierten, machten sie lebendig.
Allemal spannend war es, sich für das vorliegende Buch mit verschwundenen und „wiederbelebten" Marken zu beschäftigen und den Gründen nachzugehen, die zum Scheitern
beziehungsweise zur Renaissance einer Marke führten. Denn natürlich stehen hinter jedem Unternehmens-Schicksal – Menschen.

Einleitung

1

1.1 Macht und Magie der Marke

Ein Werbeslogan aus den 1960er und 1970er Jahren brachte das Geheimnis starker Marken prägnant auf den Punkt: „Persil, da weiß man, was man hat", warb der Henkel-Konzern damals genial einfach oder einfach genial für sein Waschmittel. Und der Erfolg dieser Botschaft blieb nicht aus. Omo als Hauptkonkurrent (wer denkt heute noch an diese Marke?) spielte bald nur noch eine Nebenrolle. Jede starke Marke enthält ein implizites Qualitätsversprechen. Es ist Teil des Markenkerns und der Authentizität des entsprechenden Produkts oder der Dienstleistung. Dieses Versprechen kann auch darin bestehen, gute Ware zu besonders günstigen Preisen anzubieten. Wichtig ist vor allem, dass die Ware oder die Dienstleistung als attraktiv wahrgenommen wird. Entweder wegen ihrer besonderen Güte oder wegen fairer Preise. Das heißt, Marken haben viel mit Emotionen zu tun. Spielten allein rationale Überlegungen eine Rolle, würden die Verbraucher vermutlich in erster Linie preiswerte No-Name-Produkte kaufen. Wer sich aber für eine bekannte Marke entscheidet, kann auf bewährte Qualität setzen. Man weiß, wie es im Persil-Slogan zum Ausdruck kommt, was man hat, und erlebt keine unangenehmen Überraschungen. Zumindest hoffen die Verbraucher dies.

Ein weiterer Aspekt kommt hinzu: Bekannte Marken sind imagestark und haben für viele Konsumenten einen hohen Prestigefaktor. Sie sind häufig Statussymbole, was ein Blick auf die stärksten deutschen Marken bestätigt. Ganz oben auf der Liste stehen Adidas sowie die Automobilhersteller Audi, BMW, Mercedes und VW. Erst danach folgt mit Nivea ein alltagstaugliches Produkt ohne hohen Prestigefaktor. International gilt übrigens Apple nach wie vor als die stärkste und teuerste Marke.

Zu den internationalen Premiummarken gehört ohne Frage Rolex. Der Schweizer Hersteller von teuren Nobeltickern genießt rund um die Welt höchstes Ansehen. Auch unabhängige Uhrmacher (und sogar die Wettbewerber) bescheinigen Rolex-Uhren extrem gute Verarbeitungsqualität und einen hohen Wiederverkaufswert. Dafür muss der Käufer freilich sehr tief in die Tasche greifen. Es gibt zahlreiche Uhren von vergleichbarer Qualität,

M. Brückner, A. Przyklenk, *Lost Brands - vom Aufstieg und Niedergang starker Marken*, DOI 10.1007/978-3-8349-6984-2_1, © Springer Fachmedien Wiesbaden 2013

die deutlich weniger kosten, doch dafür fehlen ihnen der Prestigefaktor und der Wiedererkennungswert. Wer eine Rolex am Handgelenk trägt, führt gleichsam eine weltweite Versicherung für Notfälle mit sich. Denn ganz gleich, ob in Europa, Nord- oder Südamerika, Asien und sogar in vielen Staaten Afrikas: Man kann diese Uhr relativ schnell für gutes Geld verkaufen. Die Macht und Magie der Marke macht diese Uhr zu einem weltweit geschätzten Sachwert.

Ein weiteres Beispiel für eine gelungene Markenführung liefert die ING-DiBa AG mit Hauptsitz in Frankfurt am Main. Sie ist mit über sieben Millionen Kunden die größte Direktbank Europas. Als sie Ende der 1990er Jahre noch Allgemeine Deutsche Direktbank hieß und mehrheitlich der Gewerkschaftsholding BGAG gehörte, galt sie als kleine Nischenbank mit weniger als 500.000 Kunden. Nach dem Einstieg des niederländischen Finanzkonzerns ING (International Netherland Group) wurde die Bank nicht nur in ING-DiBa umbenannt, sondern als günstige und unkomplizierte Bank positioniert. Egal, ob es um Tagesgeldkonten, Wertpapierdepots oder Baufinanzierungen ging, stets bot die ING-DiBa mit die vorteilhaftesten Konditionen und die niedrigsten Gebühren. Offensiv wurde überdies die Zusammenarbeit mit den Verbraucherschützern kommuniziert. Auch mit den Gewerkschaften strebte die Bank eine partnerschaftliche Zusammenarbeit an – und zwar nicht nur wegen der eigenen Vergangenheit des Geldinstituts. Das heißt, das eingangs erwähnte implizite Qualitätsversprechen der Direktbank lautete: Wir wollen fair und kundennah sein, keine abgehobenen Zocker, für die nur das Investmentbanking zu zählen scheint.

Jahrelang wurde dieses Image kultiviert. Doch dann geschah etwas sehr Interessantes: Plötzlich gehörte das Geldinstitut nicht mehr zu den günstigsten Anbietern, sondern bewegte sich im Mittelfeld. Die Bank war zwar aufgrund der vorteilhaften Kostenstruktur ihres filiallosen Vertriebs in vielen Segmenten immer noch günstiger als die meisten Mitbewerber, aber sie gehörte hinsichtlich ihrer Konditionen eben nicht mehr zu den Top 5 unter allen Anbietern. Dennoch wuchs die Kundenzahl weiter an. Der Grund ist einfach: Dem Unternehmen war es gelungen, seine Marke mit einem positiven, fairen und vertrauenswürdigen Image auszustatten. Und gerade in Krisenzeiten zählt die Vertrauenswürdigkeit einer Bank für die meisten Kunden viel mehr als ein Zinsvorteil von ein paar Zehntel Prozentpunkten.

Eine starke und mit positiven Emotionen besetzte Marke kann darüber hinaus die Krisenresistenz eines Unternehmens nachhaltig stärken. Je erfolgreicher die Marke, desto größer die Chance, im Notfall zu überleben. Etwa vier Wochen vor Abschluss des vorliegenden Buches im Frühjahr 2013 übernahm die fränkische Simba Dickie Group (laut *Spiegel* 13/2013 *„ein selten bescheuerter Name"*) den im Jahr 2009 in die Insolvenz geratenen Modelleisenbahn-Hersteller Märklin. Sogar der bayerische Ministerpräsident gratulierte. So viel mediale Aufmerksamkeit bei der Übernahme eines insolventen mittelständischen Betriebs kann nur im ersten Moment überraschen. Tatsächlich wirkte hier einmal mehr die Magie der Marke. Märklin weckt bei vielen Menschen Erinnerungen. Generationen von Kindern spielten mit diesen Miniatureisenbahnen, und selbst ältere Semester frönen gern ihrer Märklin-Leidenschaft. Auch Michael Sieber, Chef der Simba

Dickie Group, spielte in seiner Kindheit gern mit Märklin-Eisenbahnen. Es existiert sogar noch ein vergilbtes Foto aus dem Jahr 1964, das einen strahlenden Sieber mit seiner
Miniatur-Eisenbahnanlage zeigt. Die ganze Märklin-Geschichte – vom steilen Aufstieg
über die Insolvenz bis hin zur Rettung – wird in diesem Buch erzählt. Die vielen Emotionen, die mit dieser Marke verbunden sind, gaben sicher nicht allein den Ausschlag für
die Übernahme, lieferten aber zumindest überzeugende zusätzliche Argumente für das
Engagement der Simba Dickie Group.

Dennoch: Eine starke Marke allein schützt nicht vor dem Untergang, wenn unternehmerische Fehlentscheidungen, Wirtschaftskrisen oder interner Zwist ein Traditionsunternehmen in den Abgrund führen. Risiken entstehen ferner, wenn der so wichtige
Markenkern nicht konsequent gepflegt wird, wenn ständig wechselnde Manager keinen
klaren Kurs vorgeben und Aktionismus an die Stelle einer konsistenten Strategie tritt.
Möglichst breit aufgestellt sein, unternehmerische Risiken breit streuen – das galt einmal als wichtige Erfolgsmaxime. Um noch einmal auf das im Vorwort erwähnte Beispiel Quelle zurückzukommen: Die Unternehmerfamilie Schickedanz, der das Großversandhaus gehörte, hatte früher unter anderem einen Hersteller von Papiertaschentücher,
Brauereien, eine Bank und einen Reiseveranstalter im Portfolio. Kein Einzelfall, noch
in den 1970er und 1980er Jahren wagten sich viele Unternehmen auf branchenfremdes
Terrain. Wer dabei die Aktivitäten nicht erkennbar voneinander abgrenzte, lief Gefahr,
seine eigentliche Kernmarke zu verwässern. Tatsächlich lautete schon wenige Jahre später die Maxime: „Zurück zum Kerngeschäft." Es bedarf mithin viel Fingerspitzengefühls
seitens der Marketingverantwortlichen, um zu entscheiden, wie weit sich der öffentliche
Auftritt eines Produkts oder einer Dienstleistung (und damit auch die öffentliche Wahrnehmung) vom Markenkern entfernen darf. Im schlimmsten Fall verliert die Marke ihre
Identität und damit ihren inneren Wert. Hierfür finden sich im vorliegenden Buch mehrere Beispiele.

Wie gesagt: Marken haben mit Emotionen zu tun. Anders ausgedrückt: Wer mit Marken umgeht, spielt mit Gefühlen. Obwohl wir auf den folgenden Seiten zahlreiche gerettete
oder nach einigen Jahren „wiederbelebte" Marken vorstellen, geht es doch vorrangig um
die verlorenen Marken – die „Lost Brands". Alle Marken stehen synonym für ihre Branchen, wecken in den Menschen Erinnerungen – überwiegend positive, mitunter aber auch
negative, wie im Fall der Drogeriemarktkette Schlecker, der im Übrigen beweist, dass eine
erst einmal negativ besetzte Marke sehr schnell zu einem Reputationsrisiko werden kann.

Lost Brands

2

2.1 Handel im Wandel

2.1.1 Horten: Im Schatten des Patriarchen

Der 26. Februar 2010 war ein ganz besonderer Tag für die westfälische Stadt Hamm. Die politische Prominenz des Landes war erschienen, allen voran der damalige nordrhein-westfälische Ministerpräsident Jürgen Rüttgers. Immerhin gab es etwas zu feiern. Mit einem „Leuchtturmprojekt" – so die Verantwortlichen – sollte ein neues städtebauliches Highlight gesetzt werden. Und zwar genau dort, wo es die über 180.000 Einwohner zählende Stadt am nötigsten hatte – im Bahnhofsquartier. Wer mit dem Zug anreiste, dem hatte Hamm jahrelang nicht eben ein besonders attraktives Entree geboten. In der Regel fiel der erste Blick nach dem Verlassen des Hauptbahnhofs auf das monströse ehemalige Horten-Kaufhaus, das seit dem Jahr 2000 leer stand. Ab Herbst 2004 suchten Städteplaner und Kommunalpolitiker nach einer Lösung, um das Image des Bahnhofsquartiers nachhaltig aufzupolieren. Als sich die Stadt im April 2007 für den Bau eines Kultur- und Bildungszentrums entschied, waren die Tage der Kaufhaus-Immobilie, die anmutete wie ein Beton gewordenes Mahnmal für die architektonischen Geschmacksverwirrungen der 1970er Jahre, endgültig gezählt. Im April 2007 rollten die Abrissbagger an. Die Bürger feierten eine „Horten-Abrissparty". Anstelle eines Kaufhauses entstand das Heinrich-von-Kleist-Forum, in dem eine Fachhochschule, die Volkshochschule und die Bücherei der Stadt Hamm untergebracht wurden.

Ein Vorgang von hoher Symbolkraft. Einst hatte der Name „Horten" einen festen Platz in der Geschichte des viel bestaunten deutschen Wirtschaftswunders nach dem Zweiten Weltkrieg. Nun applaudierten die Bürger, als die mächtigen Schaufeln der Abrissbagger die ersten Teile des maroden Gebäudes zum Einsturz brachten. Horten – das war nun Geschichte. Und zwar nicht nur in Hamm, sondern überall in Deutschland. Jene ehemaligen Horten-Immobilien, die nach wie vor als Kaufhaus genutzt werden, gehören heute zum Konkurrenten Kaufhof und damit zur Metro AG.

M. Brückner, A. Przyklenk, *Lost Brands - vom Aufstieg und Niedergang starker Marken*,
DOI 10.1007/978-3-8349-6984-2_2, © Springer Fachmedien Wiesbaden 2013

Zusammen mit Gustav Schickedanz und Josef Neckermann gehörte Helmut Horten nach dem Zweiten Weltkrieg zu den Revolutionären des Einzelhandels. Im Gegensatz zu seinen bekannten Mitbewerbern setzte Horten indessen nicht auf das Versandgeschäft, sondern auf den stationären Handel. Seine Kaufhäuser folgten einem ganz bestimmten Konzept: Hier sollte der Kunde alles finden, was er zum täglichen Leben brauchte. Dazu gehörten nicht nur Kleidung, Elektroartikel und Spielwaren für die Kinder, sondern eben auch ein SB-Supermarkt. Wer sich stärken wollte, brauchte das Kaufhaus ebenfalls nicht zu verlassen. Er begab sich einfach in das integrierte Restaurant „Kupferspieß". Nach Möglichkeit sollten die Horten-Käufhäuser, die aufgrund ihrer charakteristischen Fassade mit Aluminiumkacheln schon von weitem erkennbar waren, über ein Parkhaus und eine Tankstelle verfügen. Das Konzept ging auf. Denn obwohl Horten die ewige „Nummer vier" hinter Kaufhof, Hertie und Karstadt blieb, wurde der Unternehmensgründer zum Milliardär. Seine Witwe zählt heute noch zu den reichsten Frauen der Welt.

Die Geschichte rund um das Unternehmen und den Unternehmer Horten hat alles, was eine Seifenoper ausmacht. Dazu gehören der unglaubliche wirtschaftliche Erfolg, der politische Einfluss, die Steuerflucht in die Schweiz, die Heirat Hortens mit einer 30 Jahre jüngeren Frau, die er an einer Bar am Wörthersee kennen lernte, kostbare Diamanten, der eigene Jet – und nicht zuletzt viele Skurrilitäten, die den Journalisten reichlich Stoff für Klatschreportagen lieferten. So zählte Helmut Horten zum Beispiel zu den Förderern des Berliner Kabarett-Ensembles „Die Stachelschweine". Premieren buchte er als Privatvorführung, und die weiblichen Mitglieder des Ensembles wurden schon mal in Horten-Autos zu ihren Auftritten chauffiert. Im Jahr 1960 berichtete *Der Spiegel*, der damals 51-jährige Helmut Horten habe als Zeichen seiner Anerkennung jedem „Stachelschwein" eine Silbermedaille mit geprägtem Horten-Konterfei verliehen. Die Vorderseite der Medaille habe die Inschrift getragen „Helmut I. Hortensiae Mercuriae Defakastanjae Imperator". Auf der Rückseite verkündete Horten nach diesem Zeitungsbericht auf Lateinisch die Devise des Unternehmers: „Diener der Liebe – Freund des Weines – Ich lebe nicht, um zu arbeiten, ich arbeite, um zu leben". Konsequenterweise hat sich der Unternehmer zeitlebens an dieses Motto gehalten.

Zeitzeugen bescheinigten Horten ein hohes Maß an Pragmatismus, unternehmerische Kreativität und eine gewisse Portion Rücksichtslosigkeit. Der am 8. Januar 1909 in Bonn geborene Horten entstammte einer angesehenen rheinländischen Juristenfamilie. Sein Vater war Senatspräsident am Oberlandesgericht in Köln. Nach seinem Abitur entschied sich Helmut Horten aber gegen eine akademische Karriere und für eine kaufmännische Lehre bei der Leonhard Tietz AG, aus der später die Kaufhof AG hervorgehen sollte. Den Aufstieg vom Lehrling zum Unternehmer schaffte Helmut Horten in atemberaubendem Tempo. Bereits im Alter von 28 Jahren übernahm er 1936 das Duisburger Textilkaufhaus „Gebrüder Alsberg". Für den jüdischen Vorbesitzer war es ein Notverkauf. Um zu überleben, musste er aus Hitler-Deutschland emigrieren. Helmut Horten hatte keine Skrupel, diese Notlage auszunutzen und erwarb das Unternehmen zu einem extrem günstigen Preis. Um die Finanzierung musste er sich ebenfalls keine Gedanken machen, schließlich war der Bankier Wilhelm Reinold von der Hamburger Commerz- und Disconto-Bank ein Freund der Familie. Im selben Jahr eröffnete Horten ein weiteres Geschäft in Wattenscheid. In den Folgejahren mussten immer mehr jüdische Kaufleute Deutschland verlassen. Ihre Betriebe wurden enteignet, und Helmut Horten griff zu. Bis zum Ausbruch des Zweiten Weltkriegs übernahm Horten sechs weitere Kaufhäuser – eines sogar im ostpreußischen Königsberg.

Für die weitere Karriere des Unternehmers erwies sich als hilfreich, dass er während des Zweiten Weltkriegs als Reichsverteiler die Menschen in den bombengeschädigten westdeutschen Städten mit Textilen versorgte. In den Augen der Briten war Horten damit ein „Wehrwirtschaftsführer". Sie sperrten ihn nach dem Zweiten Weltkrieg für 17 Monate in ein Internierungslager. Als er kurz vor der Währungsreform wieder auf freien Fuß kam, startete er sofort sein Comeback als Unternehmer. Dabei griff er angeblich auf Warenbestände zurück, die er in den letzten Kriegsmonaten versteckt gelagert haben soll. Ob diese Behauptung den Tatsachen entspricht, ließ sich nicht mit letzter Sicherheit klären. Jedenfalls entwickelte Horten sein Unternehmen mit großem Engagement weiter. Kurz vor Weihnachten des Jahres 1948 eröffnete er in Duisburg mit dem „Bau der hundert Tage" sein erstes neues Kaufhaus. In den 1950er Jahren kaufte er von der in die USA emigrierten Familie Schocken die „Merkur"-Kette mit elf Niederlassungen. Von dem ebenfalls in den Vereinigten Staaten lebenden jüdischen Geschäftsmann Jacob Michael erwarb Horten schließlich die Aktien der Emil Köster AG, die in Deutschland 19 Warenhäuser unter dem Namen „Defaka" (Deutsches Familien-Kaufhaus) betrieb. Nach diesem Deal spielte Helmut Horten in derselben Liga wie die großen deutschen Kaufhausketten Karstadt, Hertie und Kaufhof. Allerdings war das Horten-Imperium durch zahlreiche Zukäufe nicht organisch gewachsen, sondern eher gewuchert. Die in den 1950er Jahren erworbenen Ketten bedienten zudem ganz unterschiedliche Kunden. Die „Merkur"-Läden wurden vor allem von Arbeitern bevorzugt, der gutsituierte Mittelstand hingegen kaufte im „Defaka".

Horten setzte konsequent seine Vorstellungen von einem Vollsortiment-Warenhaus um – ein Konzept, das sich bereits in den USA bewährt hatte. Bei den Kunden kam diese Idee an, Horten galt im Vergleich mit seinen Mitbewerbern bald als die feinste Warenhaus-Kette. Schon Anfang der 1960er Jahre kletterte der Umsatz der Horten-Gruppe auf über eine Milliarde D-Mark. Damals ein erstaunliches Ergebnis. Der erfolgsverwöhnte Helmut Horten pflegte engste Kontakte zu den Mächtigen aus Politik und Wirtschaft. In seiner Villa in Düsseldorf empfing er führende Politiker der Unionsparteien und der FDP. Auch der damalige CSU-Chef und spätere bayerische Ministerpräsident Franz Josef Strauß gehörte zu seinen Gästen.

Außerdem liebte der Kaufhauskönig den Luxus und die wahren Werte. Mitte der 1960er Jahre etwa kaufte er von einem Juwelenhändler in Antwerpen den Blauen Wittelsbacher, der mit über 31 Karat bis heute als einer der teuersten Fancy-Diamanten der Welt gilt. Dieses im wahrsten Sinne des Wortes hochkarätige Geschenk erhielt seine Frau Heidi zur Hochzeit. Die muss sich später allerdings wieder von diesem Edelstein der Superlative getrennt haben, denn im Dezember 2008 wurde der Blaue Wittelsbacher erneut vom Auktionshaus Christie's versteigert. Der Hammer des Auktionators fiel erst bei umgerechnet 28,4 Mio. €.

Bis Ende der 1960er Jahre war Helmut Horten alleiniger Herr in seinem Handels-Konzern. Sein Unternehmen hatte die Rechtsform einer Gesellschaft mit beschränkter Haftung (GmbH) mit Horten als Gesellschafter. Im Jahr 1968 wurde die Helmut Horten GmbH in die Horten AG umgewandelt, was umgehend zu Spekulationen führte, der Unternehmer wolle sich von seinem Lebenswerk oder zumindest von Teilen davon trennen. Zunächst wurden derlei Gerüchte noch vehement dementiert, doch Ende 1969 gaben Horten und die Deutsche Bank eine gemeinsame Erklärung ab, die eine markante Zäsur in der Unternehmensgeschichte darstellen sollte: „Die rasch wachsende Warenhausgruppe der Horten-, Merkur- und Defaka-Häuser, die in diesem Jahr die Umsatzgrenze von zwei Milliarden D-Mark überschreiten wird, vollendet jetzt den Übergang vom Ein-Mann-Unternehmen zur Aktiengesellschaft mit Beteiligung breiter Anlegerkreise." Zunächst gab es jedoch nur zwei neue Großaktionäre – die Deutsche Bank und die Commerzbank, die zusammen eine 25-prozentige Beteiligung hielten. Wenige Monate später indessen bot Horten weitere 50 % des Gesamtkapitals der Aktiengesellschaft dem breiten Publikum an. Insgesamt erlöste der Kaufhauskönig damit zwischen 800 und 900 Mio. D-Mark. Er selbst hielt zunächst noch 25 % und übernahm das Amt des Aufsichtsratsvorsitzenden.

Horten kam dabei fast in den ungeschmälerten Genuss seiner Verkaufserlöse, denn dem deutschen Fiskus drehte er eine lange Nase, indem er sich in der Schweiz niederließ. In der kleinen Tessiner Gemeinde Croglio unweit der Grenze zu Italien hatte er ein 116.000 Quadratmeter großes Anwesen mit Villa, Schwimmhalle, Bürotrakt und eigener Kegelbahn erworben. Seinen neuen Mitbürgern gegenüber erwies sich Horten als großzügig. So spendete er zwei Kindergärten 300.000 Schweizer Franken. Und er zahlte Steuern. Zwar nicht einmal ein Prozent dessen, was in Deutschland fällig gewesen wäre, aber immerhin durfte sich die Gemeinde Croglio über einen Geldsegen von rund einer Million Franken freuen. Geld genug, um endlich das alte Gemeindehaus zu modernisieren. Die Einwohner von Croglio nannten Horten den „grande Tedesco", also den „großen Deutschen".

Die Presse und einige Regionalpolitiker jedoch nahmen den Milliardär aus dem Norden ins Visier. Die *Basler Nationalzeitung* wunderte sich etwa, dass Helmut Horten mit der Übersiedlung ins Tessin im Jahr 1968 sofort eine Daueraufenthaltsgenehmigung auf Lebenszeit erhalten habe, während ausländische Arbeitskräfte zehn Jahre auf die Genehmigung zur Niederlassung warten müssten. Das *Emmenthaler Blatt*, damals eine der führenden schweizerischen Zeitungen, mutmaßte sogar, kein Geringerer als der Präsident des Bankrates der Schweizerischen Nationalbank habe sich höchstselbst für die schnelle Einbürgerung des reichen Deutschen stark gemacht.

Allerdings beruhigten sich die eidgenössischen Gemüter bald wieder, und Helmut Horten konnte für viele Jahre ein recht mondänes Leben führen – fern der Heimat, die ihm politisch und gesellschaftlich immer fremder wurde. Seine letzten Anteile an der Horten AG hatte er mittlerweile verkauft. Nun investierte er vor allem in Luxus. So erwarb er Top-Immobilien in internationalen 1-A-Lagen und gönnte sich eine Super-Yacht. Zudem gründete er in der Schweiz und in Österreich zwei Stiftungen, die seither die medizinische Forschung unterstützen. In Deutschland sorgte der Privatier noch einmal im Jahr 1983 für Aufsehen. Die FDP war nach der Aufkündigung der sozialliberalen Koalition und der

Bildung eines neuen Regierungsbündnisses mit den Unionsparteien unter Bundeskanzler Helmut Kohl nicht nur in eine politische, sondern darüber hinaus in eine Existenz bedrohende wirtschaftliche Krisen geraten. Horten unterstützte die Liberalen, denen er sich verbunden fühlte, mit einer Spende in Höhe von sechs Millionen D-Mark.

Helmut Horten starb am 30. November 1987 im Alter von 78 Jahren. Er hinterließ seiner Frau Heidi ein Vermögen von schätzungsweise über drei Milliarden D-Mark. Die von ihm gegründete Kaufhauskette sollte ihn nicht lange überleben – jedenfalls nicht unter dem Namen „Horten". Nach dem kompletten Ausstieg des Unternehmensgründers aus seinem Konzern begann eine turbulente Phase mit häufig wechselnden Mehrheitsaktionären. So kam die Horten AG zunächst mehrheitlich in britische Hände, später wurde die Westdeutsche Landesbank (WestLB) Mehrheitsaktionärin. Vielfach wurde bereits in den 1980er Jahren über ein baldiges Aus des Traditionsunternehmens spekuliert. Immerhin hatte mit Josef Neckermann ein anderer Großer unter den Handelspionieren bereits die Segel streichen müssen. Anfang der 1990er Jahre waren gleich zwei Handelsunternehmen an einer Übernahme der Horten AG interessiert. Zum einen streckte der große Mitbewerber Kaufhof die Fühler aus, zum anderen zeigte auch die Kaufring AG Interesse. Beide Unternehmen erwarben Aktienpakete am Objekt ihrer Begierde, doch am Ende hatte die Kaufhof Warenhaus AG die besseren Karten. Zehn Warenhäuser gingen an die Kaufring AG über, der große Rest der Warenhauskette gehört seit 1994 Kaufhof und damit dem Metro-Konzern. Unter dem neuen Eigentümer wurde das zuvor von der Horten AG entwickelte Galeria-Konzept umgesetzt, mit dem zunehmend anspruchsvollere und markenorientierte Kunden angelockt werden sollten. Aus „Galeria Horten" wurde im Laufe der Zeit „Galeria Kaufhof". Immer seltener war in den deutschen Innenstädten nun die Wortmarke „Horten" anzutreffen. Das 125-jährige Jubiläum der Kaufhof AG im Jahr 2004 bedeutete dann das Ende der Marke.

Resümee: Hortens rechtzeitiger Ausstieg

War es Zufall oder aber Ausdruck unternehmerischer Einsicht, dass sich Helmut Horten rechtzeitig von seinem Unternehmen trennte? Darüber wurde viel spekuliert. Fest steht jedoch, dass zum Zeitpunkt des Verkaufs von einer Krise des Kaufhauskonzepts, die 30 Jahre später prominente Opfer wie Hertie und beinahe auch Karstadt fordern sollte, nichts zu spüren war. Dieser Tatsache verdankt Horten die mit knapp einer Milliarde D-Mark sehr ansehnlichen Veräußerungserlöse. Tatsächlich erwies sich das Horten-Management auch in den Jahren nach dem Ausscheiden des Unternehmensgründers als durchaus innovativ, was zum Beispiel die Umsetzung des Galeria-Konzepts beweist. Dennoch wurde das Ende der Marke Horten letztlich mit dem Ausscheiden ihres Gründers eingeleitet. Wie so häufig bei Unternehmen, die von einer Person oder einer Familie beherrscht werden, entsteht im Laufe der Jahre eine Art Symbiose zwischen Gründer und Unternehmen. In dem Augenblick, da der kinderlose Helmut Horten sein Lebenswerk an die Börse brachte, stand nicht mehr er mit all seinen Ideen sowie Ecken und Kanten hinter der Marke, sondern eine weitgehend anonyme Masse von Groß- und

Kleinaktionären mit zum Teil widerstreitenden Interessen. Hauptaktionäre waren viele Jahre branchenfremde Großbanken. So verschwand fast 50 Jahre nach Ende des Zweiten Weltkriegs ein Name, der in der Wirtschaftsgeschichte immer mit den Jahren des Aufschwungs und des zunehmenden Wohlstands verbunden bleiben wird.

2.1.2   Quelle: Versiegte Legende

Sehr eloquent und in fast akzentfreiem Deutsch hatte der Verkaufsleiter des finnischen Elektrogeräteherstellers Finlux den aus Deutschland angereisten Journalisten die neuesten Fernsehgeräte vorgeführt. Es war ein Termin von vielen, die an diesem Tag auf die Medienvertreter warteten. Am Abend sollten die Gäste in Helsinki noch den finnischen Außenhandelsminister treffen. Das nordische Land, das großen Wert darauf legt, nicht zu den skandinavischen Staaten gezählt zu werden, zeigte sich Ende der 1980er Jahre von seinen besten Seiten. Und dafür gab es einen guten Grund: Nach dem Umbruch in Osteuropa strebte Finnland die Mitgliedschaft in der Europäischen Union (damals noch Europäische Gemeinschaft) an. Da konnte es nicht schaden, den deutschen Journalisten die Leistungsfähigkeit der finnischen Wirtschaft zu demonstrieren. Sogar Fernsehgeräte der Spitzenklasse wurden in Finnland produziert.

Über welche Kanäle Finlux seine Produkte vertreibe, wollte einer der Gäste aus Deutschland wissen. „Also in Großbritannien verkaufen wir unsere Fernsehgeräte über Harrods", berichtete der Verkaufsleiter stolz. „Aha – und in Deutschland?", hakte der Journalist nach. „In Deutschland – nun, Sie werden lachen – verkaufen wir unsere Produkte über die Firma Quelle", erläuterte der Finlux-Vertreter. „Nächste Woche wird uns Frau Schickedanz besuchen. Wir bereiten uns schon sehr intensiv auf den Besuch der großen Dame vor." Tatsächlich wurde die betagte Großkundin aus Deutschland empfangen wie eine Königin. Wer von den damals anwesenden Journalisten hätte gedacht, dass 20 Jahre später das stolze Fürther Großversandhaus – seinerzeit Marktführer in Europa – in einem Sumpf aus Schulden und unternehmerischer Inkompetenz versinken würde?

Zeitsprung: Würzburg, 25. August 2010. Es ist wenige Minuten vor 16 Uhr. Die letzten Kunden verlassen das Quelle Technik-Center in der Theaterstraße. Wenige Minuten später wird der Hausmeister die Türen verschließen – für immer. Eine der letzten Filialen des einstigen Einzelhandels-Imperiums streicht die Segel. „Quelle stirbt", titelt die Lokalpresse. In den Wochen zuvor waren bereits zahlreiche andere Quelle-Filialen in ganz Deutschland geschlossen worden.

Heute ist Quelle – einst ein Synonym für den Versandhandel – nur mehr ein Stück Wirtschaftsgeschichte, das nicht nur Historiker, sondern zunehmend sogar Sammler interessiert. Der legendäre Quelle-Katalog, der einst in einer Auflage von acht Millionen Exemplaren erschien und von dem ein Diplomat aus dem damals noch kommunistischen Osteuropa behauptete, er sei das „meistgelesene Druckwerk" in seiner Heimat, dieser Bestseller des Versandhandels also wird mittlerweile zu bemerkenswerten Preisen auf der Auktionsplattform Ebay gehandelt. Ältere Jahrgänge erzielen Preise, die denen für hochwertige

Fachbücher oder Bildbände gleichkommen. Und es ist wohl davon auszugehen, dass der letzte Quelle-Hauptkatalog Herbst/Winter 2009/2010 längerfristig eine gesuchte Rarität werden könnte. Zumal dieser finale Katalog (Titel-Slogan: „Tausend Wünsche – eine Quelle") beinahe gar nicht mehr erschienen wäre. Im Sommer 2009 hatten sich die Druckereien aufgrund des absehbaren Zusammenbruchs der Karstadt-Quelle-Holding Arcandor geweigert, den Herbst-Winter-Katalog fertigzustellen und auszuliefern. Die Bundesregierung sowie die Regierungen der Länder Bayern und Sachsen, wo Quelle seine wichtigsten Standorte unterhielt, vereinbarten daraufhin am 29. Juni 2009 einen Massekredit in Höhe von 50 Mio. € für den schwer angeschlagenen Versandhaus-Giganten. Damit war zumindest die Auslieferung des neuesten Katalogs gesichert, und die Mitarbeiter/innen des Unternehmens atmeten zunächst einmal auf. Zu früh, wie sich bald zeigen sollte. Denn am Abend des 19. Oktober 2009 unterrichtete Quelle-Pressesprecher Manfred Gawlas die Medien vom endgültigen Aus für das Traditionsunternehmen. Zuvor hatte der Insolvenzverwalter der Arcandor-Gruppe, Klaus Hubert Görg, den Gläubigerausschuss darüber informiert, „dass die Verkaufsanstrengungen für Quelle Deutschland erfolglos waren". Das Unternehmen wurde nun Schritt für Schritt abgewickelt. Für manche völlig unverständlich, schließlich wurde etwa zur gleichen Zeit der marode Autobauer Opel mit viel Geld und politischem Goodwill am Leben erhalten.

Der Niedergang des Handels-Imperiums war eine Tragödie in mehreren Akten, in denen große Unternehmerpersönlichkeiten und Manager die Hauptrollen spielten – geschätzte und überschätzte. Da war zunächst der Gründer Gustav Schickedanz (1895–1977) und seine zweite Frau Grete (1911–1994), außerdem deren Tochter Madeleine, die einen Milliarden-Konzern erbte, zu den reichsten Frauen Europas zählte – und am Ende beinahe alles verlor. Es ist die Geschichte des einst gefeierten Top-Managers Klaus Zumwinkel, der aus der Quelle-Chefetage an die Spitze der Deutschen Post wechselte, den einst trägen Staatsbetrieb auf Vordermann brachte, mit den Spitzen der Republik verkehrte, geschätzter Gesprächspartner der Politiker war – und dem am Ende die Demütigung nicht erspart blieb, wegen eines Steuerdelikts vor laufenden Kameras abgeführt zu werden. Weitere Hauptrollen spielten Thomas Middelhoff, als ehemaliger Vorstandschef von Bertelsmann ebenfalls lange Zeit ein Star in vielen Wirtschaftsmagazinen, der später als Chef des Arcandor-Konzerns für viele Bundesbürger „eine der liebsten Hassfiguren aus der Wirtschaft" wurde, wie der Journalist und Historiker Hagen Seidel in seinem Buch „Arcandors Absturz" schreibt. Im letzten Akt kam dann noch Karl-Gerhard Eick ins Spiel. Der ehemalige Finanzvorstand der Deutschen Telekom war vom 1. März bis 1. September 2009 CEO von Arcandor. Retten konnte er den Konzern nicht mehr, stattdessen geriet er massiv in die Kritik, als bekannt wurde, dass er für seinen kurzen Einsatz bei Arcandor eine Abfindung von 15 Mio. € erhalten sollte. Sogar im Bundestagswahlkampf 2009 spielte dieses Thema eine Rolle. Und schließlich war da noch die Kölner Privatbank Sal. Oppenheim, bis 2008 die größte unabhängige Privatbankengruppe Europas. Sie geriet infolge der drohenden Insolvenz des Arcandor-Konzerns und der Finanzkrise der Jahre 2008/2009 in eine gefährliche Schieflage und wurde im Herbst 2009 von der Deutschen Bank übernommen.

Über den Untergang der Arcandor AG und die Schuld der Hauptakteure wurde viel geschrieben und diskutiert. Tatsächlich forderte diese Insolvenz ein prominentes Opfer: Mit dem Namen „Quelle" verschwand eine der wichtigsten Marken in der Wirtschaftsgeschichte der Bundesrepublik Deutschland. An dieser Stelle soll jedoch nicht vorrangig analysiert werden, wer diese Marke letztlich in den Ruin getrieben hat. Zumindest ebenso spannend erscheint die Frage, wie Unternehmensgründer Gustav Schickedanz es trotz einer Reihe von höchst widrigen Umständen schaffte, die Marke „Quelle" so positiv aufzuladen. Immerhin stand dieses Versandhaus mit seinen vielen Eigenmarken (zum Beispiel Privileg, Universum, Revue, Mars usw.) für Qualität zu günstigen Preisen. Als die Stiftung Warentest in den 1970er Jahren erstmals eine größere Zahl von Verbrauchern mit ihren Produkttests erreichte, rieb sich mancher verwundert die Augen: Die günstigen Produkte von Quelle erhielten überwiegend sehr gute, gute oder zumindest zufriedenstellende Bewertungen.

Dass Firmengründer Gustav Schickedanz die Preissensibilität der Verbraucher nicht nur erkannte, sondern auch zu nutzen verstand, kam nicht von ungefähr. Als Schickedanz am 7. Dezember 1922 die Firma „Gustav Schickedanz, Sitz Fürth, Moststraße 35, Großhandel mit Kurzwaren" ins Handelsregister eintragen ließ, waren die wirtschaftlichen Rahmenbedingungen sicher nicht die besten. In Deutschland grassierte die Hyperinflation, die schließlich in die Währungsreform vom 15. November 1923 mündete. Als Folge der unglaublichen Geldwertvernichtung verloren viele Menschen ihre Ersparnisse und lebten von der Hand in den Mund. Manche von ihnen kamen zu Gustav Schickedanz in der Hoffnung, bei ihm günstig einkaufen zu können. Doch als Großhändler war es ihm verboten, billig an Endkunden zu verkaufen. Auf seinen Reisen durch ländliche Regionen wurde Schickedanz zudem gewahr, dass die Menschen außerhalb der Großstädte gar keine Möglichkeit hatten, Preise zu vergleichen. Sie mussten beim Händler im Ort kaufen – und obendrein noch froh sein, wenn es dort überhaupt Einkaufsmöglichkeiten gab. In Schickedanz reifte die Idee eines Versandhandels. Er wollte den Endkunden gute Ware zu einem sehr günstigen Preis liefern. Und der Kunde sollte seine Ware nicht im Geschäft abholen, vielmehr wurde sie ihm mit der Post gebracht. Zugegeben, ganz neu war diese Idee nicht. Man kannte sie als „Mail Order-Shopping" bereits aus den USA. Und als Gustav Schickedanz seinen Plan mit der Gründung des Versandhauses Quelle GmbH am 26. Oktober 1927 umsetzte, kam ihm auch in Deutschland keine Pionierrolle mehr zu. Etwa zwei Jahre zuvor waren nämlich der Baur Versand in Burgkundstadt und das Versandhaus Klingel in Pforzheim aus der Taufe gehoben worden. Das Versandhaus Wenz gab es ebenfalls schon, als Schickedanz an den Start ging.

Um günstige Preise garantieren zu können, musste Schickedanz in großem Umfang einkaufen. Sein Geschäftsmodell basierte mithin darauf, möglichst schnell eine große Zahl von Kunden zu gewinnen. Diese sollten „direkt an der Quelle" zu günstigen Preisen kaufen. Das war die Philosophie – und sie gab dem Unternehmen seinen Namen. Schickedanz war sich außerdem darüber im Klaren, dass er nicht an der Qualität seiner Angebote sparen durfte. Denn ein junges, schnell wachsendes Unternehmen wäre mit einer Vielzahl von Reklamationen sicher überfordert gewesen. Der Fürther Jungunternehmer erkannte darüber hinaus, dass seine Kunden zwar durchaus Konsumwünsche hatten, aber oft das nötige Geld fehlte. Also handelte er wie der Tante-Emma-Laden an der Ecke: Er „schrieb an". Wer bei Quelle bestellte, konnte seine Rechnung in mehreren Monatsraten abtragen. Mit dieser frühen Form des Konsumentenkredits legte Schickedanz den Grundstein für den späteren Einstieg ins Bankgeschäft (Noris-Bank und Quelle-Bank).

Die ersten beiden Jahre bestätigten das Geschäftsmodell des Quelle-Gründers. Das Versandhaus gewann immer mehr Kunden – und sein Chef verdiente schon so gut, dass er sich ein Auto leisten konnte. Dass es im Leben von Gustav Schickedanz indes schon bald zu einer schweren Krise kommen sollte, war somit nicht wirtschaftlichen Gründen geschuldet, sondern einem persönlichen Schicksalsschlag. Am 13. Juli 1929 verunglückte die Familie Schickedanz mit ihrem Auto auf der Fahrt nach München. Anna Schickedanz, gerade einmal 34 Jahre alt, sowie der fünfjährige Sohn Leo starben noch an der Unfallstelle. Leonhard Schickedanz, der Vater des Quelle-Gründers erlag wenig später im Schwabinger Krankenhaus seinen schweren Verletzungen. Auch Gustav Schickedanz zog sich schwerste Verletzungen zu, überlebte jedoch den Unfall und konnte nach einem mehrwöchigen Krankenhausaufenthalt an seinen Schreibtisch zurückkehren. Seine engsten Mitarbeiter beobachteten aber mit großer Sorge, dass ihr Chef höchst depressiv war und fatalistisch wirkte. Die Energie des Vollblutunternehmers – sie schien mit einmal Mal erloschen zu sein. Es dauerte Monate, bis sich Schickedanz wieder in gewohnter Weise um sein Versandhaus kümmern konnte. Ein Unternehmen, das immer stärker prosperierte. Im Jahr 1932 beschäftigte Quelle schon über 100 Mitarbeiter und stand bei Kunden und Zulieferbetrieben in höchstem Ansehen.

Einen bleibenden Reputationsschaden fügte sich Schickedanz selbst zu, als er der NS-DAP beitrat. Später wurde er für die Nationalsozialisten sogar Ratherr in seiner Heimatstadt Fürth. Was ihn zu diesem fragwürdigen politischen Engagement bewogen hat, blieb bis heute im Dunkeln, zumal er bei den Nazis nicht eben in bestem Ansehen stand. Nach dem Zweiten Weltkrieg wurde Schickedanz als „Mitläufer" eingestuft. Trotzdem erlegten ihm die Amerikaner ein mehrjähriges Berufsverbot und Zwangsarbeit auf.

Tatsächlich hatte Schickedanz in den 1930er Jahren im Zuge der sogenannten Arisierung der deutschen Wirtschaft einige Unternehmen von ehemaligen jüdischen Inhabern gekauft. Das bekannteste waren die Vereinigten Papierwerke Nürnberg VP der Gebrüder Rosenfeld. Allerdings soll er jeweils einen akzeptablen Preis gezahlt, jedenfalls seine Position nicht ausgenutzt haben.

Mit dem Erwerb des Aktienpakets der Vereinigten Papierwerke sicherte sich Schickedanz eine der bis heute wertvollsten Marken: Die Nürnberger stellten Papiertaschentücher mit dem Namen „Tempo" her. Dieser Markenname steht nach wie vor synonym für das Produkt. Bis 1994 blieb dieser Hersteller im Portfolio der Schickedanz-Gruppe, dann wurde er an den US-Konzern Procter + Gamble verkauft. Dieser veräußerte das Unternehmen im Jahr 2007 an den schwedischen Konkurrenten SCA Tissue Europe. Zum Schickedanz-Imperium gehörten nach dem Zweiten Weltkrieg lange Zeit noch weitere Unternehmen aus unterschiedlichen Branchen, darunter eine Brauerei. Festzuhalten bleibt aber: Mit „Quelle" und „Tempo" besaß Gustav Schickedanz, der im Juni 1942 seine langjährige Mitarbeiterin Grete geheiratet hatte, zwei Brands von unglaublicher Strahlkraft. Letztlich hat aber nur eine dieser Marken die Wirren der Zeit überlebt.

Auch in der Nachkriegszeit nahm Schickedanz instinktsicher die Signale des Marktes auf – und lieferte die passenden Lösungen. Er selbst war begeisterter Hobbyfotograf. Doch wirklich gute Fotoapparate waren in den 1950er und 1960er Jahren teuer. Also gründete Schickedanz die „Foto-Quelle", die schnell zum größten Fotohaus der Welt aufstieg und unter der Eigenmarke „Revue" alles bot, was Hobbyfotografen und -filmer brauchten. Die Überlegungen des Quelle-Patriarchen waren bisweilen auch höchst simpel: Wenn die Leute älter werden, brauchen sie Brillen. Schickedanz staunte, als er von den atemberaubenden Margen der Optiker erfuhr. Unter dem Namen „Apollo" gründete er kurzentschlossen seine eigene Optikerkette, die Brillen zu günstigen Preisen anbot. Allerdings war er in diesem Segment nie so erfolgreich wie sein Mitbewerber Fielmann. Bald gehörten ferner Banken, Versicherungen und eine Bausparkasse zur Firmengruppe, deren mit Abstand stärkste Säule freilich der Versandhandel blieb. Im Jahr 1969 erzielte Quelle bereits einen Umsatz von rund 2,8 Mrd. D-Mark. Nur fünf Jahre später kletterte der Umsatz auf 6,4 Mrd. D-Mark. Der Konzern beschäftigte zu dieser Zeit rund 36.000 Mitarbeiter. Grete Schickedanz, mittlerweile Generalbevollmächtigte und Mitglied des Konzernbeirats, wurde Anfang 1975 persönlich haftende Gesellschafterin in der Gustav und Grete Schickedanz Holding KG. Seinen 80. Geburtstag erlebte Schickedanz noch bei einigermaßen guter Gesundheit. Bis ins hohe Alter saß er Tag für Tag in seinem Büro und leitete die Geschicke seines Konzerns. Zu seinem 80. Geburtstag vermachte er seine wertvolle Grafiksammlung des Künstlers Rudolf Schiestl der Stadt Fürth.

In den folgenden Monaten ließen sich aber die gesundheitlichen Gebrechen des Firmengründers nicht mehr übersehen. Dennoch arbeitete er – so oft es ging – in seiner Firma, die ihm Kraft und Überlebenswillen gab. Dann aber, im März 1977, musste sich Schickedanz einer Operation unterziehen. Die Ärzte zeigten sich zunächst zufrieden. Aufatmen im Quelle-Konzern. Doch dann kam es plötzlich zu lebensgefährlichen Komplikationen. Am 27. März 1977 erlag Gustav Schickedanz einem Kreislaufversagen. Zur Trauerfeier in der Fürther St.-Paul-Kirche kam sogar Josef Neckermann – jahrelang der größte Konkurrent des Quelle-Chefs. Die Leitung des Unternehmens übernahm Grete Schickedanz, gemeinsam mit ihren Schwiegersöhnen Hans Dedi und Wolfgang Bühler. Wie ihr Mann, arbeitete auch Grete Schickedanz bis ins hohe Alter. Sogar nach ihrem achtzigsten Geburtstag war sie noch häufig im Unternehmen präsent, obwohl sie einige Jahre zuvor in Spanien einen Herzinfarkt erlitten hatte. Sie erlebt noch die deutsche Wiedervereinigung, die für das Versandhaus neue Chancen eröffnete.

Viele Beobachter glauben, ohne den durch die Wiedervereinigung ausgelösten Boom wäre der Handelsriese schon in den 1990er Jahren in eine Schieflage geraten. Über eine Milliarde D-Mark investierte Quelle in den neuen Bundesländern – vor allem in ein supermodernes Versandzentrum in Leipzig. Um die Chancen, die sich aus der deutschen Wiedervereinigung und der Öffnung der mittel- und osteuropäischen Märkte ergaben, wahrnehmen zu können, trennte sich die Quelle-Gruppe von vielen Unternehmen und konzentrierte sich fortan auf das Kerngeschäft. Die Quelle-Bank zum Beispiel wurde zuerst in „Entrium" umgetauft und an die Börse gebracht. Später erwarb ein italienischer Finanzdienstleister die Mehrheit an der Nürnberger Bank, bevor sie schließlich im Jahr 2003 zu einem Schnäppchenpreis von 300 Mio. € an die Direktbank ING-DiBa ging.

Den Niedergang des Versandhaus-Imperiums erlebte Grete Schickedanz nicht mehr. Nach ihrem 80. Lebensjahr traten bei ihr vermehrt Alzheimer-Symptome auf. Schließlich war sie nicht mehr in der Lage, das Unternehmen zu leiten. Sie starb am 23. Juli 1994 im Alter von 82 Jahren an Herz-Kreislauf-Schwäche. Tochter Madeleine Schickedanz erbte den milliardenschweren Versandhaus-Giganten und stieg zu einer der reichsten Frauen Europas auf. Doch leitete sie nie das operative Geschäft. Das übernahm zunächst ihr erster Ehemann Hans-Georg Mangold und später ihr zweiter Ehemann Wolfgang Bühler, der bis zur Scheidung von Madeleine Schickedanz im Quelle-Management tätig war.

Doch in den 1990er Jahren hatte Quelle die beste Zeit bereits hinter sich. Die Eigentümer suchten zunächst erfolglos nach einem starken Partner. Tatsächlich fanden aber am Ende zwei Unternehmen zusammen, die beide die Zeichen der Zeit verschlafen zu haben schienen: das Versandhaus Quelle und der Kaufhauskonzern Karstadt schlossen sich im Jahr 1999 zum neuen Konzern KarstadtQuelle AG mit 113.000 Mitarbeitern und einem Börsenwert von 3,3 Mrd. € zusammen. Vielleicht hofften die Verantwortlichen insgeheim, auch für einen Einzelhandels-Giganten gelte – wie für Großbanken – die Devise „Too big to fail" – zu groß, um zu scheitern. Ein folgenschwerer Irrtum.

Der Rest des Niedergangs ist schnell erzählt. Der neue Konzern litt an den typischen „Fusions-Krankheiten". Zwei unterschiedliche Unternehmenskulturen fanden nicht zusammen. Statt kostensparend Synergieeffekte zu nutzen, leistete man sich den Luxus von doppelten Strukturen. Es gab keinen gemeinsamen Einkauf, und die Datenverarbeitungs- und Warenwirtschaftssysteme wurden ebenfalls nicht optimal vernetzt. An der Spitze standen keine engagierten Familienunternehmer mehr, sondern hochbezahlte Vorstände – mit jeweils kurzer Verweildauer. Auf den glücklosen Konzernchef Walter Deuss folgte der ehemalige Metro-Manager Wolfgang Urban, der nicht zuletzt wegen seiner cholerischen Anfälle gefürchtet war. Er agierte aktionistisch, nicht strategisch und brachte den Konzern durcheinander. Mitte des Jahres 2004 stand er vor einem Scherbenhaufen: Der Handelskonzern war tief in die roten Zahlen gerutscht. Gerüchte von anstehenden Massenentlassungen, ja von einer drohenden Insolvenz machten schon damals die Runde. Vorstandschef Urban wurde abberufen. Als ihm der damalige Aufsichtsratschef Hans Meinhardt telefonisch das bevorstehende Ende der Karriere an der Spitze von KarstadtQuelle mitteilen wollte, erreichte er seinen CEO auf dem Golfplatz – mitten in der Krise.

Die Nachfolge trat im Frühsommer 2004 Christoph Achenbach an, der ein radikales Sanierungskonzept und eine Kapitalerhöhung um 500 Mio. € umsetzte. Rund 5.700 Jobs wurden abgebaut. Doch der Konzern rutschte immer tiefer in die Krise. Ende 2004 war die Eigenkapitalquote des Unternehmens auf weniger als ein Prozent geschrumpft. Auf Wunsch von Madeleine Schickedanz übernahm im Mai 2005 der damalige Aufsichtsratsvorsitzende Thomas Middelhoff die Aufgaben des Vorstandsvorsitzenden, zur gleichen Zeit wurde die Übernahme der Mehrheit an KarstadtQuelle durch einen Aktienpool um Schickedanz angekündigt.

Unter Middelhoff begann der Ausverkauf. Zunächst trennte sich KarstadtQuelle von den Modeketten Weymeyer und SinnLeffers sowie von 75 kleineren Karstadt-Filialen, die unter dem Namen Hertie geführt wurden. Alle drei Ketten meldeten später Insolvenz an. Anfang 2006 kündigte Middelhoff den Verkauf der Karstadt-Immobilien zur Entschuldung des Konzerns an. Anschließend wurden die Gebäude wieder zurückgemietet – zu überhöhten Preisen, wie Kritiker monierten.

Auch die Umbenennung von KarstadtQuelle AG in Arcandor AG ändert nichts am stetigen Niedergang des Konzerns. Ende 2008 – mittlerweile war die Privatbank Sal. Oppenheim größter Aktionär des Unternehmens – übernahm der ehemalige Finanzvorstand der Deutschen Telekom, Karl-Gerhard Eick, den Vorstandsvorsitz bei Arcandor – und damit den schwierigsten Job, den die deutsche Wirtschaft damals zu vergeben hatte. Erschwerend kam hinzu, dass die Weltwirtschaft nach der Pleite von Lehman Brothers in eine schwere Krise geraten war. Arcandor hoffte auf Staatshilfe, die ihm aber verweigert wurde, weil die Schwierigkeiten des Konzerns schon vor Ausbruch der globalen Wirtschafts- und Finanzkrise entstanden waren. Am 9. Juni 2009 stellte der Arcandor-Konzern Insolvenzantrag. Knapp vier Monate später endete die Erfolgsgeschichte der Marke Quelle. Die Namensmarke Quelle wurde Ende 2009 an die Otto Group verkauft.

Resümee: Anschluss verpasst

Die unglückliche Fusion mit Karstadt, die häufigen Wechsel im Vorstand, ständig neue Strategien und wohl auch die allzu späte Erkenntnis, dass der Konzern in ernsten Schwierigkeiten steckte – all diese Gründe führten geradewegs in den Ruin. Während die Marke Karstadt in letzter Minute gerettet wurde, existiert die Marke Quelle nur noch auf dem Papier. Lange war der Versandhandel exzellent gelaufen – und der neue Quelle-Katalog wurde bis in die 1980er Jahre hinein von manchen Kunden geradezu herbeigesehnt. Betört vom jahrzehntelangen Erfolg wurden die Chancen des Online-Handels zunächst verschlafen. Doch dies war sicher nicht der eigentliche Grund für den Niedergang des Traditionshauses, zumal Quelle in der letzten Phase sogar im Online-Handel sehr erfolgreich war und zu einem der größten deutschen Internet-Händler aufstieg. Gravierender wirkten sich da schon die in bestimmten Segmenten auftretenden Qualitäts- und Servicemängel aus. In der Krise fiel den Managern offenkundig nichts anderes ein, als an allen Ecken und Enden zu sparen. Diese Einstellung stand der von Gustav Schickedanz vorgegebenen Maxime („Gute Qualität zu günstigen Preisen") diametral gegenüber. Und schließlich waren die Kunden in der Endphase in hohem Maße verunsichert: Wird Quelle überleben? Was geschieht mit der Gewährleistung auf gekaufte Produkte im Fall der Insolvenz? Wer kümmert sich um den Kundendienst? Sind Ersatzteile für hochwertige technische Produkte verfügbar?

Hinzu kamen in der Endphase Probleme mit den Hausbanken von Quelle, die sich offenkundig nicht über den Forderungsankauf (Factoring) einigen konnten. Dieses Instrument ist aber gerade bei Ratenkäufen unverzichtbar, weil es dem Verkäufer von Forderungen – im konkreten Fall also Quelle – die nötige Liquidität sichert.

Esoterisch veranlagte Zeitgenossen glaubten gar, eine Art „Fluch" ausgemacht zu haben, der auf der Familie Schickedanz und ihrem Lebenswerk lastete: Gustav Schickedanz starb mit 82 Jahren, Grete Schickedanz starb mit 82 Jahren – und Quelle wurde ebenfalls 82 Jahre alt. Das mag rational denkende Menschen nicht überzeugen. Doch bleibt die Erkenntnis: Selbst die stärkste Marke kann am Ende weitgehend wertlos sein, wenn „multikausale Gründe" zusammenkommen, wie es Insolvenzverwalter Klaus Hubert Görg formulierte.

2.1.3 Neckermann: Am Ende war nichts mehr möglich

Stundenlang saß das Team im Sommer 1961 in einem schmucklosen Büro in der Frankfurter Unternehmenszentrale schon zusammen und brütete über einem neuen Unternehmensslogan. Der bisherige – „Besser dran mit Neckermann" – war von einem Gericht verboten worden, weil er angeblich die Mitbewerber verschmähte. Der kreative Output war an diesem Tag eher bescheiden, den Sitzungsteilnehmern wollte partout nichts Zündendes in den Sinn kommen. Außerdem war es schon spät geworden, und die gestressten Herren hatten Hunger. „Ist es denn nicht möglich, bei Neckermann etwas zu essen zu bekommen?", beschwerte sich einer der Teilnehmer, nachdem ihm wieder einmal der Magen geknurrt hatte. Einer seiner Kollegen sprang auf, ging in die Betriebskantine und kehrte mit heißen Würstchen zurück. Er servierte den Kollegen diesen bescheidenen Snack mit den Worten: „Bitte sehr, Neckermann macht's möglich." Da fiel der Groschen. Genau das war der Slogan, nach dem man gesucht hatte. Ein Satz, der knapp und präzise die Philosophie und das Versprechen des Unternehmens auf den Punkt brachte: Neckermann macht's möglich. Dieser Slogan darf wohl mit Fug und Recht als einer der erfolgreichsten im Nachkriegs-Deutschland bezeichnet werden. Er machte nicht nur hierzulande Furore, sondern sogar im fernen Ausland. Wenn wieder einmal knauserige Neckermann-Pauschaltouristen kein oder ein allzu kleines Trinkgeld gaben, bekamen sie vom Servicepersonal in den Hotels oder Restaurants schon mal die abschätzige Bemerkung „Neckermann macht's möglich" zugerufen.

Und in der Tat, Neckermann hatte vieles möglich gemacht, wovon die Menschen nach dem Krieg träumten, das sie sich aber nicht leisten konnten. In den 1950er Jahren war der Nachholbedarf an Konsumgütern immens. Als der gebürtige Würzburger Josef Neckermann am 1. April 1950 in Frankfurt am Main seine Neckermann Versand AG gründete, begann er eher bescheiden. Sein erster Katalog umfasste zwar nur zwölf Seiten, doch die hatten es in sich: 133 Schnäppchen bot der Versandhändler seinen begeisterten Kunden. Im Jahr 1954 gab es zum Beispiel einen Pulli für 2,50 D-Mark. Die Deutschen waren hin und weg. Der Name des hageren und oft cholerischen Unternehmers mit seiner problematischen Vergangenheit war plötzlich untrennbar mit dem deutschen Wirtschaftswunder verbunden.

Es blieb nicht nur bei Textilien. Ab 1953 hatte Neckermann Kleinmöbel, Lederwaren, Lampen und Radiogeräte im Sortiment – und ärgerte den etablierten Einzelhandel damit bis zur Weißglut. Ein Neckermann-Radio von guter Qualität kostete eben gerade 187 D-Mark. Im Elektro-Fachgeschäft musste man damals etwa das Doppelte zahlen. Neckermann kaufte in großen Stückzahlen ein und kalkulierte knapp nach dem Motto: „Die Masse muss es bringen". Dafür gab's von den Herstellern satte Rabatte. Um aber den etablierten Handel nicht allzu sehr vor den Kopf zu stoßen, wurden die Geräte unter einem anderen Namen verkauft. Die Waschmaschinen von Neckermann kamen zum Beispiel von AEG, wurden aber unter einem Fantasienamen des Frankfurter Versandhändlers auf den Markt gebracht – in der Regel fast um 50 % günstiger als im Fachhandel. Der Elektrohandel reagierte bemerkenswert unsouverän. Er weigerte sich, Geräte von Neckermann zu reparieren. Neckermann-Kunden wurden brüsk zurückgewiesen und teilweise sogar beleidigt. „Wenn Sie kein Geld haben, um sich ein Markengerät zu kaufen, dann lassen Sie es besser sein" – derlei gehörte damals noch zu den harmloseren Bemerkungen.

Letztlich schoss der etablierte Handel damit ein Eigentor. Denn Neckermann baute schnell einen eigenen deutschlandweiten Kundendienst auf, der bald einen besseren Ruf genoss, als die Handwerker vor Ort. Vor allem aber stieg die Nachfrage nach Elektrogeräten von Neckermann kolossal. Fortan mussten die Verbraucher nicht mehr befürchten, im Fall eines Defektes von Elektriker zu Elektriker laufen zu müssen, bis sie einen finden würden, der sich ihres Problems annahm.

Neckermann ging allerdings auch unkonventionelle Wege, um seinen Kunden preiswerte Alternativen zum Angebot des klassischen Einzelhandels bieten zu können. Unter dem Markennamen MZ führte er Zweitaktmotorräder der Motorradwerke Zschopau in der damaligen DDR ein. Neckermann und der Erzrivale Quelle hatten keinerlei politische Skrupel, auf dem Höhepunkt des Kalten Krieges, als Deutschland geteilt war und an der deutsch-deutschen Grenze geschossen wurde, ausgerechnet in dieser Zeit also Produkte im kommunistischen Ostblock zu ordern: Neckermann verkaufte Mopeds aus der DDR, Quelle Kameras aus der damaligen Sowjetunion. Und das alles natürlich zu sagenhaft niedrigen Preisen.

Kein Wunder also, dass die Kataloge von Neckermann bald zu heiß ersehnten Bestsellern avancierten. Wenn der Frühjahr/Sommer- oder der Herbst/Winter-Katalog in den Haushalten eintraf, war das stets ein freudiges Ereignis. Neugierig stöberten viele oft noch am Tag der Zustellung in den jeweils rund 300 Seiten umfassenden Katalogen, von denen Neckermann über drei Millionen Exemplare drucken und quer durch die Republik versenden ließ. Bereits im Jahr 1954 kletterte der Umsatz des Frankfurter Versandhändlers auf rund 300 Mio. D-Mark – damals ein atemberaubendes Ergebnis. Gut zehn Jahre später war die Neckermann-Gruppe erstmals Umsatzmilliardär und beschäftigte 1965 allein in der Versandzentrale mehr als 3.800 Menschen. In den Textilfabriken in Frankfurt, Darmstadt und Essen waren sogar über 14.000 Beschäftigte für Neckermann tätig.

Was aber, wenn sich die Deutschen ihre Waschmaschinen, Radiogeräte und Farbfernseher gekauft haben? Josef Neckermann war sich darüber im Klaren, dass er sein Sortiment ausbauen musste, um dauerhaft erfolgreich zu sein. Und in der Tat endeten die Bedürfnisse der Bundesbürger nicht bei Kleidung und Elektrogeräten. So gründete der Frankfurter Versandhändler 1963 das Tochterunternehmen „Neckermann und Reisen" (NUR) – und mischte den gesamten Reisemarkt auf. Nun konnten es sich Millionen von Deutschen leisten, mit Chartermaschinen in den Süden zu fliegen und in mediterranen Breiten ihren Urlaub zu verbringen oder gar zu überwintern. Später wurde das Angebot um preiswerte Fernreisen erweitert. Josef Neckermann legte damit den Grundstein für den deutschen Massentourismus.

Der erste Reisekatalog von Neckermann war eigentlich nur ein Faltblatt, umfasste gerade einmal sechs Seiten und war dem Hauptkatalog beigefügt. Im Angebot waren Flugreisen nach Spanien, Tunesien und ins ehemalige Jugoslawien. Der Condor Flugdienst brachte mit Turboprop-Maschinen vom Typ Vickers Viscount 814 die Touristen ans Ziel ihrer Wünsche. Kaum war das Faltblatt mit den Neckermann-Reisen im Umlauf, gingen fast 18.000 Buchungen ein.

Die Entwicklung in den Folgejahren war nachgerade sensationell, und die Mitbewerber hatten dem wenig entgegenzusetzen, sieht man von dem fragwürdigen Versuch ab, die Neckermann-Kunden als Billigtouristen zu diffamieren („NUR ist eben nur NUR"). Dieses Argument konnte kaum überzeugen, zumal die Kunden anderer Reisegesellschaften oft in denselben Flugzeugen saßen, in denselben Hotels nächtigten, aber einen höheren Preis zahlten. Auch im Tourismusbereich setzte Neckermann auf Masse. Hotel- und Flugkontingente wurden in großer Zahl eingekauft, womit sich das Unternehmen deutliche Rabatte sicherte. Von Neckermanns Erfolg aufgeschreckt, schlossen sich die traditionellen Reiseveranstalter Scharnow, Touropa, Transeuropa (Quelle), Dr. Tigges, Airtours und andere zur Touristik Union International (TUI) zusammen.

Für NUR sollte eine turbulente Phase der Unternehmensgeschichte beginnen. Als im Jahr 1976 der Mitbewerber Karstadt die am Rande der Pleite lavierende Neckermann-Gruppe übernahm, geschah dies nicht zuletzt auch mit Blick auf die nach wie vor sehr erfolgreiche Tourismustochter NUR, die Karstadt mit übernahm. Später erwarb der neue Eigentümer darüber hinaus die bis dahin gewerkschaftseigene GUT Touristik und fusionierte sie mit NUR. In den 1990er Jahren beschlossen Karstadt und die Lufthansa die Gründung der C+N Touristik, die später in Thomas Cook umbenannt wurde. In dieses neue Touristikunternehmen brachte Karstadt NUR und Lufthansa ihre Ferienfluggesellschaft Condor ein. Heute ist Thomas Cook ein börsennotiertes Unternehmen, an dem unter anderem Banken und Versicherungen wie etwa die Lloyd Banking Group, Axa und Standard Life beteiligt sind. Zumindest dieser Zweig der Neckermann-Gruppe hat somit – wenngleich als Teil eines anderen Unternehmens – die Pleite des Versandhauses überlebt.

Unterdessen expandierte der Frankfurter Versandhaus-König weiter. Nun wollte er seinen Kunden auch die eigenen vier Wände möglich machen und gründete 1963 die Neckermann Eigenheim GmbH, die Fertighäuser schlüsselfertig anbot. Innerhalb von zehn Jahren verkaufte dieses Unternehmen rund 25.000 Häuser, das billigste für gerade einmal 4.750 D-Mark. Darüber hinaus gründete Neckermann ebenfalls im Jahr 1963 die Neckura-Versicherungs AG und mischte fortan auch im Assekuranz-Geschäft mit, wenngleich zumindest in diesem Segment der Erfolg überschaubar blieb.

Keine Frage, Josef Neckermann stieg in den 1960er Jahren zu einem allseits geachteten Vorzeigeunternehmer auf. Überdies machte er sich einen Namen als passionierter Dressurreiter, der unter anderem sechs Olympische Medaillen gewann und schon im Jahr 1967 zum Vorsitzenden der Deutschen Sporthilfe gewählt wurde. Auch in dieser Funktion war Neckermann übrigens erfolgreich. Als er 1988 sein Amt als Chef der Sporthilfe zur Verfügung stellte, hatte er Spendengelder in einem Volumen von 230 Mio. D-Mark akquiriert.

Josef Neckermann, der erfolgreiche Unternehmer, der den Deutschen die preiswerte Erfüllung ihrer Konsumwünsche ermöglichte, der seinen Kunden Flugreisen zu günstigen Preisen anbot, und der als Dressurreiter Deutschland sportliche Erfolge sicherte – wer thematisierte da noch Neckermanns unrühmliche Vergangenheit? Dennoch galt er als „Unternehmer mit brauner Weste". Josef Neckermann war der Sohn einer reichen Würzburger Unternehmerfamilie. Nach einer Banklehre und anschließender Tätigkeit in der väterlichen Kohlenhandlung sah er in den 1930er Jahren seine Zeit gekommen. Im Rahmen der von den Nazis durchgesetzten „Arisierung" jüdischer Firmen kaufte der Jungunternehmer Neckermann jüdischen Geschäftsleuten Warenhäusern zu wahren Spottpreisen ab. Von Karl Amson Joel (1889–1982), dem Großvater des Sängers Billy Joel, erwarb Neckermann eine Wäschemanufaktur für 2,3 Mio. Reichsmark. Das entsprach etwa einem Fünftel des Wertes dieses Unternehmens. Dennoch: Das Geld hat Joel zunächst nie gesehen. Erst als er nach dem Zweiten Weltkrieg Wiedergutmachung forderte, überwies ihm Neckermann nach viel Hin und Her eine Abfindung von zwei Millionen D-Mark.

NSDAP-Mitglied Neckermann machte gute Geschäfte mit dem Hitler-Regime, war selbst Gast im „Führerhauptquartier" Wolfsschanze und später sogar Vize-Chef der „Reichsstelle Kleidung". Nach dem Zweiten Weltkrieg wurde er zu einem Jahr Zwangsarbeit verurteilt, doch verbrachte er die meiste Zeit in einem Hospital. Später wurde ihm eine Geldstrafe von 2.000 D-Mark auferlegt. Der Unternehmer kam als „Mitläufer" gleichsam mit einem blauen Auge davon und konnte seine neue Karriere starten.

Und diese Karriere wies bis in die 1960er Jahre anscheinend keinerlei Makel auf. Mit seinem Unternehmen bezog Neckermann eine neue, sehr viel größere Zentrale in Frankfurt. Er stellte immer mehr Leute ein, und die Umsatzzahlen wuchsen. Allerdings hatte das Management um Josef Neckermann bereits zu dieser Zeit mit wirtschaftlichen Problemen zu kämpfen. Der Versuch, Umsatz um beinahe jeden Preis zu erzielen, war gescheitert. Die Menge konnte die geringen Margen nicht kompensieren. Schon in den 1960er Jahren schrieb das Unternehmen rote Zahlen. Doch dank der Einnahmen aus einem sehr erfolgreichen Börsengang (die emittierten Aktien waren zu 200 % überzeichnet) und zahlreicher Lieferantenkredite konnte das Unternehmen diese Liquiditätskrise lösen und den Expansionskurs weiter fortsetzen.

Doch obwohl die Umsätze weiter stiegen, bewegte sich das Unternehmen nach wie vor wirtschaftlich auf dünnem Eis. Firmenchef Neckermann setzte nach wie vor auf kleine Preise und große Masse, um dem etablierten Einzelhandel Marktanteile abzujagen. Allerdings machte dem Frankfurter Versandhaus-König nicht vorrangig der stationäre Handel zu schaffen. Vielmehr erwies sich der Erzrivale Quelle mit Gustav Schickedanz an der Spitze als erfolgreicher. Während Neckermann beim Tourismus die Nase vorn hatte, legte der Konkurrent aus Fürth insbesondere bei Elektrogeräten zu. Hier bot Quelle vielfach bessere Qualität zu ähnlich günstigen Preisen. Die schon damals recht populären Ergebnisse der

Stiftung Warentest bestätigten dies. Neckermann fiel Mitte der 1960er Jahre hinter seine Mitbewerber Quelle und Otto-Versand zurück.

Aufgrund schmaler Gewinnmargen ohnehin schon wirtschaftlich geschwächt, traf die Ölkrise infolge des Nahostkriegs Neckermann besonders hart. Die Verbraucher sparten, und die Nachfrage nach Konsumartikeln ging drastisch zurück. Wieder versuchte Neckermann, mit einer Billigoffensive das schlingernde Unternehmen zu retten. Zum 25-jährigen Firmenjubiläum im Jahr 1975 reduzierte der Versandhändler die Preise aller Artikel im Frühjahr/Sommer-Katalog um zehn Prozent. Ergebnis: Der Umsatz wuchs 1975 zwar um 600 Mio. D-Mark auf 3,5 Mrd. D-Mark, gleichzeitig verzeichnete Neckermann aber einen Verlust von etwa vier Millionen D-Mark.

Neckermann musste die Reissleine ziehen, wollte er nicht sein Lebenswerk komplett aufs Spiel setzen. Er traf sich mit dem selbstbewussten Karstadt-Chef Walter Deuss, beide verhandelten ab Frühjahr 1976 über eine Fusion beider Unternehmen. Am 7. Juli wurde dann auf einer Pressekonferenz bekanntgegeben, dass Karstadt als neuer Großaktionär bei Neckermann einsteigen würde. Der Versandhausgründer zog sich aus dem Geschäft zurück und widmete sich fortan seinen sportlichen Interessen. Für Karstadt erwies sich der Einstieg bei Neckermann derweil als schwer verdaulicher Brocken. Es kursierten Gerüchte, Walter Deuss habe nicht einmal ansatzweise geahnt, in welch marodes Unternehmen er da investierte. Jedenfalls „erbte" Karstadt fast eine Milliarde D-Mark Verlust, das entsprach beinahe einem Drittel des damaligen Jahresumsatzes. Karstadt musste einen rigorosen Sparkurs umsetzen. Tausende von Mitarbeiterinnen und Mitarbeitern verloren ihre Jobs, etliche Neckermann-Versandhäuser wurden verkauft. Um Geld in die Kasse zu bekommen, trennte sich Karstadt sogar von der Touristiktochter NUR.

Im Jahr 1999 fusionierten Karstadt und Quelle. Es erscheint schon wie ein Treppenwitz der Unternehmensgeschichte, dass fortan die einstigen Erzrivalen Neckermann und Quelle unter einem Konzerndach vereint waren. Die KarstadtQuelle AG wurde später in Arcandor umbenannt. Neckermann und Quelle erwirtschafteten über 52 % des Gesamtumsatzes dieses Konzerns. Neckermann schien vorübergehend eine kleine Renaissance zu erleben: Als drittgrößtes Versandhaus Deutschlands und Nummer fünf in Europa erzielte das Unternehmen im Jahr 2000 einen Umsatz von rund 3,4 Mrd. D-Mark. Neckermann beschäftigte zur Jahrtausendwende noch 6.700 Mitarbeiter und bot nicht weniger als 110.000 Katalog-Artikel an. Im Jahr 2004 gab das Unternehmen zweimal im Jahr sieben Millionen Hauptkataloge heraus. Hinzu kamen zwölf Spezialkataloge.

Doch brach der Umsatz in diesem Jahr um über neun Prozent ein. Das Management von Arcandor baute als Reaktion auf diese Entwicklung erneut über 330 Stellen bei Neckermann ab. Außerdem wurde das Unternehmen in eine GmbH umgewandelt und firmierte ab 1. Januar 2006 unter „neckermann.de". Schon dieser Name verdeutlichte, dass der künftige Vertriebsschwerpunkt des Unternehmens auf dem Internet liegen sollte. Doch hinter den Kulissen gab es offenbar längst verzweifelte Versuche des Arcandor-Managements, die neckermann.de GmbH zu verkaufen. Ende 2007 war es dann so weit: Das Frankfurter Großversandhaus ging an den US-Finanzinvestor Sun Capital.

Der neue Eigentümer plante, neckermann.de zu einem reinen Onlinehändler umzubauen und die Hälfte der Belegschaft zu entlassen. Das Unternehmen hätte zu einem
Konkurrenten für Amazon und Zalando werden können. Doch gegenüber diesen Wettbewerbern lag das Frankfurter Versandhaus hoffnungslos zurück. Als Amazon im Juli 1995
online ging, wurde dies von den Managern bei Neckermann und Quelle zunächst kaum
beachtet. Schließlich verkaufte der Online-Händler anfangs nur Bücher und CDs. Doch
innerhalb weniger Jahre baute Amazon sein Sortiment gezielt weiter aus und bot auch
Elektronik, Möbel, Textilen, Uhren und vieles mehr. Während etablierte Versandhäuser
ihre Waren größtenteils in riesigen Lagerhäusern horteten, tritt Amazon oft lediglich als
Vermittler für Waren anderer Händler auf und kassiert hierfür eine attraktive Provision.

Tatsächlich investierte Sun Capital Millionen in den Ausbau von elektronischen Handelsplattformen. Zudem ging der einstige Erzkonkurrent Quelle Pleite. Viele ehemalige
Quelle-Kunden kauften fortan bei Neckermann und Otto. Doch selbst dieser Zuwachs
reichte nicht aus, um den Versandhändler aus den roten Zahlen zu bringen.

Das Frankfurter Traditionsunternehmen und die Tochtergesellschaft Neckermann Logistik GmbH mussten am 18. Juli 2012 beim Amtsgericht Frankfurt am Main Insolvenz
beantragen. Ab Oktober 2012 wurde das Unternehmen abgewickelt. Die Rechte an der
Marke neckermann.de sicherte sich Ende 2012 der Otto Versand. Josef Neckermann hat
den Zusammenbruch seines Lebenswerks nicht mehr mitbekommen. Zwanzig Jahre vor
der Pleite war er im Alter von 79 Jahren in seinem Haus bei Frankfurt an Lungenkrebs
gestorben.

Resümee: Inflexibel und schwach kapitalisiert

Ungeachtet seines Erfolgs in den Wirtschaftswunderjahren wies der Neckermann-Versand eigentlich seit seiner Gründung eine gefährliche Achillesferse auf – seine schwache Liquiditätsdecke. Gerade die Erfolge der ersten Jahre übertünchten dieses Problem.
Doch schon in den 1960er Jahren geriet Neckermann in eine Krise. Dank der starken Marke, die er inzwischen aufgebaut hatte, konnte das Unternehmen mit seinem
Börsengang aber mühelos das benötigte Kapital einsammeln. Die Markenphilosophie
war ebenso einfach wie überzeugend: Neckermann ermöglichte es auch Kunden mit
schmalem Geldbeutel, am Aufschwung nach vielen Jahren der Entbehrung teilzuhaben.
Arbeiter und mittlere Angestellte konnten sich moderne Küchengeräte und Farbfernseher leisten, zumal Neckermann wie die anderen Versandhäuser offensiv Teilzahlungsangebote machte. Neckermann passte somit exakt in die Wirtschaftswunderjahre. Sein
Konzept schien aufzugehen.

Doch die Gewinnmargen waren einfach zu gering, um ein entsprechendes Polster
für schlechtere Zeiten aufzubauen. Bis Mitte der 1960er Jahre konnten sich die Menschen gar nicht vorstellen, dass es mit dem Wirtschaftswachstum zumindest vorübergehend bald vorbei sein könnte. Doch dann folgten Anfang der 1970er Jahre der Yom-
Kippur-Krieg im Nahen Osten und die anschließende Energiekrise. Die Deutschen
übten deutliche Konsumzurückhaltung – und Neckermann geriet in eine existenzielle

Krise. Wäre damals nicht die Karstadt AG eingesprungen, wäre Neckermann mit großer Wahrscheinlichkeit spätestens 1976 in Konkurs geraten. Die Marke Neckermann
überlebte, aber Karstadt hatte sich einen Sanierungsfall ans Bein gebunden.

Ähnlich wie der Konkurrent Quelle hielt Neckermann zu lange stur am inflexiblen
Katalog-Geschäft fest, während Händler wie Amazon voll aufs Internet setzten. Viel
zu spät baute der Versandhändler dann elektronische Handelsplattformen auf. Mit seinen Plänen, die Belegschaft deutlich zu reduzieren, stieß der neue Eigentümer Sun Capital auf den Widerstand der Gewerkschaften. Sturheit, verpasste Gelegenheiten und
die chronisch dünne Liquiditätsdecke trieben das Frankfurter Traditionsunternehmen
schließlich in die Insolvenz.

2.1.4 Müller-Wipperfürth: Bruchlandung einer Wirtschaftswunder-Marke

Die Wetterverhältnisse an diesem Vorfrühlingstag des Jahres 1964 sind vielleicht nicht optimal, aber für Piloten völlig unproblematisch. „Eine flachwellige Wolkenfront" bedecke
den Himmel über der Eifel, berichtet der Deutsche Wetterdienst. In einer Höhe von rund
2.500 m sei die Sicht dennoch klar. Insgesamt also gute Voraussetzungen für einen ruhigen
Flug. Am Steuerknüppel der zweimotorigen Beechcraft Queen Air sitzt ein Unternehmer
und leidenschaftlicher Pilot, der seine Maschinen schon sicher durch so manches Unwet-
ter gesteuert hat: der Herrenmodenfabrikant Alfons Müller-Wipperfürth.

Am 14. März 1964 startet auf dem Flugplatz im belgischen Lüttich seine Maschine.
An Bord: der Pilot Müller-Wipperfürth, damals 52 Jahre alt, sein Vorstandskollege Robert
Danninger, 43, Rechtsanwalt Erwin Krutein, 55, sowie die Sekretärin des Chefs. Die Reise
soll quer über Deutschland ins oberösterreichische Linz führen. Eine Landung in der Bundesrepublik ist aus guten Gründen nicht vorgesehen. Denn dort könnten Staatsanwälte
und Steuerfahnder auf den Unternehmer mit Wohnsitz bei Lugano warten. Sie ermittelten
schon seit längerem gegen ihn wegen diverser Steuervergehen. Über der Eifel, die Beechcraft befindet sich erst seit wenigen Minuten im deutschen Luftraum, meldet Müller-Wipperfürth einen Notfall. „Plötzlich ging das Steuer hin und her – ohne Widerstand, dann
ist die Maschine nach vorn runtergestürzt", wird der Unternehmer später gegenüber den
Behörden aussagen. Das Flugzeug trudelt um die Längsachse und stürzt auf ein Anwesen
an der Bausberger Straße in der kleinen Eifel-Gemeinde Kehring. Drei Insassen sind auf
der Stelle tot, Alfons Müller-Wipperführt überlebt schwerverletzt und wird ins nächstgelegene Krankenhaus nach Mayen gebracht. Der Bruchpilot steht unter schwerem Schock,
sein Schlüsselbein ist zersplittert, außerdem hat er weitere Knochenbrüche erlitten. „Or-
thopädisch bin ich ein Wrack", sagt er einige Tage später fatalistisch.

Doch es kommt noch schlimmer: Fünf Tage nach dem Crash erscheint ein Amtsrichter
in Zimmer 229 des Krankenhauses Mayen, wo sich Müller-Wipperfürth von den schmerz-
haften Folgen seines Absturzes erholt. Dem 52-Jährigen wird ein Haftbefehl wegen des
Verdachts auf Steuerhinterziehung vorgelegt. Vor dem Krankenhaus sind vier Polizeiwa-

gen vorgefahren, obwohl Müller-Wipperfürth aufgrund seiner Verletzungen gar nicht in der Lage wäre zu fliehen. Trotzdem lässt die Staatsmacht die Muskeln spielen. Und es darf wohl unterstellt werden, dass ein gewisser Triumph im Spiel ist, nun endlich einem der prominentesten Steuerflüchtlinge der Nation habhaft geworden zu sein. Der Richter lässt den Unternehmer in ein Haftkrankenhaus nach Düsseldorf überführen, um den Druck auf den vorübergehenden Untersuchungshäftling zu erhöhen. Alfons Müller-Wipperfürth gibt nach, lässt über seinen Anwalt eine Kaution in Höhe von einer Million D-Mark stellen und wird im Gegenzug vom Haftkrankenhaus Düsseldorf in eine orthopädische Fachklinik nach Köln überführt. Während seine Genesung Fortschritte macht, kommt es zu einem Deal mit den Finanzbehörden. Müller-Wipperfürth verpflichtet sich, in Raten eine Steuernachzahlung von 13 Mio. D-Mark zu leisten. Danach darf der Unternehmer Deutschland verlassen und wieder an seinen Wohnsitz nach Lugano zurückkehren.

Weshalb die Maschine mit dem erfolgreichen Unternehmer und prominenten Steuerflüchtling abstürzte, darüber kursieren bis heute unterschiedliche Gerüchte. Alfons Müller-Wipperfürth behauptete lange Zeit, seine Maschine sei abgeschossen worden. Die Behörden gaben technische Probleme des Flugzeugs infolge von Materialverschleiß als Unglücksursache an. So richtig überzeugend klingen beide Versionen nicht.

Allerdings passt dieser tragische Zwischenfall, der drei Menschen das Leben kostete, nahtlos in das reichlich bizarr anmutende Leben des Alfons Müller-Wipperfürth, den Freunde und Gegner auf dem Höhepunkt seines unternehmerischen Erfolgs schon mal als „rheinischen Hosenkönig" und als „Don Alfonso" apostrophierten. Er war ein Mann der extremen Gegensätze. Als Herrenmodenfabrikant und Händler mischte er in den 1950er und 1960er Jahren die gesamte Branche auf, bot sogar seinen mächtigen Mitbewerbern C&A Brenninkmeyer, Peek & Cloppenburg und Dyckhoff zunächst erfolgreich die Stirn. Als sich der Handel nach dem Zweiten Weltkrieg weigerte, seine günstigen Herrenanzüge zu verkaufen (sie waren damals ab 68 D-Mark erhältlich), baute er seinen eigenen Vertrieb auf. Zunächst setzte er Busse und andere mobile Verkaufsstellen ein, im Laufe der Jahre gründete er dann über 220 Bekleidungsgeschäfte.

Zu Behörden und Bürokraten hatte er stets ein äußerst distanziertes Verhältnis, manche sagen, er habe sie regelrecht gehasst. So tat er sich auch schwer, staatliche Autorität – vor allem in Form der Steuerbehörden – zu akzeptieren. Andererseits machte er Geschäfte mit dem Staat. So fertigte der Unternehmer zu Beginn seiner Karriere schwarze Herrenhosen für die Beamten der damaligen Staatsunternehmen Post und Bahn. Seine tiefe Abneigung gegenüber der Staatsmacht ließ ihn auch auf Distanz gegenüber den Nazis bleiben, obwohl diese ihm gute Geschäfte hätten garantieren können. Er nahm kein Blatt vor den Mund und sagte jedem, der es hören wollte, was er von Hitler und Konsorten hielt – nämlich gar nichts. Deshalb sollte sich Alfons Müller, wie er damals noch hieß, vor einem SS-Gericht in Mettmann verantworten. Während des Transports dorthin entkam Müller und tauchte so lange unter, bis die Amerikaner einmarschierten und der Zweite Weltkrieg zu Ende war.

Der spätere Firmenpatriarch wurde von seinen Mitarbeitern und Geschäftspartnern als autoritär bis despotisch beschrieben. So besaß er von jedem seiner Geschäfte einen Zweitschlüssel. Hatte er in einer Stadt zu tun, wo er einen Laden unterhielt, suchte er ihn am späten Abend auf und kontrollierte die Präsentation der Ware und – natürlich – die Bücher. Schon bei geringsten Fehlern fand der Filialleiter morgens einen Zettel mit den Initialen AMW (für Alfons Müller-Wipperfürth) auf seinem Schreibtisch. Dann war klar: Der große Chef erwartete den sofortigen Rückruf. Und diese Telefongespräche verliefen in der Regel nicht eben sehr erfreulich. Mussten seine Mitarbeiter einen Termin an einem anderen Standorts des weitverzweigten Textilkonzerns wahrnehmen, wurden sie in aller Herrgottsfrühe mit einem Privatflugzeug des Chefs abgeholt und schon gegen Mittag wieder zurück an ihren eigentlichen Arbeitsplatz geflogen. Der Chef erklärte den Einsatz dieser firmeneigenen Luftflotte folgendermaßen: Würden „die Herren" mit dem Zug oder mit dem Auto fahren, wären sie mindestens einen Tag unterwegs – und es fielen neben den Reisekosten noch Spesen und eventuell sogar Hotelkosten an. Außerdem sei das Flugbenzin günstiger als der Sprit für's Auto.

Auf der anderen Seite führte Müller-Wipperfürth als eines der ersten Unternehmen die 40-Stunden-Woche ein und zahlte seinen Beschäftigten ein Weihnachtsgeld. Auch seine Zulieferer zahlte er umgehend, nachdem er zuvor allerdings reichlich Skonto abgezogen hatte. Berüchtigt waren die Mängelrügen des Fabrikanten. Zentimetergenau wurden zum Beispiel die gelieferten Stoffe nachgemessen. Toleranzen gab es nicht. Wich die Lieferung nur geringfügig von der Bestellung ab, gab Müller-Wipperfürth die Ware zurück, oder er setzte einen erheblichen Preisnachlass durch. Man sagt, aus Angst vor den mit cholerischem Temperament vorgetragenen Mängelrügen des Chefs hätten viele Zulieferer freiwillig mehr Ware geliefert als bestellt worden war. Andererseits verdanken viele mittelständische Zulieferer Müller-Wipperfürth ihr wirtschaftliches Überleben.

Auch privat changierte der Unternehmer immer wieder zwischen Dr. Jekyll und Mr. Hyde. Auf der einen Seite berichten seine Freunde und Mitarbeiter von einer bisweilen skurrilen Sparsamkeit, die man durchaus als Geiz bezeichnen konnte. Statt auf Dienstreisen ein Restaurant aufzusuchen, schmierte er sich lieber selbst am Morgen Leberwurst-Stullen. Er telefonierte nur spät am Abend oder morgens vor 8 Uhr, um Gebühren zu sparen. Auf der anderen Seite gönnte er sich einen silbergrauen Bentley und als Hobbypilot mehrere Flugzeuge. Ein Mann voller Widersprüche. Hier der knauserige Unternehmer, dort der Lebemann. Hier der geniale Selfmademan, der seine Branche bald das Fürchten lehrte, dort der gehetzte Steuerflüchtling, der es sogar schaffte, einen erfahrenen Steuerfahnder vom Finanzamt abzuwerben und zu seinem Berater zu machen. Ein Mann, der für die Konkurrenten nur Verachtung übrig hatte, was allerdings auf Gegenseitigkeit beruhte. „Sie hassen mich, und ich hasse sie. Wir haben nichts miteinander gemein", sagte Alfons Müller-Wipperfürth einmal dem amerikanischen Nachrichtenmagazin „Newsweek".

Alfons Müller gefiel sich in der Rolle des „Konfektionärs des kleinen Mannes", wie ihn die *Kölnische Rundschau* einmal bezeichnete. Und tatsächlich war er der Textilbranche seit seiner Jugend verbunden. Am 21. Mai 1911 in Mönchengladbach geboren, besuchte er das Gymnasium nur bis zur Untersekunda. Er verfügte also über das, was man gemeinhin als „Mittlere Reife" bezeichnete. Anschließend absolvierte er ein Volontariat in der Hosenfabrik seines Vaters. Doch schon mit 20 Jahren gründete er 1931 mit einem Startkapital von 900 Mark seine eigene Firma. Sein Vater sollte später als Angestellter im Unternehmen seines Sohnes arbeiten. Der junge Alfons Müller zog bald die ersten Aufträge an Land und fertigte Hosen für Bahn- und Postbeamte. Zwei Jahre später beschäftigte der Jungunternehmer bereits 300 Mitarbeiter. Der Zweite Weltkrieg stoppte die Karriere Müllers jäh. Als Soldat wurde er einer Nachrichteneinheit zugeteilt, doch alles Militärische lag ihm fern. Er verspottete die Wehrmacht und wurde schließlich als Tankstellenwächter in der Kölner Etzel-Kaserne eingesetzt. Später tauchte er unter.

Nach dem Zweiten Weltkrieg arbeitete Müller zunächst als Übersetzer für die Amerikaner, doch schon bald begann er im Städtchen Wipperfürth mit drei Nähmaschinen und sieben Näherinnen in einer ehemaligen Bombenfabrik erneut mit der Fabrikation von Herrenhosen. Die Nachfrage nach preiswerten Beinkleidern war gigantisch. Schon im Jahr der Währungsunion 1948 beschäftigte Müller über 400 Mitarbeiter. Die Jahre in Wipperfürth hatten Müller offenkundig so stark geprägt, dass er später mit Zustimmung des Bürgermeisters den Namen des Städtchens zu seinem eigenen zweiten Nachnamen machte. Nicht zuletzt wohl auch, weil ihm der Allerweltsname „Müller" zu profan anmutete für einen Vollblut-Unternehmer. Fortan hieß er Alfons Müller-Wipperfürth. In den 1950er Jahren gründete er Unternehmen im benachbarten Ausland und deckte schließlich die gesamte Wertschöpfungskette ab. Müller-Wipperfürth besaß Spinnereien und Webereien, Schneidereien mit modernster Technik und später dann Hunderte von Geschäften, jeweils in den besten Citylagen. Sein Erfolg rief die Neider auf den Plan, die ihm unterstellten, nur mit minderer Qualität und durch die Ausbeutung seiner Mitarbeiter könne er so niedrige Preise bieten. Als der rebellische Fabrikant eine Herrenhose für 40 D-Mark auf den Markt bringen wollte, sorgte sich der Textilhandel um seine Margen und boykottierte die Ware vom „billigen Jakob" aus dem Rheinland, wie er despektierlich genannt wurde. Die Einzelhändler hofften, den ungeliebten Unternehmer auf diese Weise schnell in den Ruin treiben zu können. Doch Müller verkaufte seine Hosen und Anzüge einfach von Lastwagen und in Bussen, die er vor die Werkstore großer Unternehmen fahren ließ. Schon sehr schnell folgten die ersten Geschäfte. Bereits im Jahr 1951 gehörten 50 Ladenlokale zum Unternehmen. Die vermeintlichen Argumente der Konkurrenten prallten an Müller ab. Mochten ihn manche als „Geizkragen" beschimpfen, seine Arbeiter und Angestellten zahlte er ordentlich. Und die Stoffqualität ließ ebenfalls nicht zu wünschen übrig, sondern war oft genug sogar deutlich besser als die seiner teureren Konkurrenten.

Müller-Wipperfürth setzte auf Standardisierung. Er kaufte in großem Umfang ein, setzte gnadenlos Rabatte durch und fertigte zunehmend industriell. Mit der Gründung eigener Geschäfte schaltete er überdies den Zwischenhandel aus. Müller kaufte von Anfang an bei den Webern nur wenige Dessins ein, doch dafür von jedem Dessin Mengen von bis zu 20.000 m. Auf Eleganz oder gar Extravaganz legte Müller-Wipperfürth keinen Wert. Er bot preiswerte, qualitativ relativ hochwertige Standardware, die sich auch ein einfacher Angestellter oder Beamter leisten konnte. Er kannte seine Kunden: Sie wollten halbwegs ordentlich gekleidet sein, besonderer Chic spielte keine Rolle. Konsequent verzichtete Müller-Wipperfürth auf die Herstellung von Damenkonfektion. „Die Frauen haben zuviel Phantasie und Zeit. Sie kommen ins Geschäft, haben ungezählte Wünsche an Schnitt und Farbe, suchen stundenlang und halten den Verkaufsbetrieb auf. Die Männer hingegen sind die richtigen Kunden. Sie kommen ins Geschäft, weil sie einen Anzug im Schaufenster gesehen haben. Sie ziehen ihn an – und wenn er passt, zahlen sie", erklärte Müller-Wipperfürth einmal seine Verkaufsphilosophie.

Offenkundig ging das Kalkül auf. In den besten Jahren seines Unternehmens produzierte Müller an jedem Arbeitstag rund 5.000 Herrenhosen, 3.600 Sakkos, 1.200 Mäntel, 400 Knabenmäntel, 500 Herrenhemden und 1.000 Krawatten. Anfang der 1970er Jahre nannte Alfons Müller-Wipperfürth 18 Fabriken in sechs Ländern sein Eigen. Insgesamt beschäftigte er weltweit über 8.000 Mitarbeiter.

Schon früh hatte Müller-Wipperfürth seinen Konzernsitz in die Schweiz verlegt, um Steuern zu sparen. Die deutschen Finanzbehörden warfen ihm vor, Gewinne ins Ausland verschoben zu haben. Zunächst zahlte der Unternehmer sechs Millionen D-Mark an den Fiskus nach. Als das Finanzamt dann aber weitere Millionen forderte, setzte er sich samt 50 Ordnern mit wichtigen Akten ins schweizerische Tessin ab und führte seine Geschäfte fortan per Telefon und Telex. Während die Steuerfahnder in der deutschen Zentrale nach belastendem Material stöberten, ließ Müller-Wipperfürth sein Unternehmen von einem gewieftem Berater – dem erwähnten ehemaligen Steuerfahnder – in eine Aktiengesellschaft umwandeln. Er selbst bezeichnete sich anschließend nur noch als „Angestellter" der AG. Auf diese Weise konnte der Fiskus die Steuerschulden des Unternehmers nicht durch den zwangsweise Verkauf von Teilen seines Unternehmens hereinholen – denn die AG gehörte nun einmal den Aktionären. Die so blamabel überrumpelten Steuerfahnder standen wie die begossenen Pudel da – und Alfons Müller-Wipperfürth amüsierte sich in der Schweiz königlich. Doch dann kam es zum eingangs erwähnten Absturz, und Müller-Wipperfürth blieb nichts weiter übrig, als große Teile der Forderungen der Steuerbehörden zu überweisen. Im Jahr 1981 wurde das letzte schwebende Steuerverfahren eingestellt – 17 Jahre nach dem Flugzeug-Crash in der Eifel.

Möglicherweise haben die ständigen Streitereien und juristischen Auseinandersetzungen mit dem Finanzamt dazu geführt, dass sich Alfons Müller-Wipperfürth nicht mehr um das operative Geschäft kümmern konnte. Jedenfalls nahm er – der einstmals so instinktsichere Unternehmer – die Signale des Marktes nicht mehr wahr. Der Geschmack seiner Kunden hatte sich gewandelt. Die einfache Standardware, verkauft in Geschäften mit dem Charme der 1950er Jahre, war nicht länger gefragt. Die vielbestaunte Wirtschaftswunder-Marke Müller-Wipperfürth stand plötzlich für altmodisch, bieder und spießig. Kurzum: Herrenmode für Looser. Der Versuch, bei den Kunden mit modischeren Kollektionen zu punkten, kam um Jahre zu spät. Ende der 1970er Jahre geriet der Konzern in ernste wirtschaftliche Probleme. Auf Druck der Banken zog sich Müller-Wipperfürth aus dem Unternehmen zurück und verschenkte seine Anteile an seine Kinder aus mehreren Ehen. Er verkaufte außerdem seine Flugzeugflotte und zog sich nach Österreich zurück.

Das neue Management versuchte – unterstützt mit Krediten der Hessischen Landesbank – zumindest die Verkaufsstellen des Textilkonzerns zu retten. Hierfür wurden mehrere Millionen D-Mark in die Modernisierung der Geschäfte investiert. Doch auch dieser letzte Kraftakt konnte den Niedergang des Unternehmens nicht mehr stoppen. Im Jahr

1982 wurde das letzte Geschäft geschlossen. Alfons Müller-Wipperfürth starb am 4. Januar 1986 im österreichischen Bad Gastein im Alter von 74 Jahren.

Die Marke Müller-Wipperfürth stand in den 1950er und 1960er Jahren für gute Ware zu sehr günstigen Preisen. Es ging in dieser Zeit darum, die Grundbedürfnisse der Menschen zu befriedigen, schließlich waren damals nur wenige Wirtschaftswunder-Profiteure in der Lage, sich teuren Zwirn beim edlen Herrenausstatter zu leisten. Müller-Wipperfürth war seinerzeit eine Art „Aldi" im Textilhandel, doch im Gegensatz zum führenden Lebensmittel-Discounter erkannte er nicht rechtzeitig die sich wandelnden Konsumwünsche seiner Kunden. Mit steigendem Wohlstand sollte es dann doch etwas Besseres sein. Die Jedermann-Anzüge von Müller-Wipperfürth waren nicht mehr gefragt.

Wie viele Unternehmer, die nach dem Zweiten Weltkrieg Karriere machten und zu Multi-Millionären aufstiegen, schaffte auch Müller-Wipperfürth nicht den Übergang vom Familienunternehmen zum Großkonzern. Der Drang, sogar in einer immer unübersichtlicher werdenden Firmengruppe alles steuern und zu kontrollieren, gepaart mit einem hohen Maß an Misstrauen, führte dazu, dass sich der einstige „Textilkönig" aus dem Rheinland verzettelte. Hinzu kamen die ständigen Streitereien mit den Finanzbehörden, die Zeit, Geld und Nerven kosteten. Statt sich auf die Weiterentwicklung seines Konzerns zu konzentrieren, verwandte Müller-Wipperfürth seine Kreativität zunehmend darauf, den Steuerfahndern ein Schnippchen zu schlagen. Manche sagen, der begeisterte Flieger habe sich zudem psychisch nie richtig vom Trauma seines Flugzeugabsturzes erholt. An jenem 14. März 1964, so scheint es, ist nicht nur das Flugzeug des „Hosenkönigs" ins Trudeln geraten. Auch das Unternehmen geriet zunehmend in Turbulenzen. So endete die Marke Müller-Wipperfürth mit einer Bruchlandung.

2.1.5 Co op AG: Die Marke in einem Wirtschaftskrimi

Die Herren hatten sich eine der besten Adressen der bayerischen Landeshauptstadt für ihr brisantes Gespräch ausgesucht. Im Münchner Hotel „Vier Jahreszeiten" traf Bernd Otto 1991 nach fast zweijähriger Untersuchungshaft zwei Redakteure des Nachrichtenmagazins *Der Spiegel*. Otto hatte in den Jahren zuvor eine der Hauptrollen in einem Wirtschaftskrimi gespielt, der die Nation sprachlos machte und der Reputation der Gewerkschaften erheblichen Schaden zufügte. Der gelernte Färber hatte rund acht Jahre an der Spitze des inzwischen kollabierten Handelsunternehmens co op AG in Frankfurt gestanden. Er zählte in dieser Zeit zu den bestbezahlten Managern der Republik. Der einstige Gewerkschaftsfunktionär leitete einen Konzern, der zuletzt circa 50.000 Mitarbeiter beschäftigte und einen Umsatz von rund zwölf Millionen D-Mark erwirtschaftete. Die Geschäfte von co op gehörten lange Zeit zum Bild deutscher Städte wie heute Edeka oder Rewe. Und die Wurzeln dieses Unternehmens reichten zurück bis Mitte des 19. Jahrhunderts, als in Chemnitz der Spar- und Consumverein „Ermunterung" entstand. Etwa 120 Jahre später wurden die meisten der bis dahin gegründeten Konsumgenossenschaften in Westdeutschland zur co op AG verschmolzen.

Doch Bernd Otto erging sich im Gespräch mit den *Spiegel*-Redakteuren nicht in Reminiszenzen an bessere Zeiten, vielmehr meldete er sich mit einer kruden Verschwörungstheorie zu Wort. Die Schuld am Zusammenbruch des einstmals gewerkschaftsnahen Handelskonzerns gab Bernd Otto vor allem den Kreditinstituten. Er sprach von einem „Bankenkomplott", an dem drei Geldhäuser federführend beteiligt gewesen seien – der Schweizerische Bankverein (heute UBS), die DG Bank sowie die Bank für Gemeinwirtschaft. „Diese drei Banken haben es verstanden, auf übelste Art und Weise die co op in ihren Besitz zu bringen und sie für ihre Zwecke auszuschlachten. Das ist eine ganz böse Geschichte", wetterte der ehemalige Vorstandschef.

Rund zwei Jahre zuvor hatte Otto dem Hamburger Nachrichtenmagazin schon einmal ein Interview gegeben – weit entfernt von München, in seinem vorübergehenden Refugium in Südafrika. Es war im Jahr 1989, kurz vor Weihnachten. Der ehemalige Konzernchef kündigte seine freiwillige Rückkehr nach Deutschland an und warf den Behörden „psychologische Kriegsführung" vor. Auch für seine ehemaligen Gewerkschaftsgenossen hatte Otto nicht mehr allzu viel übrig: „Die Solidarität, von der so oft gesprochen wird, gilt jetzt wohl nicht mehr." Wenige Tage später – am 4. Dezember 1989 – landete Bernd Otto auf dem Frankfurter Rhein-Main-Flughafen und wurde sofort festgenommen. Fast zwei Jahre sollte die Untersuchungshaft dauern.

Noch bevor Otto in seine Heimat zurückkehrte, war es zu einer Reihe von Festnahmen im Zusammenhang mit dem co op-Skandal gekommen. Ottos Vorstandskollege Dieter Hoffmann war im Frankfurter Hauptbahnhof verhaftet worden. Vier weitere co op-Manager sowie der ehemalige Aufsichtsratsvorsitzende des Handelskonzerns, Alfons Lappas, saßen ebenfalls in U-Haft. Der ehemalige co op-Finanzchef Werner Casper hingegen durfte aufgrund seiner besonders weitsichtigen Planung viel länger die Freiheit genießen. Bereits im Dezember 1987 und somit knapp ein Jahr vor Aufdeckung des co op-Skandals, hatte er sich ein Einwanderungsvisum für Kanada besorgt. Um die Botschaft möglichst kooperativ zu stimmen, kündigte Casper an, in seiner neuen Heimat 300.000 D-Mark investieren zu wollen. In den Bergen von British Columbia kaufte sich der Ex-Vorstand ein luxuriöses Haus mit Seeblick. Mehr als zwei Jahre dauerte es, bis die deutschen Behörden überhaupt wussten, wo sich Werner Casper aufhielt. Während der sein neues Leben in Kanada genoss, standen seine einstigen Vorstandskollegen Bernd Otto und Dieter Hoffmann vor Gericht und mussten mit Haftstrafen rechnen. Dass sich der Dritte im Bunde ins ferne Kanada abgesetzt hatte, mag den beiden Angeklagten vielleicht ganz zupass gekommen sein. Immerhin konnten sie ihrem Ex-Kollegen unwidersprochen einen großen Teil der Schuld in die Schuhe schieben. Im Jahr 1993 jedoch wurde es Werner Casper zu einsam in den kanadischen Bergen. Er kehrte nach Deutschland zurück. Das Landgericht Frankfurt sollte ihn einige Monate danach wegen Untreue in fünf Fällen zu fünf Jahren und drei Monaten

Haft verurteilen. Zuvor waren seine ehemaligen Kollegen Otto und Hoffmann bereits zu viereinhalb beziehungsweise vierenviertel Jahren Haft verurteilt worden.

Zu dieser Zeit gab es den einstigen Handelsriesen schon nicht mehr. Nachdem das Unternehmen aufgrund seiner Überschuldung Ende der 1980er Jahre in die Zahlungsunfähigkeit geraten war, wurde mit den 143 Gläubiger-Banken ein Vergleich geschlossen, der auf das Ende der selbstständigen co op AG hinauslief. Die Reste des Konzerns wurden an die Metro AG verkauft. Das charakteristische quadratische Logo der einst starken Handelsmarke verschwand. Die meisten deutschen Verbraucher, die jünger sind als 30 Jahre, haben keine Erinnerung mehr an diese gewerkschaftsnahe Einzelhandelskette.

Die Wurzeln des gescheiterten Konzerns reichen weit zurück in die Geschichte. Kurz vor Weihnachten des Jahres 1844, am Abend der Wintersonnenwende, eröffnete im englischen Rochdale bei Manchester die erste Konsumgenossenschaft Großbritanniens. Ziel war es, die vielen Arbeitskräfte, die im Zeitalter der Industrialisierung aus den entlegensten Gegenden Europas in die prosperierenden Wirtschaftszentren gekommen waren, zu fairen Preisen mit Lebensmitteln zu versorgen. Denn dort, wo die Arbeiter ihr karges Dasein fristeten, gab es in der Regel nur wenige Krämer, die am Boom kräftig mitverdienen wollten und ihre Ware zu stark überhöhten Preisen verkauften. Eine Genossenschaft hingegen beruht auf dem Prinzip der Hilfe zur Selbsthilfe – eine Idee, wie sie später auch in Deutschland von Friedrich Wilhelm Raiffeisen und Hermann Schulze-Delitzsch umgesetzt wurde. Genossenschaften gehören ihren Mitgliedern, die üblicherweise gleichzeitig Kunden sind. Das heißt, es besteht eine weitgehende Interessenidentität.

Die „Rochdale Society of Equitable Pioneers", die kurz vor Weihnachten des Jahres 1844 ihren Laden eröffnete, zählte gerade einmal 28 Mitglieder. Das Angebot war so karg, dass die genossenschaftlichen Pioniere bald zum Gespött der Bürger der Gemeinde wurden. Doch im Laufe der Zeit mutierte das einstige Hintertreppengeschäft zu einem florierenden Unternehmen und zum Vorbild für weitere Genossenschaftsgründungen – in Großbritannien ebenso wie in anderen Staaten Europas. Im Jahr 1850 gründeten Arbeiter und Handwerker in Eilenburg in der Provinz Sachsen eine genossenschaftlich organisierte „Lebensmittel-Association". Zwei Jahre später folgte in Hamburg die „Gesellschaft zur Vertheilung von Lebensbedürfnissen". Sie sollte die Vorgängerin aller später in der Hansestadt gegründeten Konsumgenossenschaften werden. Weitere Konsumgenossenschaften entstanden unter anderem in Berlin und Stuttgart. Am 27. März 1867 trat in Preußen dann das erste Genossenschaftsgesetz in Kraft. Eingetragene Genossenschaften wurden fortan als juristische Personen anerkannt. Dieses Gesetz wurde 1871 in die Gesetzgebung des neugegründeten Deutschen Reiches übernommen. Es schuf die Grundlage für das bis heute geltende Genossenschaftsgesetz.

Derweil entstanden immer mehr Konsumvereine, unter anderem in Magdeburg, Görlitz, Breslau, München, Stettin, Braunschweig und im Saarland. Ihre durchschnittliche Mitgliederzahl lag bereits bei über 1.600. Der offenkundige Erfolg dieser Genossenschaften hatte aber auch eine Schattenseite: Der Konflikt zwischen den traditionellen Einzelhändlern und den Konsumvereinen spitzte sich zu und mündete in Boykottmaßnahmen. In ihre schwerste Krise gerieten die Konsumgenossenschaften nach der Machtübernahme

durch die Nationalsozialisten. Gleich nach der Ernennung von Adolf Hitler zum Reichskanzler forderte die „Nationalsozialistische Handels- und Gewerbeorganisation" (NS-Ha-
go) die Auflösung der Konsumgenossenschaften und die Übergabe der Läden an private
Einzelhändler. Anfang 1941 wurden alle noch bestehenden Verbrauchergenossenschaften
und ihre Verbände aufgelöst und ihr Vermögen in eine GmbH mit dem Namen „Gemein-
schaftswerk der Deutschen Arbeitsfront" überführt. Bis zum Ende des Zweiten Weltkriegs
existierten fortan keine Konsumgenossenschaften mehr in Deutschland. Ab 1946 und mit
Unterstützung der Besatzungsmächte kam es dann aber schnell zu einer Vielzahl von Neu-
gründungen. Bereits Ende 1948 gab es in Deutschland schon wieder 274 Genossenschaften. Und im Jahr 1960 – vermutlich auf dem Höhepunkt der Entwicklung dieser Unternehmen – betrieben in der Bundesrepublik Deutschland die Konsumgenossenschaften fast
10.000 Verteilungsstellen. Getragen wurden sie von knapp 2,6 Mio. Mitgliedern.

In den Folgejahren setzten sich am Markt allerdings immer stärker die privaten Einzelhändler durch. Die Konsumgenossenschaften muteten bald an wie Relikte aus längst vergangenen Zeiten – und wer bei „Konsum" einkaufte, setzte sich dem Verdacht aus, ein Gewerkschafter oder ein sonstiger „Linker" zu sein. Zudem konnte das Angebotssortiment
bald nicht mehr dem der privaten Konkurrenten standhalten. Um am Markt halbwegs
einheitlich aufzutreten, führten die regionalen Genossenschaften Ende der 1960er Jahre
die Marke co op ein. Ab 1972 wurden immer mehr einstige Konsumgenossenschaften in
Aktiengesellschaften umgewandelt. Doch die erhoffte wirtschaftliche Trendwende stellte
sich nicht ein. Im Gegenteil: Anfang 1974 standen die nicht mehr wettbewerbsfähigen Genossenschaften bei der gewerkschaftseigenen Bank für Gemeinwirtschaft (BfG) mit insgesamt fast 800 Mio. D-Mark in der Kreide. Sowohl im Vorstand der Bank als auch in den
Gewerkschaftszentralen schrillten nun die Alarmglocken. Beide drohten, in eine gefährliche Schieflage zu geraten. Um die BfG von diesem gewaltigen Kreditrisiko zu befreien,
wurde der größte Teil des westdeutschen Konsumgesellschaftshandels in der Frankfurter
co op AG vereinigt. Diese Aktiengesellschaft gehörte über verschiedene, kaum überschau-
bare Schachtelbeteiligungen mehrheitlich den verschiedenen deutschen Gewerkschaften.

Von Anfang an gab es erhebliche Zweifel, ob dieser Weg aus der Krise führen würde,
zumal die starken und profitabel arbeitenden Konsumgenossenschaften von Dortmund-
Kassel und Schleswig-Holstein außen vor blieben. Unter dem Dach der co op AG hatten
sich jene Genossenschaften gruppiert, die allein keine Chance mehr hatten, die kommenden Jahre wirtschaftlich zu überstehen. Im Jahr 1979 avancierte Bernd Otto zum Vorstandsvorsitzenden des Unternehmens – und die ersten Gewerkschafter gingen vorsichtig
auf Distanz. Etwa ab Mitte der 1980er Jahre begann das Management, den Börsengang
des Konzerns vorzubereiten, doch sonderbarerweise war keine der deutschen Großbanken
bereit, die Konsortialführung zu übernehmen. Die Deutsche Bank und die Commerzbank
lehnten eine solche Rolle ab, und sogar die Deutsche Genossenschaftsbank (DG Bank)
zeigte Bernd Otto die kalte Schulter. Zur gleichen Zeit versuchte jedoch die Schweizerische
Bankgesellschaft – sie gehört heute zur UBS-Group – in Deutschland Fuß zu fassen. Der
publicityträchtige Börsengang eines Konzerns wie der co op AG schien da beste Voraussetzungen für ein erfolgreiches Debüt am deutschen Markt zu bieten. Zumal das Handels-

unternehmen nach Jahren des rückläufigen Umsatzes 1987 wieder mit besseren Zahlen zu überzeugen suchte. Die Gewerkschaften, die über ihre Vermögensholding BGAG lange Zeit Haupteigentümer von co op waren, hatten sich 1986 offiziell aus dem Unternehmen zurückgezogen. Kein Wunder, schließlich plagten die Gewerkschaften seinerzeit ganz andere Sorgen. Schwer lasteten die finanziellen Folgen des Desasters um den gewerkschaftseigenen Immobilienkonzern Neue Heimat auf der mächtigen Organisation. Es drohte nicht weniger als der wirtschaftliche Kollaps. In dieser Situation wurde mit der Mehrheit an der co op AG Ballast abgeworfen.

Der Handelsriese selbst lieferte immer wieder Nahrung für Gerüchte und Spekulationen. Der Konzern ächzte unter einer hohen Schuldenlast, hieß es hinter vorgehaltener Hand. Die positiven Nachrichten über steigende Umsätze und Bilanzgewinne – alles nur Fassade? Bernd Otto widersprach dem vehement. Das sei „dummes Geschwätz neidischer Konkurrenten", schimpfte er. Die intransparente Struktur des co op-Konzerns erschwerte es auch Finanzanalysten und Journalisten, die tatsächliche Situation des Unternehmens realistisch einzuschätzen. Doch dann veröffentlichte das Nachrichtenmagazin *Der Spiegel* im Oktober 1988 einen mehrseitigen Beitrag unter der Überschrift „co op – umgebaut und ausgehöhlt" (Ausgabe 42/1988). Die Vorwürfe hatten es in sich: *„Die co op ist durch Vermögensverschiebungen ausgehöhlt worden. Sie ist in der Gewalt einiger weniger Männer, der Mitglieder des Vorstands und ihrer Helfer, die sich zum großen Teil schon aus Gewerkschaftszeiten kennen. Es ist eine Seilschaft, die nach Belieben schaltet und waltet, Firmen kauft und verkauft, neue gründet, alte umfirmiert, Kredite hin- und herschiebt, Geschäftsführer- und Direktorenstellen im Rotationsverfahren besetzt."* Fürwahr, starker Tobak. Als Folge aus Bilanzmanipulationen und Vermögensverschiebungen wurde nun eine Verschuldung des Konzerns in Höhe von fünf Milliarden D-Mark bekannt. Der Vorstand, so lautete der Vorwurf, soll mehr als hundert Banken um zwei Milliarden D-Mark geprellt haben.

Die Berichte sorgten für erhebliche Unruhe unter den Lieferanten und in der Belegschaft. Der einstmals so mächtige Konzern geriet massiv unter Druck – und mit ihm Vorstandschef Otto. Nach der *Spiegel*-Veröffentlichung bestanden einige Lieferanten auf der sofortigen Begleichung noch offener Rechnungen. Andere waren nur noch bereit, gegen Vorkasse zu liefern. Als dann die Staatsanwaltschaft im November 1988 gegen den co op-Vorstand wegen des Verdachts auf Verstoß gegen das Börsengesetz ermittelte, kürzten einige Geldinstitute die Kreditlinien, andere stellten die Geschäftsbeziehungen zum angeschlagenen Handelskonzern komplett ein.

In höchster Not sprangen zwei ausländische Großbanken in die Bresche – die niederländische Amro Bank und wieder einmal der Schweizerische Bankverein. Dazu waren sie allerdings erst bereit, nachdem das Unternehmen intern eine heikle Personalie gelöst hatte. Vorstandschef Otto schien nach den Enthüllungen nicht mehr länger tragbar. Er versuchte zu retten, was noch zu retten war und verkündete zunächst, er verzichte auf eine Verlängerung seines Ende 1989 ablaufenden Vertrags. Doch nur wenige Tage später wurde der Vorstandschef zunächst beurlaubt und dann – ebenso wie seine Vorstandskollegen – fristlos entlassen. Bernd Otto, der große Vermögensteile seiner Frau übertragen hatte, setzte sich, wie erwähnt, für mehrere Monate nach Südafrika ab. Zuhause drohte der überschuldeten co op AG die Zahlungsunfähigkeit. Um einen Konkurs zu verhindern, einigten sich das Unternehmen und die 143 Gläubiger-Banken auf einen Vergleich. Dieser bedeutete letztlich das Ende der Marke co op.

Resümee: Schlechtes Markenimage und kriminelle Machenschaften

Verglichen mit Quelle oder Horten war co op keine traditionsreiche, positiv aufgeladene Marke, aber dennoch in zahlreichen Städten und damit in der Wahrnehmung vieler Verbraucher präsent. Lange Zeit galt die Marke als „Einzelhändler der Gewerkschaften", was bis Mitte der 1980er Jahre auch zutraf. Abgesehen von den Machenschaften des Vorstands (das *Manager Magazin* schrieb in einem Rückblick im August 2001 von einem „fast perfekten Verbrechen") litt co op gleichsam an einem Geburtsfehler. Die Gründung dieses Konzerns war der Versuch zahlreicher nicht mehr wettbewerbsfähiger Konsumgenossenschaften, unter dem Dach eines Großunternehmens zu überleben. Dabei wurde freilich übersehen, dass die Addition von Schwächen nicht unbedingt in eine neue Stärke mündet. Hinzu kam die bewusst herbeigeführte Intransparenz des Gesamtkonzerns, die letztlich dazu führte, dass die Manager weitgehend unbemerkt von Aufsichtsrat, Wirtschaftsprüfern und Banken einen gigantischen Schuldenberg aufbauen konnten. Ähnlich wie im Fall des ehemaligen Baukonzerns Neue Heimat wird auch der Name des einstigen Handelsriesen co op heute meist im Zusammenhang mit dem Begriff „Skandal" verwendet. Einer solchen untergegangenen Marke weinen wohl nur wenige eine Träne nach.

2.1.6   Schlecker: Billigheimer mit Imageproblemen

Was immer man ihm nachsagt, wie ätzend auch die Häme war, die nach seinem Scheitern kübelweise über ihn ausgegossen wurde, wie unbegreiflich sein starrsinniges Festhalten an überkommenen Geschäftsmodellen rückblickend erscheinen mag – eines muss man Anton Schlecker konzedieren: Er hatte die richtige Idee zur richtigen Zeit. Und der gelernte Metzgermeister setzte sie mit viel Energie und hohem Tempo um. Seinen größten Mitbewerbern war er lange Zeit weit mehr als nur eine Nasenlänge voraus. Der „König von Ehingen", wie Anton Schlecker bisweilen genannt wurde, herrschte über ein weitverzweigtes Imperium von rund 14.000 Filialen in 17 Ländern und beschäftigte 50.000 Mitarbeiterinnen und Mitarbeiter. Vor ihm zitterten die Lieferanten, mit denen er Konditionen oberhalb der Schmerzgrenze aushandelte. Und als es der Schlecker-Gruppe richtig gut ging, lieferte er den Wirtschaftsjournalisten reichlich Stoff für spannende Success-Storys.

In manchen Artikeln klangen damals durchaus Anerkennung und Respekt an. Da war noch nicht die Rede vom Ausbeuter, vom starrsinnigen Patriarchen, vom Unternehmer, für den irgendwann auf dem Höhepunkt seines Erfolgs die Turmuhr stehen geblieben ist. Man lästerte über den angeblichen Geiz des Drogerie-Königs, den er wohl von seinem Vater geerbt haben müsse, der abgelegte Schuhe trug und ein Fußballspiel erst nach Beginn der zweiten Halbzeit besuchte, weil er dann keinen Eintritt mehr zahlen musste. Schleckers Ehefrau Christa wurde als ehrgeizige, aber loyale Partnerin in der Geschäftsleitung dargestellt, über die es allenfalls nette Nebensächlichkeiten zu berichten gab, wie etwa ihre Vorliebe für gewagt kurze Röcke. Später sollte die so zielstrebige Frau an seiner Seite als machtbesessene Despotin beschimpft werden, die angeblich ihr Personal samt und sonders als faul ansah und mit einer Flut von Abmahnungen zu disziplinieren pflegte. Als „Frau für's Grobe" wurde sie bezeichnet, die ihre Mitarbeiterinnen und Mitarbeiter wie Möbelstücke behandelt haben soll: Was ihr nicht mehr gefiel oder im Weg war, flog raus.

Der rasante Aufstieg und tiefe Fall des Drogerie-Königs zeigt somit einmal mehr, wie schnell sich auch die mediale Darstellung ändern kann. Eben noch gefeierter Entrepreneur, dem man seine Marotten als Ausdruck einer selbstbewussten Persönlichkeit durchgehen lässt, wenig später der größenwahnsinnige Versager, der besser auf all jene gehört hätte, die natürlich längst alles besser wussten. Anton Schlecker war als Ausbeuter verschrieben. Nun ist er pleite. Manche sehen das als gerechte Strafe an. So einfach kann man es sich natürlich machen. Aber man kann die Dinge auch differenzierter betrachten, denn die ganze Story rund um das einstige Schlecker-Imperium, dessen Zusammenbruch wochenlang die Menschen in allen betroffenen Ländern beschäftigte, ist vielschichtiger, facettenreicher. Anton Schlecker war – unabhängig von seinem späten Scheitern – ohne Frage ein Vollblutunternehmer. Er erkannte seine Chance und fuhr volles Risiko, nicht zuletzt bei der Wahl der Rechtsform seines Unternehmens. Die Anton Schlecker e.K. war ein Einzelunternehmen. Das heißt, dem Inhaber einer solchen Firma muss klar sein, dass er im Insolvenzfall mit seinem gesamten Privatvermögen einspringen muss. Er haftet sozusagen mit Haus und Hof. So etwas tut nur, wer von seiner Geschäftsidee absolut überzeugt ist.

Die zunächst viel bestaunte Erfolgsgeschichte beginnt im Deutschland der 1960er und 1970er Jahre. Damals glichen Drogerien noch Apotheken. Der Drogist oder die Drogistin stand hinter der Theke und bediente die Kunden. Die Produkte waren vergleichsweise teuer, weil nämlich für Drogeriewaren eine Preisbindung bestand. Das heißt, der Kunde konnte kaufen, wo immer er wollte, er zahlte überall denselben Preis, Schnäppchen gab es nicht. Auch keine Drogeriemärkte, wie wir sie heute kennen, die ihr Angebot auf mehreren Etagen ausbreiten. Im Jahr 1974 wurde die Preisbindung für Markenartikel aufgehoben, fortan konnten die Drogerien mit Sonderangeboten und Niedrigpreisen Kunden anlocken. Es waren vor allem vier engagierte Unternehmer, die diese Chance sofort erkannten und beherzt handelten: Dirk Rossmann aus Hannover, Götz Werner (dm-Märkte), Erwin Müller und eben Anton Schlecker aus Ehingen.

Schlecker brachte gute wirtschaftliche Voraussetzungen mit, denn er war eben nicht der Selfmade-Millionär, der sich vom Metzger zum Drogerie-König empor arbeitete. Und auch sein Vater, der ebenfalls den Vornamen Anton trug, war keineswegs der kleine Metzger aus der Provinz, sondern Herr über 17 Metzgereien und eine Fleischfabrik. Geschickt platzierte Anton Schlecker senior seine Wurstbuden genau dort, wo die stärkste Kundenfrequenz zu erwarten war. Man darf mithin davon ausgehen, dass es der Vater des späteren Drogerie-Königs zu beachtlichem Wohlstand gebracht hatte. Der Sohn lernte das Metzger-Handwerk in Frankfurt und legte als jüngster Metzger in Baden-Württemberg seine

Meisterprüfung ab. Er war damals gerade einmal 21 Jahre. Zunächst arbeitete er in der Metzgerei-Kette seines Vaters, doch allein mit Fleisch und Wurst wollte sich Schlecker junior nicht zufrieden geben. In Ehingen in der Nähe von Ulm gründete er „Schleckerland", ein SB-Warenhaus. Nicht stehen bleiben, sondern weiter expandieren – das war damals schon die Maxime des Jungunternehmers. Er eröffnete weitere SB-Warenhäuser in Neu-Ulm, Geislingen an der Steige, Göppingen und Schwäbisch Gmünd. Als dann im Jahr 1974 die Preisbindung für Markenartikel aufgehoben wurde, übernahm Schlecker in Kirchheim unter Teck eine Drogerie, deren Inhaber sich in den Ruhestand zurückziehen wollte. Wer nach der Keimzelle des späteren Imperiums sucht, muss also in die tiefste schwäbische Provinz reisen.

Der Erfolg Schleckers war atemberaubend und lehrte die Drogisten vom alten Schlag das Fürchten. Schon drei Jahre nach der Eröffnung seines ersten Marktes in Kirchheim unter Teck betrieb Anton Schlecker deutschlandweit mehr als 100 Drogerien. Bis zum Jahr 1984 stieg die Zahl auf über 1.000 Filialen. Schlecker zog an allen anderen Mitbewerbern vorbei. Spätestens ab 1994 galt er als Marktführer. Längst war er zu dieser Zeit auch auf ausländischen Märkten präsent. In Österreich eröffnete er 1987 die erste Filiale, zwei Jahre später folgte der Markteintritt in den Niederlanden und Spanien. In Frankreich kaufte Schlecker 1991 das Unternehmen Superdrug, es folgten Filialen in Italien, Polen, Dänemark, Tschechien, Ungarn und Portugal. Im Jahr 2001 übernahm Schlechter von der Rewe Gruppe deren 240 Sconto-Märkte, später integrierte er die 91 Filialen der Drogeriekette „idea" in sein Imperium. Ende 2007 akquirierte Schlecker seinen Mitbewerber „Ihr Platz". Rund 150 Mio. € soll er dafür gezahlt haben. Im Sommer 2009 genehmigte das Bundeskartellamt die Übernahme von maximal 71 ehemaligen Woolworth-Filialen. Ab Februar 2008 betrieb Schlecker zudem im niederländischen Heerlen eine Versandapotheke. Der weltweite Umsatz des Drogerie-Imperiums belief sich in diesem Jahr auf sieben Milliarden Euro.

Schleckers Konzept beruhte auf dem Billig-Image. Es war nie das Ziel dieses Unternehmens, seinen Kunden Shopping-Erlebnisse zu vermitteln. Es ging um reine Bedarfsdeckung. Bei Schlecker kauften die Kunden ein, weil sie Drogerie-Waren brauchten und diese scheinbar preiswert erstehen wollten. Dafür nahmen sie enge Gänge in den größtenteils heruntergekommen anmutenden Filialen ebenso in Kauf wie schlecht bezahltes und daher unmotiviertes Personal. Anders ausgedrückt: Man ging bei Schlecker stets lieber wieder hinaus als hinein. Von wenigen Ausnahmen abgesehen, waren die Schlecker-Filialen immer an Standorten von mäßiger Qualität angesiedelt – dort, wo die Ladenmieten deutlich geringer sind als in Eins-a- oder Eins-b-Lagen.

Natürlich wollte Schlecker mit dieser Billig-Strategien Kosten sparen. Aber er verfolgte ein zweites, ein verkaufspsychologisches Ziel. Der Kunde sollte in einer Schlecker-Filiale den Eindruck gewinnen, dort werde konsequent gespart und auf jeden Firlefanz verzichtet. Wer so kostenbewusst wirtschaftet, hat auch günstige Preise. Das dachten jedenfalls die meisten seiner Kunden. Der Markenkern von Schlecker bestand somit in der Botschaft, gute Qualität zu billigen Preisen anzubieten. Im Grunde also das bewährte Discounter-Prinzip. Anton Schlecker galt als Preisdrücker – und seine Kunden waren mehrheitlich der Überzeugung, dass sie letztlich davon profitierten. Nach einiger Zeit verselbstständigt sich aber dieses Image, es wird von den Kunden nicht mehr hinterfragt. Diesen Effekt kann man übrigens auch bei einigen der großen Elektronik-Discountern beobachten. Sie gelten als billig – und unterstreichen dies mit aggressiver Werbung („Ich bin doch nicht blöd"). Weil aber viele Kunden dieses Billigversprechen nicht mehr hinterfragen, geschweige denn die Preise vergleichen, können es sich manche Discounter leisten, höhere Preise zu verlangen als der Wettbewerb. Das geht in der Regel eine Weile gut, denn wenn der Verbraucher erst einmal ein bestimmtes Image mit einer Marke assoziiert – gleichgültig ob positiv oder negativ –, dann braucht es einige Zeit oder wirklich markante Ereignisse, um diese Einschätzung zu revidieren. Schlecker jedenfalls konnte sein Billigheimer-Image über viele Jahre pflegen, obwohl die Mitbewerber vielfach günstiger waren und mit moderneren und großzügigeren Märkten die Kunden anlockten.

Während Schlecker mit seinem Ruf als Discount-Drogerie bei den Verbrauchern punktete, setzte er auf fast schon aggressive Expansion. Eine Filiale nach der anderen wurde eröffnet. Kritiker nannten diese Strategie später schlichtweg ein Schneeballsystem. Schlecker vereinbarte mit seinen Lieferanten lange Zahlungsfristen von mindestens 90 Tagen, obwohl die gelieferten Produkte schnell umgeschlagen wurden. Bei der Neueröffnung von Filialen setzte er für die Erstausstattung der Regale zudem hohe Rabatte durch. Er sicherte sich damit zinslose Kredite. Oder anders ausgedrückt: Er nutzte die Lieferanten als Banken aus, von denen der Drogerie-König ohnehin nicht viel hielt. Als Marktführer konnte Schlecker zudem sehr gute Preise durchsetzen. Kein Lieferant wollte riskieren, bei Schlecker aus den Regalen zu fliegen. Je mehr Filialen Schlecker unterhielt und je mehr Waren er für diese ordern musste, umso höher fiel der zinsfreie Kredit der Lieferanten aufgrund der langen Zahlungsziele aus. Schlecker setzte auf Expansion und Masse – selbst dann noch, als das Unternehmen schon tiefrote Zahlen schrieb. In den Medien wurde immer wieder über einen sehr bezeichnenden kurzen Dialog zwischen Anton Schlecker und dem Münchner Unternehmensberater Norbert Wieselhuber berichtet. Auf den Vorschlag, eine Vielzahl von Filialen zu schließen, soll Schlecker entrüstet reagiert haben: „Dann sinkt doch unser Umsatz." Worauf der Unternehmensberater antwortete: „Falsch, Herr Schlecker. Dann sinken ihre Verluste."

Zur Schlecker-Strategie gehörte es ferner, an vielen Orten und selbst in kleineren Gemeinden präsent zu sein. Er wollte seinen Kunden so nahe sein wie weiland die Tante-Emma-Läden. Da er nach möglichst billigen Läden suchte, war die Discount-Drogerie meist in der Nähe seiner bevorzugten Zielgruppe – Menschen, die mit jedem Euro rechnen müssen und für scheinbar günstige Preise gern auf das Chichi teurerer Anbieter in den Top-Lagen der Innenstädte verzichten. Dank niedriger Mieten, schlechter Ausstattung und mieser Bezahlung der Mitarbeiterinnen reichte einer Filiale schon ein Monatsumsatz von rund 40.000 € aus, um profitabel zu arbeiten.

Doch ganz allmählich wurde den Kunden klar, dass Schlecker gar nicht der Billigheimer war, der zu sein er immer wieder vorgegeben hatte. Er suggerierte das nur mit seinen schäbigen Filialen und seinem Image als Geizhals, der sein Personal schlecht bezahlte und ausbeutete. Billig waren plötzlich alle großen Drogeriemärkte. Manche billiger als Schlecker.

Dafür boten die Mitbewerber allerdings ein ganz anderes Einkaufserlebnis: lichtdurchflu-
tete Läden in guter Lage, breite Gänge, freundlicheres Personal, kleine Aufmerksamkeiten
wie Wasserspender für durstige Kunden. Und kein Warten an der Kasse, weil – wie bei
Schlecker häufig der Fall – die einzige Mitarbeiterin im Laden gerade die Regale auffüllte.

Immer wieder geriet Schlecker darüber hinaus wegen schlechter Bezahlung und inak-
zeptabler Arbeitsbedingungen in die Schlagzeilen. Das Landgericht Stuttgart verurteilte
das Ehepaar Anton und Christa Schlecker im Jahr 1998 per Strafbefehl zu einer Freiheitsstrafe von je zehn Monaten auf Bewährung und einer Geldstrafe, weil sie den Schlecker-
Beschäftigten vorgetäuscht hatten, sie würden nach Tarif bezahlt. Da die Löhne tatsächlich
deutlich niedriger waren, sahen die Richter darin einen Fall von Betrug. Die schlechte
Presse nahm Schlecker billigend in Kauf. Von Unternehmenskommunikation hielt der
medienscheue Unternehmer ohnehin nicht viel. Er war offenkundig lange Zeit überzeugt:
Die Kunden kommen trotzdem. Sie wollen sparen – und im Zweifelsfall ist ihnen das eigene Portemonnaie natürlich wichtiger als das der Schlecker-Mitarbeiterin. Als dann die
Verbraucher aber bemerkten, dass Schlecker gar nicht der Billigheimer war, sondern manche Waren sogar deutlich teurer verkaufte als die Konkurrenz, zog dieses Argument nicht
mehr.

Und tatsächlich kamen immer weniger Kunden. Allein im ersten Halbjahr 2010 verlor
das Unternehmen in Deutschland rund 1,2 Mio. Haushalte als Kunden, teilte damals die
Konsumforschungsgesellschaft GfK mit. Zwar wurden bis 2007 ständig neue Filialen eröffnet, doch die konnten die Umsatzeinbußen der alten Märkte nicht mehr kompensieren.
Das Schneeballsystem funktionierte nicht mehr. Wann die Krise existenzbedrohend wurde, lässt sich im Nachhinein kaum noch ausmachen. Ab dem Jahr 2008 jedenfalls schrieb
die Kette rote Zahlen. Zunächst lagen die Verluste im einstelligen Millionenbereich, später
legten sie in atemberaubendem Tempo zu. Im Sommer 2010 berichteten Mitarbeiter, Wa-
renbestellungen würden unvollständig geliefert. Schlecker zieht den Unternehmensberater Norbert Wieselhuber hinzu, von dessen Zunft er zuvor nicht allzu viel gehalten hatte.
Nach und nach werden rund 1.000 Filialen geschlossen, außerdem holt Schlecker externe
Manager ins Boot, um zu retten, was vielleicht noch zu retten war. Die Berater empfahlen,
Schlecker solle unter neuem Namen firmieren. Die Marke „Schlecker" war extrem negativ
besetzt: schäbig, hässlich, unfreundlich, ausbeuterisch und längst nicht mehr billig – das
Image hätte in der Tat nicht schlimmer sein können. Schlecker lehnte diesen Vorschlag fas-
sungslos ab, allerdings erklärte er sich bereit, sich zumindest formell aus der Geschäftsfüh-
rung zurückzuziehen und die Leitung des schwer angeschlagenen Unternehmens an seine
Kinder Lars und Meike zu übertragen. Diese favorisierten das XL-Konzept. Die neuen
Filialen sollten doppelt so groß sein wie die alten und künftig 11.000 statt bis dahin 5.000
Produkte anbieten.

Der „neue Schlecker" kommt an, Kunden kehren zurück. Rund 200 XL-Geschäfte wurden eröffnet – und allesamt liefen sehr gut. Doch um weitere Filialen nach dem neuen
Konzept zu eröffnen, fehlte dem Unternehmen schlicht das Geld. Und außerdem war Anton Schlecker, der in der Geschäftsleitung de facto natürlich weiterhin mitmischte, trotz
der guten Zahlen keineswegs von den XL-Filialen überzeugt.

Die Situation wurde von Monat zu Monat aussichtsloser. Anton Schlecker und seine Familie investierten aus ihrem Privatvermögen mindestens einen hohen zweistelligen Millionenbetrag, um das Unternehmen zu retten. Doch die Schulden wuchsen in einem Tempo, dass dem Management bald die Kontrolle entglitt. Gegen Ende 2011 stellten Unternehmen wie Henkel und Beiersdorf ihre Lieferungen ein. Die Einkaufsgenossenschaft Markant, über die das Unternehmen die meisten Bestellungen abwickelt, verlangt im Januar 2012 die Barzahlung einer Rechnung in Höhe von knapp 30 Mio. €. Schlecker kann diese Summe nicht auftreiben. Am 23. Januar 2012 stellten Anton Schlecker als Alleininhaber der Firma Anton Schlecker e.K. sowie die Tochtergesellschaften Schlecker XL GmbH und Schlecker Home Shopping GmbH beim Amtsgericht Ulm Insolvenzantrag. Am 28. März wurde die Insolvenz eröffnet. Der Gläubigerausschuss beschloss am 1. Juni 2012 die Zerschlagung der Drogeriekette. Anton Schlecker blieb in seiner größten unternehmerischen und wohl auch menschlichen Krise so, wie er immer war: wortkarg und medienscheu. Er schickte seine 38-jährige Tochter Meike Schlecker in die Pressekonferenz. Es war die erste im Hause Schlecker seit 35 Jahren. Und es sollte die letzte bleiben. Flankiert vom Insolvenzverwalter und ihrem Finanzchef stellte die von ihrem Vater als Geschäftsführerin des Handelsunternehmens eingesetzte Meike Schlecker fest: „Das Vermögen der Familie war die Firma. Es ist nichts mehr da." Etwas war anscheinend dennoch da. Jedenfalls einigten sich im März 2013 die Familie Schlecker und der Insolvenzverwalter auf die Zahlung von 10,1 Mio. €.

Mit ihrer Bemerkung hatte es die Unternehmertochter noch einmal in die Schlagzeilen geschafft. *Noch einmal*, denn Meike und ihr Bruder Lars hatten bereits Ende 1987 für mediale Aufmerksamkeit gesorgt. Damals waren die Kinder des Drogerie-Unternehmers – seinerzeit 16 und 14 Jahre alt – entführt worden. Die drei Täter hatten zunächst 18 Mio. D-Mark Lösegeld gefordert. Sie einigten sich mit Anton Schlecker auf 9,6 Mio. D-Mark. Die Täter wurden im Frühjahr 1999 zu langjährigen Haftstrafen verurteilt.

Resümee: Was lange währt, bleibt nicht dauerhaft gut

Als Anton Schlecker noch Marktführer war, verfügte er in der Branche über eine unglaubliche Macht, die er geschickt zu nutzen (der eine oder andere sagt: zu missbrauchen) wusste. Wenn Lieferanten zur Schlecker-Zentrale nach Ehingen zitiert wurden, sei ihnen die Muffe gegangen, erinnert sich ein ehemaliger freier Berater von Schlecker. Weil die Lieferanten fürchteten, ausgelistet zu werden, räumten sie Schlecker weit überdurchschnittliche Preisnachlässe ein. Diese Preisvorteile gab die Drogeriekette nur zum Teil an die Verbraucher weiter, meist in Form von Sonderangeboten, die als Lockvögel dienten, um Kunden anzuziehen. Als preiswert galt Schlecker nur so lange, wie die Verbraucher noch die alten Preise, wie sie früher von den familiengeführten Drogerien verlangt wurden, in Erinnerung hatten.

Ein weiterer Kostentreiber war die kleinteilige Filialstruktur Schleckers. Er eröffnete kleine Läden an Standorten von mittlerer bis schlechter Qualität. Oft waren die Eigentümer der Immobilie froh, überhaupt einen Mieter gefunden zu haben, und akzeptierten daher entsprechend niedrige Mietpreise.

Die großen Mitbewerber, insbesondere Müller, dm und Rossmann, ließen sich hingegen an stark frequentierten Stellen in den Innenstädten oder in Shopping-Malls nieder. Sie punkteten mit einer angenehmen Einkaufsatmosphäre und einem breiten Sortiment. Obendrein waren sie in vielem billiger als der Konkurrent aus Ehingen. Doch bei Schlecker hielt man an den Konzepten der 1970er und frühen 1980er Jahre unverdrossen fest. „Einmal gut – immer gut" scheint die Devise gewesen zu sein. Andere Discounter, wie Aldi und Lidl, haben frühzeitig ihr Sortiment auf die sich wandelnden Kundenbedürfnisse umgestellt. Sie führen seither auch hochwertige Produkte und Feinkost-Artikel in ihren Sortimenten, weil sie erkannt haben, dass es heute nicht mehr reicht, einfach nur billig zu sein. Schlecker aber hielt an den alten Konzepten fest – starrköpfig und beratungsresistent, wie manche meinen. Anton Schlecker hatte eine gute Idee zur rechten Zeit und war damit anfangs außerordentlich erfolgreich. Er hat die Branche aufgemischt und erwies sich als mutiger und beherzt handelnder Unternehmer. Keine Frage, er hätte auch als großer Unternehmer in die Wirtschaftsgeschichte eingehen können, wenn er die Zeichen der Zeit nicht ignoriert, sondern rechtzeitig erkannt hätte.

Außerdem hat Schlecker nichts unternommen, um das schlechte Image seines Unternehmens abzubauen. Weder wurden die Ursachen beseitigt (schlechte Arbeitsbedingungen und Bezahlung) noch gab es eine professionelle Unternehmenskommunikation. Ja, es gab nicht einmal eine unprofessionelle, weil die Verantwortlichen dieses Thema generell für teuren Firlefanz hielten. Eine solche Einstellung trifft man häufig in Familienunternehmen an. Sie geben sich gern zugeknöpft, wollen nicht allzu viel von ihren Erfolgen preisgeben (um sich dann aber zu beklagen, dass in den Medien immer nur die Vorstände der Dax-Konzerne präsent seien). Schlecker gehörte zu diesen Unternehmern, die nie in der modernen Mediengesellschaft angekommen sind. Ein schlechtes Image aber kann man nicht durch Schweigen aufpolieren, sondern nur mit einer offensiven, authentischen Öffentlichkeitsarbeit. Die aber war im Hause Schlecker nicht einmal ansatzweise vorhanden. Sogar die Pressekonferenz zur Insolvenz des Unternehmens wirkte unprofessionell und peinlich.

2.2   Abgestürzt & ausgebremst

2.2.1   PanAm: Der Crash einer Kultmarke

Er war so nahe am Ziel – und doch drohte seine wichtige Premiere als Unternehmer gleichsam in letzter Minute zu scheitern. Der erst 28-jährige US-Amerikaner Juan T. Trippe hatte von der Regierung in Washington den Auftrag erhalten, ab Oktober 1927 regelmäßig die Luftpost zwischen Key West (Miami) in Florida und der kubanischen Hauptstadt Havanna zu befördern. Eine große fliegerische Herausforderung war das sicher nicht, immerhin machte die Flugroute gerade einmal 90 Meilen aus. Es war also mehr ein Hüpfer als ein richtiger Flug, den die Maschine von Juan T. Trippe ab Herbst 1927 zu absolvieren hatte.

Doch je näher der 19. Oktober 1927, der Tag des ersten Fluges von Miami in die Rum- und Zigarrenmetropole rückte, desto nervöser wurde der Jungunternehmer. Es gab Probleme bei der Auslieferung der von ihm bestellten Maschine Fokker F 7. Bald war klar, dass Trippe das Wichtigste zur pünktlichen Aufnahme seines Luftpostdienstes fehlen würde – ein Flugzeug. Damit nicht genug: Der vorgesehene Flugplatz glich noch einer Baustelle. An Starts und Landungen war gar nicht zu denken. Trippe hatte sich aber verpflichtet, den Luftpostdienst pünktlich aufzunehmen. Würde er scheitern, verlöre er den für ihn so wichtigen Regierungsauftrag. Seinem Traum von einer eigenen Luftfahrtgesellschaft hätte schon sehr schnell ein böses Erwachen folgen können.

Der ehrgeizige Jungunternehmer löste das Malheur mit dem ihm eigenen Pragmatismus. Wenn kein Flugplatz zur Verfügung stand, dann musste man eben auf dem Wasser landen. Und wenn die bestellte Maschine nicht rechtzeitig ausgeliefert werden konnte, dann musste er eine Maschine kurzfristig anmieten. Für 145 US-Dollar – für Trippe damals viel Geld – charterte er von der West Indian Airlines ein Wasserflugzeug vom Typ Fairchild FC-2 und konnte pünktlich, wie von der Regierung gefordert, den Luftpostverkehr zwischen Florida und Kuba aufnehmen.

Dem etwas holprigen Start folgte eine beispiellose Erfolgsgeschichte, die am Ende allerdings mit einem wirtschaftlichen Crash enden sollte. Juan T. Trippe hat das Ende seiner Fluggesellschaft nicht mehr erlebt, er starb am 3. April 1981 in Los Angeles. Seine Fluggesellschaft – die PanAmerican World Airlines oder kurz: PanAm – überlebte ihren Gründer nur zehn Jahre.

Bis heute ist die Zivilluftfahrt ein extrem zyklisches Geschäft. Wirtschaftskrisen, Terroranschläge, Naturkatastrophen, Seuchen in bestimmten Regionen der Welt, steigende Energiekosten und harter Konkurrenzdruck beendeten immer wieder die zwischenzeitlichen Höhenflüge der Carrier. An der Börse gelten die Aktien von Fluggesellschaften als die volatilsten – also schwankungsfreudigsten – Werte schlechthin. Viele Airlines mussten aufgeben, verschwanden sang- und klanglos vom Markt. Kaum noch jemand erinnert sich an ihre Namen. Wer denkt heute zum Beispiel noch an die ehemalige belgische Fluggesellschaft Sabena oder an die ungarische Malév?

Bei PanAm war das anders. PanAm ist bis heute Kult. Das markante Markenzeichen des Carriers, der himmelblaue Globus mit dem Unternehmensnamen PanAm, weckt bis heute bei vielen Menschen Fernweh und vielfach Erinnerungen an weite Flüge in ferne Länder zu faszinierenden Menschen und exotischen Kulturen, aber auch in die vibrierende Millionenmetropole New York. Manche der heute 60- bis 70-Jährigen erinnern sich sicher noch an ihren ersten Flug über den Atlantik – natürlich an Bord eines PanAm-Clippers, wie die Maschinen dieser Gesellschaft genannt wurden.

Kultstatus hat PanAm nicht zuletzt in Berlin. Zwischen 1950 und 1991 durften keine deutschen Maschinen im damaligen West-Berlin landen. Über dem Gebiet der früheren DDR wurden spezielle Luftkorridore festgelegt, in denen allerdings nur Maschinen der Westalliierten verkehren durften. So sorgten BEA (heute British Airways), Air France und vor allem PanAm für die Anbindung Westdeutschlands an die „Insel" West-Berlin. Das Flugzeug bot die schnellste und bequemste Möglichkeit, Berlin zu erreichen. Allerdings sahen die Vereinbarungen zwischen den Alliierten vor, dass die Maschinen innerhalb der Luftkorridore nur 3.000 m hoch fliegen durften, was den Passagieren manch turbulenten Flug mitten in den Wolken bescherte. Rund 67 Mio. Passagiere beförderte PanAm zwischen 1950 und 1991, als der Berlin-Verkehr nach der deutschen Wiedervereinigung an die Lufthansa überging, zwischen Westdeutschland und West-Berlin. Und das ohne größeren Unfall, obgleich es bis 1972 immer mal wieder zu ostdeutschen oder sowjetischen Störmanövern gegen westliche Passagierflugzeuge kam.

Schließlich denken viele frühere New York-Reisende etwas nostalgisch verklärt zurück an das PanAm-Building in der New Yorker Park Avenue, das die finanziell schwer angeschlagene Fluggesellschaft später an eine Versicherung verkaufte. Mit einem Hubschrauber wurden betuchte Passagiere vom John F. Kennedy-Airport zu einem Landeplatz auf dem Dach des PanAm-Buildings im Herzen von Manhattan geflogen.

Jahrzehntelang genoss PanAm einen ausgezeichneten Ruf. Das Unternehmen galt als innovativ, Juan T. Trippe kaufte das modernste Fluggerät, das Personal war sehr gut ausgebildet. Man kann ohne Übertreibung feststellen: PanAm war so etwas wie die zivile Luftfahrt-Ikone der USA. Wobei der Hinweis auf die zivile Luftfahrt einer Einschränkung bedarf: Im Zweiten Weltkrieg wurden sogar angehende Militärpiloten bei PanAm ausgebildet. Wie kann es passieren, dass eine weltweit so angesehene Marke plötzlich ins Trudeln gerät und eine Bruchlandung hinlegt? Eine Airline, die das Fliegen mit günstigeren Preisen demokratisieren wollte und als Globalisierer der ersten Stunde die Kontinente verband.

Unter der Ägide von Juan T. Trippe schrieb PanAm Luftfahrtgeschichte. Im November 1935 flog die Gesellschaft mit einem viermotorigen Flugboot vom Typ Martin-M-130 Luftpost von San Francisco nach Manila. Für die knapp 13.000 km lange Strecke brauchte das Flugboot sieben Tage – und damit zwei Wochen weniger als die damals schnellste Schiffsverbindung. Im Oktober 1936 startete dann der erste Passagierflug über den Pazifik. Für die Zwischenstopps auf den Inseln Midway, Wake und Guam hatte PanAm eigene Hotels gebaut, um den Passagieren den gewohnten Komfort bieten zu können. Im Jahr darauf folgten die ersten Verbindungen über den Atlantik nach Europa. Mit Flugbooten steuerte PanAm zunächst Großbritannien und Frankreich an. Im Jahr 1942 startete die Gesellschaft zu ihrem ersten Rund-um-die-Welt-Flug. Ein Jahr später begrüßte eine PanAm-Crew ihren bis dahin prominentesten Passagier an Bord eines Flugbootes vom Typ Boeing 314: Es war kein Geringerer als der damalige US-Präsident Franklin D. Roosevelt.

Nach dem Zweiten Weltkrieg war PanAm *der* US-amerikanische Carrier schlechthin, auch wenn er – im Gegensatz etwa zur Lufthansa – niemals in Staatsbesitz war. Allerdings musste sich die Gesellschaft zunehmend gegen Wettbewerber behaupten. Aber Trippes Airline blieb der Konkurrenz zunächst immer voraus. Am 5. Januar 1946, knapp ein halbes Jahr nach Kriegsende, erhielt PanAm als Erstkunde die neue Lockheed 049 Constellation ausgeliefert. Sie verkehrte ab 14. Februar 1946 auf allen Flügen zwischen den USA und Europa. Die Constellation, mitunter auch liebevoll „Connie" genannt, war ein viermotoriges Propellerflugzeug, das auf Anregung des US-Milliardärs Howard Hughes entwickelt worden war.

Nach dem Zweiten Weltkrieg konkurrierte PanAm auf den Nordatlantik-Routen mit den beiden US-Carriern Trans World Airlines (TWA) und American Overseas Airlines (AOA). Im Jahr 1950 übernahm PanAm den Mitbewerber AOA und war fortan unangefochtener Marktführer im Nordatlantik-Verkehr. Zudem verfügte die Gesellschaft über das erste weltumspannende Streckennetz. Es entsprach lange Zeit der Qualitätsphilosophie des Unternehmens, stets die modernsten Flugzeuge einzusetzen. Mit dem damaligen Chef des Flugzeugherstellers Boeing, William Allen, verband Trippe eine enge Freundschaft. „You'll build it, I'll buy it", so brachte Trippe seine Geschäftsbeziehung gegenüber Allen plakativ auf den Punkt („Ihr baut die Maschinen, und ich kaufe sie"). So etwas hört sicher jeder Hersteller gern. Und Trippe beließ es nicht nur bei Ankündigungen. Vom Reißbrett weg kaufte er 1955 gleich 20 Langstreckenjets vom Typ Boeing 707. Bei Boeings damaligem Erzrivalen McDonell Douglas bestellte der PanAm-Chef sogar 25 Maschinen vom Typ DC-8. Dadurch sicherte sich die Fluggesellschaft erneut einen technischen Vorsprung gegenüber der Konkurrenz. Als erste Airline setzte PanAm im Oktober 1958 schnelle Düsenmaschinen für die Atlantik-Überquerung ein. Die erste Boeing 707 mit dem blauen Globus-Logo hob am 26. Oktober 1958 vom New Yorker Flughafen John F. Kennedy ab und erreichte ihr Ziel Paris nach nur 8,5 h Flugzeit. Ein erheblicher Fortschritt gegenüber den deutlich langsameren Propeller-Maschinen. Die Passagiere wussten diesen Zeitvorteil zu schätzen. Die Buchungen bei PanAm schnellten rasant in die Höhe, so dass bald die anderen Fluggesellschaften gezwungen waren, nachzuziehen und ebenfalls Düsenflugzeuge einzusetzen.

Rückblickend betrachtet, waren die 1960er Jahre vielleicht die erfolgreichsten für PanAm. Im Jahr 1964 beförderte die Fluggesellschaft schon 5,3 Mio. Passagiere und erhebliche Frachtmengen, was dem Unternehmen einen Umsatz von 566 Mio. US-Dollar und einen Gewinn von 37 Mio. US-Dollar bescherte. Und PanAm setzte diesen Höhenflug fort: Im Jahr 1967 bestellte die Gesellschaft die neuartige Boeing 747, besser bekannt als Jumbo Jet. Wiederum war PanAm der erste Carrier, der bei Boeing diese Maschinen geordert hatte. Der erste Jumbo Jet mit PanAm-Lackierung startete am 22. Januar 1970 zum Flug von New York nach London. Sechs Jahre später wurde die neue Version B 747 Super Performance an PanAm ausgeliefert. Diese Maschinen waren in der Lage, mit nur zwei Zwischenlandungen um die Welt zu fliegen. Ein solcher Flug dauerte somit nur noch 46 h und kostete rund 1.000 US-Dollar.

Selbst seine ärgsten Konkurrenten konnten nicht bestreiten, dass Trippe einen sicheren Riecher für technische Innovationen hatte. Zudem war er bereit, hohe wirtschaftliche Risiken einzugehen, indem er ständig in die Flotte investierte. Auch Trippes Nachfolger setzten gezielt auf neue Technik. Manche Entscheidung freilich stieß bei Experten zunächst auf Skepsis. Ab Ende 1984 setzte PanAm zweistrahlige Maschinen vom Typ Airbus A300/310 zum Non-Stop-Flug zwischen New York und Hamburg ein. Bis dahin waren aus Sicherheitsgründen nur vier- oder dreistrahlige Maschinen auf dieser Route unterwegs. Fiel ein Triebwerk aus, konnte die Reise fortgesetzt werden. Eine Atlantik-Überquerung mit einer zweistrahligen Maschine aber schien Risiken zu bergen. Deshalb musste PanAm soweit wie möglich immer in Küstennähe fliegen, um bei einem eventuellen Triebwerksausfall auf dem nächstgelegenen Airport notlanden zu können. Das allerdings bedeutete einen erheblichen Umweg und längere Flugzeiten. Doch die Jets aus europäischer Produktion erwiesen sich als außergewöhnlich zuverlässig. Nachdem es keinerlei ernste Probleme mit den Triebwerken gegeben hatte, durften die PanAm-Piloten bald wieder den direkten und kürzeren Weg zwischen New York und Hamburg wählen. Für Airbus war der Einsatz ihrer Jets im Transatlantik-Verkehr – bis dahin eine Domäne der US-Konkurrenten – ein enormer Imagegewinn.

Obwohl PanAm also lange Zeit als Vorreiter in Sachen Flugsicherheit galt, trüben doch mehrere schwere Unfälle und Terroranschläge die Firmenhistorie. Im Juni 1947 fiel bei einer Constellation auf dem Weg von Karachi nach Istanbul ein Triebwerk aus. Die „Conni" war bekannt für diese Achillesferse. Überdurchschnittlich häufig fielen Turbinen aus, da jedoch drei weitere vorhanden waren, kam es meist nicht zu gefährlichen Situationen. Anders am 19. Juni 1947 über Syrien. Die Crew im „Clipper Eclipse" meldete einen Triebwerkausfall, doch alle in der Nähe befindlichen Flughäfen waren zu dieser Zeit geschlossen. Die Piloten versuchten, mit den drei noch funktionierenden Triebwerken den Zielflughafen Istanbul zu erreichen. Doch wenige Zeit später fing ein weiteres Triebwerk Feuer. Die Maschine stürzte ab. Von den 36 Insassen kamen 14 ums Leben.

Am 12. August 1963 verlor die Airline sogar ihren ersten Jet. Die Boeing 707 wurde über Philadelphia von einem Blitz getroffen und stürzte ab. Das Jahr 1974 war wohl das schwärzeste in der Unternehmensgeschichte von PanAm. Am 30. Januar 1974 zerschellte eine Boeing 707 beim Anflug auf Pago Pago wegen starker Seitenwinde. Knapp drei Monate später prallte ebenfalls eine Boeing 707 beim Anflug auf Bali gegen einen Berg. Bei beiden Unglücken kamen über 200 Passagiere ums Leben. Am 27. März 1977 schließlich kollidierte auf Teneriffa eine startende Boeing 747 der niederländischen KLM mit einer Boeing 747 von PanAm. Es war die bisher größte Flugzeugkatastrophe der zivilen Luftfahrt, die insgesamt 583 Menschenleben forderte. Die Schuldfrage ist bis heute nicht endgültig geklärt.

Da PanAm jahrzehntelang als die amerikanische Fluggesellschaft schlechthin galt, standen die Maschinen der Airline auch immer wieder im Visier von Terrorbanden. Am 17. Dezember 1977 warfen Terroristen in Rom zwei Phosphorgranaten in eine Boeing 707. Von den 177 Personen an Bord kamen 32 ums Leben. Als wesentlich folgenschwerer sollte sich der Terroranschlag von Lockerbie erweisen, bei dem alle 243 Passagiere und 16 Besatzungsmitglieder ums Leben kamen. Kurz vor Weihnachten des Jahres 1988 explodierte eine an Bord geschmuggelte Bombe in der Maschine über dem schottischen Lockerbie. Ein Terrorakt, der die US-Regierung unter Ronald Reagan wenig später zu einem Militärschlag gegen Libyen veranlasste, dessen damaliger Diktator Gaddafi als Drahtzieher des Attentates galt.

Für die zu diesem Zeitpunkt schon wirtschaftlich schwer angeschlagene PanAm erwies sich der Terroranschlag von Lockerbie als Desaster. Viele Passagiere rund um die Welt sorgten sich, die PanAm-Clipper könnten weiterhin im Visier zu allem entschlossener Terroristen stehen, und buchten im Zweifelsfall bei einer anderen Airline. Der Nimbus, *die* amerikanische Fluggesellschaft schlechthin zu sein, erwies sich zusehends als Wettbewerbsnachteil im internationalen Geschäft. PanAm kämpfte ums Überleben. Bereits 1986 hatte die Gesellschaft die traditionsreichen Pazifikstrecken an den Wettbewerber United Airlines verkauft. Außerdem trennte sich die angeschlagene Fluggesellschaft von 17 Maschinen. Doch auch dieser Schritt spülte nur kurzzeitig neue Liquidität in die leeren Kassen der Gesellschaft. Im Jahr 1991 musste PanAm den Flugbetrieb einstellen. Kurzzeitig wurde PanAm zwar von Delta Airlines übernommen. Doch diese Gesellschaft war nicht an einer Sanierung des Konkurrenten interessiert, sondern an der Übernahme der Transatlantik-strecken und des Drehkreuzes Frankfurt Rhein-Main. Nach dem Rückzug von Delta brach PanAm endgültig zusammen.

Resümee: Am Ende verzettelt

PanAm erfüllte alle Voraussetzungen für eine starke, langfristig erfolgreiche Marke. Der Name der Gesellschaft stand fast schon synonym für die große weite Welt. Piloten und Bordpersonal genossen einen exzellenten Ruf, zugleich flog die Airline mit modernstem Fluggerät. Keine Frage, PanAm war zumindest vorübergehend Qualitätsführer unter den Fluggesellschaften. Das Logo, der himmelblaue Globus, kannten die Menschen rund um die Welt. Es symbolisierte den „American Way of Life", den Erfolg und den Aufbruch der Vereinigten Staaten in den Jahrzehnten nach dem Zweiten Weltkrieg. Noch heute werden T-Shirts, Taschen, Anstecknadeln und sonstige Erinnerungsstücke mit dem PanAm-Logo zu guten Preisen im Internet verkauft.

Woran ist der Carrier also letztlich gescheitert? Es begann mit der Energiekrise im Jahr 1973, deren Folgen zwar alle Fluggesellschaften trafen, doch PanAm mit seiner großen Flotte an Boeing 747-Jets litt besonders unter den deutlich gestiegenen Kerosinpreisen. Auch ging die Zahl der Passagiere in diesen Krisenzeiten zurück. PanAm hatte zunehmend Probleme, seine großen Kapazitäten in den Jumbo Jets auszulasten. Das Problem: Der Gesellschaft war es von den US-Behörden untersagt worden, ein inneramerikanisches Streckennetz aufzubauen. Das aber wäre nötig gewesen, um mit Hilfe solcher Zubringerflüge zusätzliche Passagiere nach New York zu bringen, dem Startflughafen der PanAm-Transatlantikflüge. Natürlich wusste das Management um diesen Nachteil, der sich in dem zunehmend deregulierten US-Luftverkehrsmarkt, der zu zahlreichen Unternehmensinsolvenzen führte, besonders schmerzlich auswirkte. Im Jahr 1986 kaufte PanAm daher die kleine inneramerikanische Fluggesellschaft Ransome Airline, die unter ihrem neuen Namen PanAm Express Shuttle-Dienste für Flüge ab New York anbot. Im Grunde eine gute Idee, allerdings hat das PanAm-Management diese Zubringer-Airline erstens viel zu spät und zweitens viel zu teuer erworben.

Am Ende war es wie so häufig, wenn die Manager nicht mehr weiter wissen: Mit Sparprogrammen sollte die marode Airline wirtschaftlich wieder in Schuss gebracht werden. Doch darunter litt das Image. Ausgerechnet die einstige Qualitäts-Airline stand plötzlich in schlechtem Ruf. Unsaubere Maschinen, unfreundliches Personal, ein mieses Pleite-Image schon in den Jahren vor dem Zusammenbruch, dazu die Furcht, ein Terroranschlag wie der über Lockerbie könnte sich wiederholen – all dies schreckte

potenzielle Passagiere ab. Einige Jahre nach dem Kollaps gab es Versuche, eine neue PanAm zu gründen. Und tatsächlich nahm diese neue PanAm im Jahr 1997 mit sechs Jets
vom Typ Airbus A-300 und Boeing 737-400 den Flugbetrieb wieder auf, dieser wurde
jedoch nach kurzer Zeit wegen finanzieller Probleme eingestellt. Seither ist PanAm ein
Stück Luftfahrtgeschichte mit Kultstatus.

2.2.2   Swissair: Bruchlandung einer Prestige-Airline

Montag, 17. September 2001: Die Welt steht nach den Terroranschlägen vom 11. September auf das New Yorker World Trade Center noch unter Schock. Den Fluggesellschaften
droht ein desaströses Jahr. Tagelang ruht der Verkehr in die USA. Die Deutsche Lufthansa
streicht zahlreiche Destinationen und legt 43 Maschinen ihrer rund 300 Flugzeuge umfassenden Flotte still. US-Carrier entlassen Zehntausende von Angestellten. Doch eine
Airline trifft dieser Einbruch besonders hart: Die ohnehin schwer angeschlagene Swissair
– einst der Stolz der Eidgenossen – steht vor der Pleite. Das Swissair-Management braucht
dringend eine Staatsbürgschaft in Höhe von einer Milliarde Schweizer Franken. An diesem 17. September empfängt im Berner Bundeshaus Bundesrat Kaspar Villiger, damals Finanzminister der Schweizerischen Eidgenossenschaft und Bruder des Zigarrenherstellers
Heinrich Villiger, den Präsidenten der maroden Fluggesellschaft, Mario Corti. Dieser wird
begleitet von seiner neuen Finanzchefin Jacqualyn Fousé, die erst etwa zehn Wochen zuvor
diese undankbare Aufgabe übernommen hat. Mehrfach schon hat Fousé vor einer drohenden Zahlungsunfähigkeit der Fluggesellschaft gewarnt, was ihr den Spitznamen „Swissair-
Kassandra" einbrachte. Dass in der griechischen Mythologie Kassandra Recht behalten
sollte, daran will in jenen turbulenten Wochen des Jahres 2001 aber wohl keiner denken.

Mit beschwörenden Worten versuchen Mario Corti, ehemaliger Nestlé-Finanzvorstand,
und Jacqualyn Fousé, den Finanzminister von der Notwendigkeit einer Staatsbürgschaft
zu überzeugen. Der aber lehnt ab. Ihm erscheint die Garantiesumme zu hoch. Frustriert
kehren Corti und Fousé nach Zürich zurück. Ihnen ist klar: Wenn nicht noch ein Wunder
geschieht, wird die einstmals beste Fluggesellschaft der Welt schon in wenigen Tagen eine
wirtschaftliche Bruchlandung hinlegen.

Weshalb Kaspar Villiger eine Staatsbürgschaft wirklich ablehnte, ist bis heute unklar.
War es falsche Sparsamkeit? Die reiche Schweiz hätte sich eine solche Garantie ohne Pro-
bleme leisten können. Selbst wenn das Land dafür später in Haftung genommen worden
wäre, hätten die Eidgenossen eine solche Summe locker verkraftet. Zumal das Swissair-
Debakel den Bund am Ende weit mehr als eine Milliarde Franken kostete. Der Swissair-
Absturz – eine Folge des kollektiven Versagens von Managern und Politikern.

Nach dem Scheitern der Gespräche mit der Schweizer Regierung arbeitet das Management hektisch an einer Alternativlösung. Am 22. September teilt Mario Corti dem entsetz-
ten Bundesrat mit, dass die Liquidität der Fluggesellschaft in wenigen Tagen aufgebraucht
sei. Am 29. und 30. September – einem Wochenende – erarbeiten die beiden Schweizer
Großbanken UBS und Credit Suisse einen Plan mit dem vielsagenden Namen „Phoenix".

Die Banken sagen zu, die von der Swissair Group (SAirGroup) gehaltenen Aktien der Tochtergesellschaft Crossair sowie die Marke Swissair zu übernehmen.

Crossair war im Jahr 1978 von dem ehemaligen Swissair-Piloten Moritz Suter gegründet worden, der im späteren Drama um seinen früheren Arbeitgeber ebenfalls eine umstrittene Rolle spielen sollte. Als Swissair-Tochter beschränkte sich Croissair auf den Regionalverkehr. Das Verhältnis zwischen Mutter und Tochter war allerdings nicht das beste. Es wurde kolportiert, die Swissair-Piloten verspotteten ihre Crossair-Kollegen als Provinz-Flieger und nähmen von Genf nach Zürich lieber den Zug, als sich den Flugzeugen der kleinen Tochter anzuvertrauen.

Und nun wird also ausgerechnet die Tochter das Erbe der wirtschaftlich schwer kranken Mutter antreten. Crossair soll – so sieht es der „Phoenix-Plan" vor – einen Teil der Swissair-Flotte übernehmen und in eine neue, von Altschulden befreite Zukunft starten. Für die restlichen Teile des Konzerns will man eine Nachlassstundung beantragen. Am darauffolgenden Montag informieren die Verantwortlichen in einer Pressekonferenz über ihre Pläne. Bei den Geschäftspartnern und Zulieferern der SAirGroup bricht Panik aus. Sie fordern die sofortige Begleichung offener Rechnungen und liefern nur noch gegen Barzahlung. Die ohnehin sehr geringe Liquidität des Konzerns schmilzt dahin wie Schnee in der Sonne. Die wenigen Barreserven reichen eben noch aus, um am Morgen des 2. Oktober 2001 die Maschinen für die frühen Flüge zu betanken. Doch bereits gegen Mittag spitzt sich die Lage zu. Viele Treibstofflieferanten weigern sich, die Swissair-Maschinen zu betanken. Um 15.45 Uhr gibt Swissair-Chef Mario Corti die Anweisung, den Flugbetrieb umgehend einzustellen.

Die Schweiz erlebt eine geradezu traumatisierende Blamage: Die Flugzeuge mit dem stolzen Schweizerkreuz auf der Heckflosse, Symbol für die Solidität und den Wohlstand eines der reichsten Länder der Welt, stehen auf den internationalen Flughäfen und können nicht starten, weil das Geld zum Tanken fehlt. Nicht nur die gestrandeten Passagiere, auch die Besatzungen der festgesetzten Flugzeuge durchleben einen Albtraum. Die Hotels weigern sich, Kreditkarten der hausinternen Bank der Swissair zu akzeptieren. Manche Swissair-Beschäftigte werden wie Diebe aus den Hotels gejagt. Keine Gesellschaft erkennt ihre Tickets noch an, ihnen bleibt nur, bei anderen Airlines auf eigene Kosten zu buchen und in die Schweiz zurückzukehren. Wenige Stunden nach dem „Grounding" der Swissair geht der Kaufpreis der Crossair-Aktien auf dem Konto der SAirLines ein. Zu spät. Die Schweizer reagieren empört auf das Verhalten der Banken. Es kommt zu mehreren Großdemonstrationen, unter anderem auf dem Bundesplatz in Bern. Kritisiert wird insbesondere das Verhalten der Großbank UBS. Tausende von wütenden Kunden kündigen ihre Konten. Das Ende der Swissair ist gleichzeitig die größte Pleite in der Schweizer Wirtschaftsgeschichte. Sie soll noch jahrelang die Gerichte beschäftigen.

Wie konnte es passieren, dass eine so exzellente Marke – manche bezeichneten die Swissair als „die Rolex" unter den Fluggesellschaften –, dass eine Airline, die weltweit Flagge zeigte und alle Werte der Schweiz in sich zu vereinigen schien und die man früher, als sie noch satte Gewinne einflog, die „fliegende Bank" nannte, dass also ein solches Unternehmen in geradezu beschämender Weise Pleite ging? So viel vorab: Die Krise hat bereits lange vor den Terroranschlägen vom 11. September 2001 begonnen.

Bis in die 1980er Jahre schrieb die Swissair eine viel beachtete Erfolgsgeschichte. Die Airline entstand am 26. März 1931 durch eine Fusion der kleineren Fluggesellschaften Ad Astra Aero und Balair. Als erste europäische Airline kaufte Swissair im Jahr darauf von Lockheed US-amerikanische Flugzeuge, die auf den Strecken von Zürich nach Wien, Frankfurt und München eingesetzt wurden. Im Jahr 1937 übernahm die Swissair – Schweizerische Luftverkehrs AG, wie der Carrier offiziell hieß, die Ostschweizerische Aero-Gesellschaft in St. Gallen.

Richtig durchstarten konnte die Gesellschaft nach dem Zweiten Weltkrieg. Wer besonders komfortabel den Atlantik überqueren wollte und sich den hohen Ticketpreis leisten konnte, flog in der First Class von Swissair. Dort gab es für die Passagiere bequeme Schlafstühle, später wurden Betten nach dem Muster der amerikanischen Eisenbahn-Pullmannwagen eingeführt. Ab dem Ende der 1950er Jahre stellte Swissair konsequent auf eine moderne Jet-Flotte um. Die Schweizer schlossen einen Kooperationsvertrag mit der skandinavischen Airline SAS. Gemeinsam kauften sie moderne Langstrecken-Jets vom Typ DC-8. Auf Kurz- und Mittelstrecken wurde die robuste Caravelle aus Frankreich eingesetzt. Ab 1966 kaufte das Unternehmen in den USA nach und nach neue DC-9-Jets, die sukzessive die Caravelle-Maschinen ablösten. Später orderte die Swissair Jumbo Jets mit gestrecktem Oberdeck (Boeing 747-300) sowie Maschinen vom Typ Airbus A310-200 und MD-81. Dem Unternehmen ging es ab den 1960er Jahren blendend. Dazu trug nicht zuletzt die politische Neutralität der Schweiz bei. Dadurch durfte die Swissair selbst exotische und lukrative Destinationen in ihren Flugplan aufnehmen. So flog die Swissair als zweiter Carrier der Welt ab 1975 die Volksrepublik China an und verband Zürich mit Peking und Shanghai. Die Swissair erzielte hohe Gewinne und wurde mit vielen Auszeichnungen bedacht.

Der Carrier galt als extrem sicher, gleichwohl wird die Unternehmensgeschichte von einigen Abstürzen und Terroranschlägen überschattet. Auf dem Weg von Zürich nach Genf stürzte am 4. September 1963 eine Caravelle der Swissair bei Dürrenäsch ab. Alle 80 Personen an Bord kamen ums Leben. Am 21. Februar 1970 starben 47 Passagiere und Besatzungsmitglieder an Bord des Swissair-Fluges 330 von Zürich nach Tel Aviv. Terroristen hatten eine Bombe an Bord geschmuggelt. Am 6. September 1970 wurden fast gleichzeitig eine DC-8 der Swissair, eine Boeing 707 der amerikanischen Gesellschaft TWA und eine Vickers VC-10 der britischen BOAC zur Landung auf dem „Gaza Airport" in der Nähe von Amman gezwungen. Die Geiseln wurden nach mehrtägigen Verhandlungen freigelassen. Anschließend sprengten die Terroristen die drei Maschinen. In der Nacht vom 2. auf 3. September 1998 schließlich stürzte der Swissair-Flug 111 vor der kanadischen Küste bei Halifax ab. Diese Katastrophe forderte 229 Menschenleben.

Doch nichts konnte am exzellenten Image der Fluggesellschaft kratzen. Anfang der 1970er Jahre spürte die Swissair zwar kräftig Gegenwind. Die Ölkrise, Fluglotsenstreiks, Tarifchaos und starke Währungsschwankungen sorgten für zeitweilige Turbulenzen, insgesamt jedoch kam der Carrier vergleichsweise gut aus dieser wirtschaftlichen Schlechtwetterfront. Das Blatt wendete sich erst in den 1980er Jahren und vor allem Anfang der 1990er Jahre.

Eine Zäsur für alle Fluggesellschaften, die bis dahin in ihren jeweiligen Ländern quasi eine Monopolstellung innehatten und denen viel nationales Prestige anhaftete, war die Liberalisierung und Deregulierung des Flugverkehrs zu Beginn der 1980er Jahre – zunächst in den USA und später in Europa. Auf den Airlines lastete fortan ein hoher Wettbewerbs- und Kostendruck. Immer deutlicher wurde, dass sich auf Dauer nicht jeder Kleinstaat eine eigene Fluggesellschaft leisten konnte.

Als Nichtmitglied der Europäischen Gemeinschaft (heute: Europäische Union) war die Schweiz – und damit auch die Swissair – vom europäischen Binnenmarkt mit seinen wirtschaftlichen Freiheiten ausgegrenzt. Zusammen mit anderen Staaten, wie zum Beispiel Österreich, Schweden und Island, gehörte die Schweiz der europäischen Freihandelszone EFTA an. Diese Organisation hatte zwar einen freien Handel, aber keine politische Union zum Ziel, die zu Zeiten des Kalten Krieges mit der Neutralität der genannten Länder schwerlich hätte vereinbart werden können. Um aber dennoch am europäischen Binnenmarkt teilzunehmen, beschlossen die EFTA-Staaten und die EG die Gründung des Europäischen Wirtschaftsraums (EWR). Er sollte sowohl die Länder der damaligen EG als auch jene der EFTA umfassen und diesen Nationen die Vorteile des Binnenmarktes sichern. Für Staaten wie Österreich, Schweden und Finnland war der EWR nur eine Vorstufe zum späteren EG-Beitritt. Sogar in der Schweiz wurde zeitweise über eine Vollmitgliedschaft in der EG nachgedacht. Heute ist kaum noch bekannt, dass der Schweizer Bundesrat am 26. Mai 1992 bei der EG ein Gesuch um Aufnahme von Beitrittsverhandlungen einreichte. Staatssekretär Franz Blankart, damaliger Integrationsexperte des schweizerischen Wirtschaftsministeriums, erklärte, die Integration seines Landes werde die Attraktivität des Wirtschaftstandorts Schweiz erhöhen. Ein erster Schritt in Richtung EG-Vollmitgliedschaft sollte der Beitritt der Eidgenossen zum EWR sein.

Doch die Mehrheit der Schweizer sprach sich gegen diese Strategie aus. Am 6. Dezember 1992 lehnten sie einen EWR-Beitritt in einer Volksabstimmung mit knapper Mehrheit ab. Für die exportorientierte Wirtschaft ein herber Rückschlag. Und auch die Swissair musste auf diese neue Entwicklung reagieren. Ein „Weiter so" unter der Schweizer Käseglocke schien keine vielversprechende Perspektive mehr zu sein.

Das Swissair-Management versuchte, eine starke Allianz unter Einschluss von Fluggesellschaft aus Staaten der Europäischen Gemeinschaft zu schmieden. Ziel sollte eine Fusion der Airlines sein. Unter strengster Geheimhaltung trafen sich im Winter 1992/1993 führende Vertreter der Fluggesellschaften Swissair, KLM (Niederlande), SAS (Skandinavien) und AUA (Österreich). Die Gespräche über einen Zusammenschluss dieser Carrier wurden unter dem Codewort Alcazar geführt. Ende Februar räumte die KLM ein, dass es solche Verhandlungen gebe. Sofort formierte sich Widerstand. In Österreich opponierte Jörg Haider gegen den „Ausverkauf" der AUA. Dänemark – an der SAS beteiligt – forderte eine Bestandsgarantie für das Drehkreuz Kopenhagen. Und den Schweizern war es unwohl bei dem Gedanken, ihre so stolze Qualitäts-Fluggesellschaft mit anderen, weniger angesehenen Carriern zusammenschließen zu müssen. Populistische Politiker und Boulevard-Medien machten mobil gegen dieses Fusionsprojekt, das am Ende scheiterte.

Am 4. Mai 1995 übernahm die Swissair für rund 260 Mio. Franken 45,9 % der Anteile an der maroden belgischen Sabena. Diese Airline war schon seit Jahren hochdefizitär und passte auch qualitätsmäßig nicht ganz zum Hochglanz-Image der Swissair. Allerdings hatten die Schweizer damit gleichsam ein Bein in der Europäischen Union. Gleichzeitig wollte man offenbar die Partnerschaft mit der US-amerikanischen Delta Airlines vertiefen, die sehr an dem Drehkreuz Brüssel interessiert war.

Ab 1998 setzte Konzernchef Philippe Bruggisser die sogenannte Hunter-Strategie um. Die SAirGroup (dazu gehörten die SAirlines mit der Swissair, die SAirLogistics und die SAirRelations) erwarb Beteiligungen an der kränkelnden deutschen Ferienfluggesellschaft LTU (sie ging später in der Air Berlin auf), der South African Airways, der portugiesischen TAP und der polnischen LOT. Im März 1998 wurde die von der Swissair initiierte Qualifyer Group ins Leben gerufen, zu der neben den genannten Carriern auch die Crossair, die Air Littoral und Turkish Airlines zählten. Doch bereits im Jahr darauf verließ die AUA diese Allianz wieder. Aktionismus statt Strategie – so agierte das Swissair-Management in den 1990er Jahren. Hinzu kamen ständige personelle Wechsel an der Spitze.

Die schon latent vorhandene Krise verschärfte sich kurz vor der Jahrtausendwende, als die selbst in wirtschaftliche Probleme geratene Delta Air Lines das enge Netz an Direktverbindungen nach Europa ausdünnte und die Zusammenarbeit mit Swissair, Sabena und Austrian Airlines aufkündigte. Dennoch investierte die Swissair weiter – und zwar vor allem in kleinere Airlines, wie die italienische Air Europe. Sogar eine Übernahme der italienischen Alitalia – ebenfalls ein chronischer Verlustbringer – war im Gespräch. Nach und nach hatten sich die Schweizer einen Sanierungsfall nach dem anderen in ihr Beteiligungs-Portfolio geholt. In dieser Situation sorgten im Sommer 2000 Presseberichte für Aufsehen, wonach Swissair und Sabena Tag für Tag etwa eine Million Franken Verlust einflogen. Auch die LTU und die französischen Beteiligungen brachten nichts als rote Zahlen ein. Anfang 2001 wurde Bruggisser fristlos entlassen. Als Nachfolger fungierte Crossair-Gründer Moritz Suter, der allerdings nach nur 44 Tagen das Handtuch warf. Ihm folgte Mario Corti, der bald darauf einen Verlust von 2,9 Mrd. Franken im Jahr 2000 bekanntgeben musste. Die SAirGroup saß auf einem Schuldenberg von atemberaubenden 15 Mrd. Franken. Finanzchef Georges Schorderet musste gehen, Nachfolgerin wurde Jacqualyn Fousé. Die Terroranschläge vom 11. September 2001 verschärften die Probleme der Schweizer dramatisch. Die Medien spekulierten offen über einen Zusammenbruch der Swissair. So wurden Rechnungen nur noch mit erheblicher Verzögerung bezahlt. Lieferanten forderten Barzahlung, und viele der rund 70.000 Mitarbeiter hoben ihr Geld bei der hausinternen Bank ab, um es in Sicherheit zu bringen.

Am Samstag, dem 29. September 2001, kamen Swissair-Chef Corti, Finanzchefin Fousé, weitere Verwaltungsräte und der Anwalt des Unternehmens zu einem Krisentreffen zusammen. Es gab nicht mehr viel zu besprechen, denn die Fakten waren eindeutig: Das Unternehmen hatte schlicht kein Geld mehr. Das Swissair-Management informierte die Schweizer Regierung über das drohende Desaster. Die bot einen Kredit an, doch der hätte das Problem kaum gelöst. Drei Tage später kommt das Aus für eine der besten Fluggesellschaften der Welt.

In den folgenden Tagen wurde aus der damaligen Crossair und unter Nutzung der geleasten Swissair-Maschinen ein neues Unternehmen geformt, das den Namen Swiss erhielt. Mit Milliardenhilfen von Staat und Wirtschaft startete der neue Carrier am 31. März 2002. Knapp drei Jahre danach übernahm die Lufthansa die neue Schweizer Fluglinie.

In der schmucklosen Stadthalle von Bülach begann fünf Jahre nach der Pleite der Prozess gegen 19 ehemalige Führungskräfte der Swissair. Ihnen wurden Konkursverschleppung, ungetreue Geschäftsführung, Gläubigerschädigung und Urkundenfälschung vorgeworfen. Nicht weniger als 4.200 Aktenordner umfasste die Anklage. Doch am Ende wurden alle angeklagten Manager und Verwaltungsräte freigesprochen – auch der letzte Chef der Swissair, Mario Corti. Die meisten Beobachter hatten nichts anderes erwartet: „Unfähigkeit ist eben nicht strafbar", meinte einer von ihnen.

Resümee: Bruchpiloten im Cockpit

Ohne Frage spürte die bis dahin erfolgsverwöhnte Swissair – wie alle anderen Fluggesellschaften – ab Ende der 1980er Jahre mächtig Gegenwind. Die Deregulierung des Luftverkehrs, zunehmender Wettbewerbsdruck, Terroranschläge, steigende Kerosinpreise – das alles bildete ein sehr anspruchsvolles Umfeld. Hinzu kam darüber hinaus die Sonderstellung der Schweiz. Man mag trefflich darüber streiten, ob die Swissair heute noch existieren würde, hätte es den 11. September 2001 nicht gegeben. Manche vertreten diese Meinung, doch Zweifel sind angebracht. Auf der Airline hatten schon zuvor extrem hohe Schulden gelastet.

Salopp ausgedrückt, saß das Management auf einem hohen Ross. Aus nationalem Prestige wollte man nicht in eine der großen Allianzen – zum Beispiel mit der Lufthansa – einsteigen. Auch Teile der Medien stützten zum Teil sehr populistisch diese fragwürdige Strategie. Die Swissair sei die schönste Braut unter allen europäischen Airlines, hieß es. Deshalb müsse sie wählerisch sein. Die Swissair wollte nicht die zweite Geige spielen, sondern selbst das Sagen haben, daher schmiedete sie eigene Allianzen mit Fluggesellschaften, von denen viele als Sanierungsfälle galten. Die Beteiligung an diesen maroden Carriern hat die Swissair sehr viel Geld gekostet, aber kaum vorangebracht.

Hinzu kamen eine hohe Fluktuation und mangelnde Kompetenz im Management. Teilweise wurden die Führungskräfte aus ganz anderen Branchen rekrutiert. Kritiker sprachen von einem parteipolitischen Zürcher Wirtschaftsklüngel. In Ermangelung eigener Kompetenz beschäftigte die Swissair ganze Heerscharen von Unternehmensberatern. Allein Vorstandschef Bruggisser soll in zwei Jahren nicht weniger als 250 Mio. Schweizer Franken an Consulting-Unternehmen überwiesen haben.

Schließlich trug ein hohes Maß an Realitätsverweigerung zum Crash der Fluggesellschaft bei. Bereits im Juli 2000 hatte der Credit-Suisse-Analyst Christopher Chandiramani vor einem Milliardenloch bei der Swissair gewarnt. Vorstandschef Bruggisser soll getobt haben. Der Bankanalyst wurde wenig später entlassen.

Unklar sind ferner bis heute die Motive der Banken, insbesondere der UBS. Was hat das Geldinstitut veranlasst, ausgerechnet in einem Moment, da eine Lösung der Krise durch den Verkauf der als Swissair-Nachfolgerin vorgesehenen Crossair in Sicht war, innerhalb weniger Stunden den Geldhahn zuzudrehen? Die Schweizer Regierung hat dieses Verhalten später mit deutlichen Worten kritisiert. Doch auch der Bundesrat spielte keine überzeugende Rolle. Mit einer rechtzeitig eingeräumten Staatsbürgschaft wäre es vielleicht gelungen, die Gesellschaft zu retten und der Schweiz eine Riesenblamage zu ersparen, die bis heute nachwirkt.

2.2.3 Borgward: Kult-Autos vom Patriarchen

Am Ende war das rettende Ufer zum Greifen nah. Im großen Schwurgerichtssaal des Bremer Landgerichts ließ Richter Waldemar Peters nach einem zehnstündigen Verhandlungsmarathon über das Vergleichsangebot für die marode Automobilgruppe abstimmen. Die meisten Gläubiger votierten zähneknirschend für die Annahme des vorgelegten Konzepts, doch zusammen repräsentierten sie nur 79,86 % der Forderungen. Es hätten mindestens 80 % sein müssen. Sage und schreibe 0,14 % oder rund 34.500 D-Mark entschieden schließlich über Rettung oder Ruin einer der bekanntesten und lange Zeit erfolgreichsten Marken in der deutschen Nachkriegsära. An diesem Samstag im Jahr 1961 scheiterte die Rettung an einer Kleinigkeit. Die Firmen Carl F. W. Borgward und die Goliath-Werke in Bremen gingen in Konkurs. Wenige Wochen später folgten die ebenfalls zur Borgward-Gruppe gehörenden Lloyd Motoren-Werke. Die noch junge Bundesrepublik, vom Aufschwung der Wirtschaftswunderjahre betört, erlebte den ersten schweren Crash. Rund 20.000 Arbeiter und Angestellte der Borgward-Gruppe sorgten sich um ihre Jobs.

Begonnen hatte der Niedergang der Unternehmerlegende Carl Friedrich Wilhelm Borgward und seines Lebenswerks bereits im Jahr zuvor. Noch im November hatte der burschikose Fabrikant, dessen despotischer Führungsstil allenthalben gefürchtet war, das Große Bundesverdienstkreuz erhalten. Schon damals kursierten Gerüchte über eine angeblich äußerst angespannte Liquiditätslage beim stark expandierenden Autobauer Borgward und seinen Tochterunternehmen Lloyd und Goliath. Als dann noch das Nachrichtenmagazin *Der Spiegel* kurz vor Weihnachten des Jahres 1960 über die kritische Situation in der Bremer Unternehmensgruppe berichtete, wurden die Banken und Lieferanten unruhig. Mit seinen Zulieferern war Borgward zwar noch nie zimperlich umgegangen – in der Regel mussten sie monatelang auf ihr Geld warten –, doch war dies bis dahin mit der selbstherrlichen Attitüde des Konzernherrn und nicht mit einer angespannten Liquiditätslage erklärt worden. Nur der Weihnachtsfrieden, der sich bereits über die Nation gelegt hatte, verhinderte Ende 1960 vorübergehend den großen Crash.

Allerdings wurde bekannt, dass Borgward wohl nur noch mit Millionenkrediten über den Winter kommen würde. Die Unternehmensgruppe beantragte bei ihren Hausbanken Fremdkapital in einem Volumen von mehr als 30 Mio. D-Mark. Das Bankenkonsortium unter Leitung der Bremer Landesbank sagte zu, der Bremer Senat, der um die Zukunft des größten Arbeitgebers des Stadtstaates fürchtete, übernahm entsprechende Bürgschaften. In den folgenden Tagen wurden 20 Mio. an den klammen Autobauer ausgezahlt. Im Januar 1961 verstärkten sich jedoch die Hinweise, dass die wirtschaftlichen Probleme des Unternehmens wesentlich gravierender sein könnten als gedacht. Aufgeschreckt von immer neuen Gerüchten, zog der Bremer Senat schließlich seine Bürgschaftserklärung zurück. Die Banken weigerten sich daraufhin, die im Februar eigentlich fällige dritte Kredittranche in Höhe von 10 Mio. D-Mark auszuzahlen. Für den Autobauer bedeutete dies das Ende. Der Senat stellte Borgward vor die Alternative, entweder seine Holding bedingungslos dem Stadtstaat Bremen zu übereignen oder aber sofort in Konkurs zu gehen. Nach stundenlangen Verhandlungen in den Diensträumen des Finanzsenators gab Borgward am Ende nach und übertrug sein Lebenswerk an den Stadtstaat, der das Unternehmen in Form einer Aktiengesellschaft weiterführen wollte. Doch auch das Geschäftsgebaren des neuen staatlichen Inhabers war nicht frei von Eigentümlichkeiten. So wurde als Aufsichtsratsvorsitzender ausgerechnet der Münchner Wirtschaftsprüfer Johannes Semler verpflichtet, der zur gleichen Zeit ebenfalls Aufsichtsratschef des angeschlagenen Borgward-Konkurrenten BMW war.

Der Bremer Automobilhersteller sollte unter seinem neuen staatlichen Eigentümer nur noch wenige Monate überleben. Am Ende scheitere ein Vergleich mit den Borgward-Gläubigern an einem marginalen Betrag von rund 34.500 D-Mark. Eine nicht nur von Autofreaks geschätzte Marke musste die Segel streichen. Bis heute trauern viele den ganz unterschiedlichen Modellen dieses Herstellers nach. Borgward blieb ein Mythos. Knapp ein halbes Jahrhundert nach der spektakulären Pleite brachte eine kleine süddeutsche Manufaktur sogar eine Uhrenserie auf den Markt, die den Namen Borgward und die damit noch immer einhergehende Faszination aufgreift. Dahinter steht unter anderem Eric Borgward, der Enkel des legendären Autobauers.

Wie konnte es zu diesem Crash kommen? Immerhin hatten zumindest die meisten Automobile der Borgward-Gruppe einen guten Ruf. Das Mittelklasse-Fahrzeug „Isabella", der Bestseller des Konzerns, wurde fast 203.000 Mal verkauft. Auch das konjunkturelle Umfeld nahm sich alles andere als widrig aus. Die Bundesrepublik befand sich noch mittendrin in den viel bestaunten Wirtschaftswunderjahren. Und die Banken waren ebenfalls geneigt, einem Vorzeigeunternehmen wie der Borgward-Gruppe Kredite zu geben. Nüchtern betrachtet, gab es keinen erkennbaren Grund für einen solchen Crash. Wenn aber keine externen Auslöser für den Konkurs auszumachen sind, dann musste es interne Ursachen gegeben haben. Und die gab es in der Tat.

Da war zum einen der ambivalente Charakter des langjährigen Konzernchefs. Carl Friedrich Wilhelm Borgward galt einerseits als dynamischer Unternehmer, der es mit seiner zupackenden Art vom Schlosser bis zu einem der führenden deutschen Automobilproduzenten gebracht hatte. Mit seinen Kleinwagen machte Borgward sogar dem VW Käfer Konkurrenz. Die Modelle der Mittel- und Luxusklasse erwiesen sich vielfach als richtungsweisend, waren sie doch den Fahrzeugen der Konkurrenz technisch oft voraus. Über Jahre hinweg galt die Borgward-Gruppe zudem als der größte Nutzfahrzeughersteller der Bundesrepublik Deutschland.

An der Spitze des Unternehmens aber stand ein beratungsresistenter Machtmensch, der von seinen Mitarbeitern bedingungslose Gefolgschaft verlangte und jeden, der auch nur leisen Widerspruch wagte, öffentlich zusammenstauchte. Als in den 1930er Jahren der schwer angeschlagene Hersteller Hansa-Lloyd zum Verkauf stand, griff Borgward zu. Schon damals fuhr er Zweiflern über den Mund: „Ich bin der Herr im Haus, ich allein habe das Sagen. Ich bin der Entscheider." Bis zuletzt war dies gleichsam Art. 1 im „Grundgesetz" der Borgward-Gruppe.

Der spätere Unternehmer (Jahrgang 1890) stammte aus kleinen Verhältnissen. Als Sohn eines Kohlehändlers wuchs er im Hamburger Hafenviertel Altona auf, machte nach der Schule eine Schlosserlehre und belegte später einige Semester an einer Höheren Maschinenbauschule. Für Technik hat sich Borgward schon früh interessiert. Am Ende seiner Ausbildung trug er stolz den Titel eines Oberingenieurs. Nach dem Ersten Weltkrieg heuerte er zunächst bei einem Bremer Stahlunternehmen an, doch schon im Jahr 1919 gründete er die „Reifenindustrie GmbH" und wurde ein wichtiger Zulieferer des in Bremen ansässigen Autobauers Hansa-Lloyd. Eines Tages beobachtete er von seinem Büro aus, wie seine Arbeiter Teile auf einfachen Handkarren von einer Werkhalle in die andere transportierten. Viel zu langsam und viel zu kräftezehrend, befand Borgward und dachte über eine Lösung nach, die – wie man heute sagen würde – Effizienzgewinne bringen sollte. Das war der Beginn von Borgwards Blitzkarriere – und dieser Begriff darf in diesem Zusammenhang ganz wörtlich genommen werden. Der Unternehmer entwickelte ein einfaches motorisiertes Gefährt mit drei Rädern und einer großen Ladefläche. Dass man diesen Billigtransporter regelmäßig anschieben musste, um den schwachen Motor zu starten, stand dem Verkaufserfolg nicht im Wege. Borgward verkaufte seinen „Blitzkarren", wie er seine automobile Innovation taufte, zahlreichen Unternehmen, unter anderem sogar der damaligen Deutschen Bundespost. Vom Erfolg motiviert, entwickelte Borgward ein zweites Modell mit stärkerem Motor und nannte es selbstbewusst „Goliath".

Anfang der 1930er Jahre brachte Borgward das Modell „Goliath" als Personenwagen auf den Markt. Auch dabei handelte es sich um ein dreirädriges Gefährt mit einer Karosserie aus Holz, die mit Kunstleder überzogen wurde. Den Geschmack seiner Kunden traf Borgward mit diesem sehr einfachen fahrbaren Untersatz allerdings nicht. Das motorisierte Dreirad sollte sich bald als Flop erweisen. Drei Jahre später brachte das Unternehmen dann mit dem Hansa 500 einen vierrädrigen Pkw auf den Markt. Aber sogar diesem Modell war kein Erfolg beschieden. Wirtschaftlich belasteten diese Misserfolge das Unternehmen nur mäßig, da sich die einfachen Nutzfahrzeuge nach wie vor sehr gut verkaufen ließen. Bald hatte Borgward genug Geld verdient, um im Bremer Stadtteil Sebaldsbrück eine hochmoderne Automobilfabrik zu errichten. Die Aktiengesellschaft wurde in eine Personengesellschaft umgewandelt, alleiniger Gesellschafter war Carl Friedrich Wilhelm Borgward. Ob nun aus wirtschaftlichem Opportunismus oder aus innerer Überzeugung, jedenfalls pflegte Borgward enge Kontakte mit den Nationalsozialisten. Im Jahr 1938 stieg er zum „Wehrwirtschaftsführer" auf und wurde während des Zweiten Weltkriegs einer der wichtigsten deutschen Rüstungsproduzenten. Borgward stellte Halbkettenfahrzeuge, Lkws, Motoren, Getriebe und Torpedos her.

Um dem mit ihnen eng verbundenen Unternehmen ausreichende und vor allem billige Arbeitskräfte zuzuführen, kamen die Nazis auf eine perfide Idee: Sie richteten am Unternehmenssitz in Sebaldsbrück eine Außenstelle des Konzentrationslagers Neuengamme ein. Schätzungen zufolge, rekrutierte sich mehr als die Hälfte der Belegschaft der Firma Borgward aus KZ-Häftlingen und Kriegsgefangenen.

Nach dem Zweiten Weltkrieg saß der überzeugte Nazi Borgward drei Jahre in Internierungshaft. Seine Aufseher versorgten ihn mit amerikanischen Automobilmagazinen. Auf diese Weise soll Borgward auf die sogenannte Ponton-Karosserie aufmerksam geworden sein, die ganz ohne Trittbretter und aufgesetzte Kotflügel auskam. Aus der Haft entlassen und den Kopf voller Ideen, kehrte er in seine Firma zurück und zerlegte sie in drei Unternehmen: die Carl F. W. Borgward GmbH, die Lloyd Maschinenfabrik sowie die Goliath GmbH. Ein kluger Schachzug, denn auf diese Weise sicherte sich Borgward gleich eine dreifache Rohstoffzuteilung.

Schon vier Jahre nach Kriegsende brachte Borgward mit dem Modell „Hansa 1500" einen neuen und stark beachteten Pkw auf den Markt. Zu seinen Besonderheiten gehörte nicht nur die erwähnte Ponton-Karosserie, sondern auch das Getriebe. Während die Modelle der Konkurrenz noch per Hand geschaltet werden mussten, stattete Borgward sein neues Modell mit einem Automatikgetriebe aus.

Im Mai 1950 brachte die Firmengruppe mit dem „Lloyd 300" ein wirtschaftliches Erfolgsmodell auf den Markt. Und das, obgleich es an Hohn und Spott nicht mangelte. Das aus Holz, Kunststoff und Abfallblech gefertigte Gefährt hieß im Volksmund nur „Leukoplast-Bomber". Wenig imagefördernd war auch der Spruch „Wer den Tod nicht scheut, fährt Lloyd." Dennoch gelang mit diesem Fahrzeug endgültig der Durchbruch im Pkw-Sektor. Den größten Erfolg erzielte Borgward indessen in der Mittelklasse. Die Borgward Isabella (60 PS, rund 135 km/h) gilt bis heute als eines der schönsten Automobile der Nachkriegszeit. Die Coupé-Variante war Anfang der 1960er Jahre der Traumwagen schlechthin. In der gehobenen Mittelklasse eroberte sich der P 100, das erste deutsche Auto mit Luftfederung, einen festen Platz in den Herzen der Freunde außergewöhnlicher Automobile.

Vor der Pleite brachte die Unternehmensgruppe mit der „Arabella" ein echtes Sorgenkind auf den Markt. Technisch nicht ausgereift und offenbar mit „heißer Nadel gestrickt", stand das Fahrzeug öfter in der Werkstatt als in der Garage seines stolzen Besitzers. Schnell wurde die „Arabella" als „Bananenauto" verspottet – es reifte erst beim Käufer. Mit hohem Aufwand mussten die ersten Wagen dieses Modells nachgebessert werden. Ein Image-Desaster für die Kult-Marke.

Resümee: Durch Egomanie in die Pleite

Doch das Unternehmen schlitterte nicht aufgrund dieser Qualitätsmängel in die Pleite, wiewohl diese den Abstieg beschleunigt haben dürften. Hauptgrund war die Hybris seines Eigentümers. Borgward scheiterte letztlich, weil er sich nicht an die zu Beginn seiner Karriere selbst formulierten Maximen gehalten hatte. Bei der Werkseinweihung im Jahr 1938 in Bremen-Sebaldsbrück hatte Bordward noch gesagt: „Nach meiner Auffassung ist es ein wirtschaftlicher Unsinn, sich bei der Konstruktion neuer Typen ins Uferlose zu verlieren, nur um einmal der Konkurrenz eine Nasenlänge voraus sein zu können."

Doch genau an diese Maxime hat sich der Konzernherr nicht gehalten. In der Endphase brachte er ständig neue, zum Teil technisch nicht ausgereifte Modelle auf den Markt. Borgward, der in seiner Branche schon mal als „Auto-Cäsar" bezeichnet wurde, agierte als Generaldirektor, Chefkonstrukteur und Chefstylist. Berauscht vom frühen Erfolg, schnitt der hemdsärmelige Unternehmer die Firmengruppe ganz auf seine Person zu. Selbst leitende Mitarbeiter waren letztlich Lakaien, die nichts zu sagen hatten. In den Wirtschaftswunderjahren, in denen einfach alles möglich schien, stieg Carl Friedrich Wilhelm Borgward zu einem einflussreichen und von vielen insgeheim bewunderten Unternehmer auf, dem scheinbar alles gelang. Galt er zunächst nur als einer der führenden Hersteller von Nutzfahrzeugen, so mischte er später auch den Markt für Personenkraftwagen auf. Schnell war die unrühmliche Rolle, die Borgward während der Nazi-Dikatur gespielt hatte, vergessen. Doch mit zunehmendem Erfolg verlor der Unternehmer ganz offenkundig die Bodenhaftung. Er verstieß gegen seine eigenen, zu Beginn seiner Karriere formulierten Maximen, duldete keinen Widerspruch und machte sich selbst zunehmend zum Maß aller Dinge. Vielleicht hätte die Marke überlebt, wenn Borgward auf kritische Stimmen gehört oder sie zumindest zugelassen hätte.

So aber endete eine glanzvolle Unternehmerkarriere mit einer tiefen persönlichen Demütigung. Borgward, der auf Empfängen seinen Gästen zur Begrüßung nur den kleinen Finger entgegenstreckte, weil er in der einen Hand das Champagnerglas und in der anderen eine Havanna-Zigarre hielt, der Chef von über 20.000 Mitarbeitern, der Herrscher im damals viertgrößten deutschen Autokonzern, der allein im Jahr 1959 über 104.000 Fahrzeuge herstellte und einen Rekordumsatz von 632 Mio. D-Mark erwirtschaftete – ausgerechnet dieser Carl Friedrich Wilhelm Borgward musste am 4. Februar als gescheiterter Mann im Bremer Rathaus erscheinen und sich gleichsam die Pistole auf die Brust setzen lassen: Entweder müsse er sein gesamten Unternehmen der Stadt Bremen überschreiben oder aber seine Firmengruppe gehe sofort in Konkurs, wurde ihm bedeutet. Borgward hatte keine andere Wahl, er trennte sich von seinem Lebenswerk. Gestern noch Patriarch, heute beinahe ein Bankrotteur. Viel tiefer kann ein Unternehmer eigentlich nicht fallen. Da war es für ihn auch keine Genugtuung, dass die Autoschmiede unter der Ägide der Stadt gerade einmal ein halbes Jahr überlebte. Im September 1961 geriet die Firmengruppe in den Konkurs – ein rabenschwarzer Tag für alle Borgward-Fans, aber ebenso ein Menetekel für das sich allmählich abzeichnende Ende des deutschen Wirtschaftswunders. Es sollte nur noch rund vier Jahre dauern, bis Deutschland die erste schwere Rezession der Nachkriegsgeschichte erlebte.

Borgward zog sich als gebrochener Mann zurück. Den Niedergang seines Imperiums hat er nie verkraftet. Zwei Jahre nach dem Konkurs seiner Firmengruppe starb Borgward am 28. Juli 1963 in Bremen im Alter von 72 Jahren. Das, was von der einstigen Autoschmiede übriggeblieben war, kaufte im Jahr 1964 eine Gruppe von Investoren, um zwischen 1967 und 1970 den Borgward P100 in Mexiko nachzubauen.

2.2.4   Motorräder – Horex, vom Sturz einer Königin

Wer sich auf die Suche nach Lost Brands macht, stößt in Deutschland unweigerlich auf die Motorradindustrie. Sie ist Beispiel par excellence für ein Marken-Massensterben, und zwar gleich zweimal, wenn man es genau nimmt sogar dreimal. Nach dem Zweirad-Boom zu Beginn des 20. Jahrhunderts verschwanden unzählige Werkstatt-Marken wie Propul, Voran, Robako, Wimmer, Vis, Kobolt, Wotan, Dümo und viele andere genauso schnell von der Bildfläche, wie sie aufgetaucht waren. In den 1950er Jahren setzte dann das zweite Massensterben ein. 1954 verschwand Hoffmann vom Markt, 1955 Tornax, 1957 verschwanden Adler und Triumph. Für Ardie und Express kam das Aus ein Jahr später, Horex, Victoria und Dürrkopp traf es 1959, U.T. 1960, bei NSU wurde die Motorradproduktion 1963 eingestellt. Die anderen Großen der Nachkriegszeit – Hercules, Zündapp, Kreidler und Maico wurden von den Japanern in den 1980er Jahren vom Markt gefegt. Auf den Straßen sind viele von ihnen zwar heute noch als Oldtimer präsent, aber eine deutsche Zweiradindustrie gibt es abgesehen von BMW nicht mehr. Daran ändern auch die verschiedenen Versuche nichts, die eine oder andere Marke wiederzubeleben. Doch in den Erinnerungen und zahllosen Geschichten und natürlich in den mehr oder weniger gut restaurierten Schätzchen von Privatleuten und in Museen leben die Marken von damals weiter.

Die deutsche Zweiradindustrie ist nicht ohne Grund gescheitert. In den Wirtschaftswunderjahren lag es am zunehmenden Wohlstand. War das Zweirad vor und nach dem Zweiten Weltkrieg für große Teile der Bevölkerung ein probates und billiges Fortbewegungsmittel, wurde es mit dem Wirtschaftsboom zunehmend vom bequemeren Auto verdrängt. In den 1980er Jahren verpasste die deutsche Motorradindustrie den Markteintritt der Japaner. Zu spät begriffen die deutschen Produzenten, dass nicht mehr Standfestigkeit und Technik allein zählten, sondern auch das Aussehen. Bieder und solide war out, Style, Geschwindigkeit und ein niedriger Preis waren in. Die Japaner konnten sowohl Technik und Qualität als auch Geschwindigkeit und gutes Aussehen bieten. Durch immense Stückzahlen waren auch attraktive Preise möglich. Daneben gab es noch weitere Gründe für das Ausscheiden der großen Marken wie schlechtes Management, Verantwortungslosigkeit der Patriarchen und der Unternehmerfamilien, aber auch zu viel Enthusiasmus, gepaart mit geringem ökonomischem Verständnis.

In diesem Kapitel entführen wir Sie beispielhaft in die Geschichte von drei großen Marken – Horex, Kreidler und Zündapp. Alle drei Namen bringen noch heute bei Motorradenthusiasten die Augen zum Leuchten. Es gibt Marken-Clubs, Unternehmen, die vom Ersatzteile-Verkauf leben, unzählige Oldtimer-Treffen, private Sammlungen, Museen und Wiederbelebungsversuche. Nicht zu vergessen die Erinnerungen, die für viele Menschen mit diesen Marken verbunden sind. Die wenigsten fahren noch ein Motorrad, aber die Namen der Zweiräder von einst sind mit Emotionen verbunden, die weit über das Zweirad als solches hinausgehen. Und genau das ist es, was eine gute Marke ausmacht: Emotionen.

Mit Motorrädern werden unglaublich viele Emotionen verbunden. Die Zweiräder sind anders als Autos nicht nur ein Gebrauchsgegenstand, der seinen Fahrer von A nach B bringt. Je älter, seltener oder ausgefallener die Marke oder das Modell und je mehr man selbst schraubt, desto stärker wird die Beziehung zwischen Fahrer und Maschine. Viele, die über die Lost Brands des deutschen Motorradmarkts lesen, werden die Geschichte mit ihren eigenen Erinnerungen anreichern. Auch in die nachfolgenden Kapitel flossen zahlreiche Informationen, Anregungen und persönlichen Erinnerungen ein. Sie kamen von ehemaligen Mitarbeiter, Sammlern und Kennern der Szene. Die Zündapp-Geschichte orientiert sich sehr stark an dem im Text erwähnten und zitierten Buch von Ulrich Kubisch. Er gilt als ausgewiesener Zündapp-Fachmann. Sein Buch beruht zu einem wesentlichen Teil auf Unterlagen des Zündapp-Archivs im Deutschen Technikmuseum in Berlin. Das Buch von Henning Wiekhorst über das „Elefantentreffen" hat nicht nur bei den Recherchen geholfen, sondern war auch eine spannende Lektüre. Ulrich Kubisch, Kurt Hellmuth und Dr. Olaf Wandschneider haben sich sogar die Mühe gemacht, die Texte vor Veröffentlichung zu lesen und Hinweise auf Schwachstellen zu geben.

Doch nun zur Marke Horex. Sie war eine Erfolgsgeschichte ihrer Zeit und gilt heute als Legende. Zahllose Oldtimer-Fans horten ihre Schätzchen von einst in Garagen und Scheunen. Nur noch höchst selten sieht man eine Horex auf der Straße. Das soll sich zwar ändern, doch davon später. Begonnen hat die Horex-Geschichte 1923 in Bad Homburg in Hessen. Das HO von Homburg ist denn auch der erste Namensbestandteil. Das REX entstammt der elterlichen REX-Konservenglasgesellschaft Bad Homburg des Gründers Fritz Kleemann. Nimmt man es genau, begann die Geschichte bereits 1920, als Friedrich Kleeman die kleine Motorenfabrik Columbus-Motorenbau AG in Oberursel im Taunus kaufte. Dort wurde ein Fahrrad-Hilfsmotor mit einem PS gebaut, der „Gnom". Der Motor wurde direkt vor dem Tretlager ins Fahrrad gehängt.

Doch der damals 22-jährige Sohn Fritz hatte andere Ambitionen. Bereits im Gründungsjahr der Horex-Fahrzeugbau AG baute er die erste Horex mit 248 cm^3, die gleich Rennsiege einfuhr. Der damalige Leitspruch lautete „Gebaut von Motorradfahrern für Motorradfahrer". 1925 fusionierten Columbus und Horex. 1932 kam ein Parallel-Zweizylinder mit obenliegender Nockenwelle auf den Markt. Er hatte etwa 24 PS bei 600 cm^3 Hubraum beziehungsweise 30 PS bei 800 cm^3. Auch diese Motoren waren im Rennsport ziemlich erfolgreich, doch für die Serienproduktion zu teuer. 1936/1938 konstruierten Richard Küchen und Hermann Reeb den Viertakt-Langhuber SB 35 mit 350 cm^3, das Urmodell der späteren Regina-Motoren. Er wurde auch für verschiedene Modelle der Firma Victoria verwendet. Die Horex-Motorräder selbst hatten bereits eine Teleskopgabel, aber keine Hinterradfederung. Der Zweite Weltkrieg machte sämtliche Motorrad-Ambitionen zunichte. Horex wurde zur Produktion von Kriegsmaterial verpflichtet. Erst 1948 konnte man sich wieder mit Motorrädern befassen.

Zwei Jahre später, 1950, kam die erste 350er Regina mit 18 PS auf den Markt. Die Bad Homburger hatten ihr ein neues Fahrwerk verpasst, sich vom Starrrahmen abgewandt und die Bremsen verbessert. Die Regina entwickelte sich zur Erfolgsgeschichte. Mit 18.600 Exemplaren wurde sie zur meistverkauften 350er der Welt. Sie wurde in 60 Länder exportiert. Ab 1953 kamen eine Regina mit 250 cm^3-Motor und 17 PS und eine 400er mit 22 PS dazu. Letztere war vor allem für den Seitenwagenbetrieb gedacht. Die 250er hatte im Gegensatz zu ihren Schwestern nur einen Auspuff. An den Reginas wurde in den Folgejahren hauptsächlich Modellpflege im Detail betrieben. So wurde zum Beispiel die Leistung der 350er auf 19 PS verbessert, der Nockenwellenantrieb wurde immer wieder geändert, und später wurde der Zylinder aus Leichtmetall gefertigt.

1951 wurde den Eintöpfen ein Zweizylindermodell mit 500 cm^3-Motor und obenliegender Nockenwelle im Leichtmetallzylinderkopf zur Seite gestellt: die Imperator. Bei einer Leistung von 30 PS sollte sie 150 km/h laufen. Die ersten Exemplare wurden erst einmal im Motorsport erprobt. Ausgeliefert wurde die Imperator jedoch erst ab 1955 in einer abgespeckten Version mit 400 cm^3 und 26 PS. Für die Regina wurde als Nachfolgerin die Resident entwickelt, die im selben Jahr wie die Imperator auf den Markt kam.

Doch die beiden neuen Modelle konnten die Marke nicht mehr retten. Auch Horex fiel dem allgemeinen Trend zum Auto zum Opfer und wurde ein weiterer Name in der Reihe des ersten großen Motorradsterbens nach dem Zweiten Weltkrieg. Nach dem Krieg waren die Zweiräder für die Menschen eine preisgünstige Möglichkeit der Fortbewegung gewesen und allemal besser als ein Fahrrad. Doch mit dem Wohlstand wurden auch Autos erschwinglich, und diese waren um einiges komfortabler und hatten ein Dach. Einen Trend zum Motorrad als Freizeitgerät gab es damals noch nicht. 1956 stellte Horex die Motorradproduktion ein. 1960 übernahm der Daimler-Konzern, für den Horex Teile gefertigt hatte, das Werk.

Exkurs: Aussterbendes Mammut Der Name lebte allerdings weiter. Die Namensrechte gingen an Friedel Münch über, der die Münch Motorradfabrik GmbH gründete. Unter dem Namen Horex 1400 TI stellte er in Einzelanfertigung ein Motorrad für Liebhaber her, das jedoch keine nennenswerten Stückzahlen erreichte. Später verkaufte er den Namen weiter. Münch stellte außerdem sein eigenes, nach ihm benanntes Motorrad her: die Münch Mammut, wie sie von ihren Bewunderern genannt wurde. Wie der Name schon sagte: ein gewaltiges Zweirad, von dem man noch in den 1970er Jahren voll Ehrfurcht sprach. Das lag nicht nur am Motorrad selbst oder an der Technik, sondern auch am hohen Preis. Die ersten Modelle des Motorrads, das eigentlich Münch 4 hieß, kosteten 1966 zwischen 7.000 und 8.000 D-Mark. Die Relation wird klar, wenn man bedenkt, dass damals der NSU Prinz TT, immerhin ein Auto, unter 6.000 D-Mark kostete. Münch baute den luftgekühlten Reihenvierzylinder des NSU 1000 quer zur Fahrtrichtung in den Motorradrahmen ein, so dass der Motor durch den Fahrtwind gekühlt werden konnte. Er arbeitete beständig an Verbesserungen. Ab 1969 kam der Motor des NSU 1200 TT zum Einsatz. Nach einem größeren Tuning brachte es die Münch 4 TTS 1200 auf 88 PS. Das 300 kg schwere Gefährt konnte sicherlich keinen Schönheitswettbewerb für Zweiräder gewinnen, hatte aber einen unverwechselbaren Charakter und wurde vielleicht gerade deswegen zu einer Legende. Der Preis für eine Münch war 1970 bereits auf rund 10.000 D-Mark geklettert. Nur wenige Motorradbegeisterte wollten oder konnten sich das leisten. Bis 1971 hatte Münch gerade einmal 250 Motorräder verkauft und musste zum ersten Mal Konkurs anmelden. Doch er fand Geldgeber und konnte die Firma retten. In die Mammut wurde eine Einspritzanlage eingebaut, mit der immerhin 100 PS herausgekitzelt werden konnten. Doch 1973 ging das Unternehmen zum zweiten Mal in Konkurs. Zwar wurden weiterhin Münch-Motorräder gebaut, aber inzwischen hatten die Japaner den Markt erobert und zu Beginn der 1980er Jahre war dann auch mit Münch endgültig Schluss – fast.

Ende der 1990er Jahre beschlossen nämlich Friedel Münch und Thomas Petsch, eine neue Mammut zu bauen, sozusagen Münch Mammut Reloaded. Zu diesem Zweck gründeten sie die Münch Motorrad Technik GmbH und begannen, an der Mammut 2000 zu basteln. Im Design wurden Elemente der ursprünglichen Mammut beibehalten beziehungsweise aufgegriffen, und natürlich war sie wieder mit einem Vierzylinder-Reihenmotor ausgestattet. Dieses Mal mit 1998 cm³. Sie verfügte über verrückte 256 PS, war mit einem Turbolader ausgestattet und wog 390 kg. Doch auch bei der neuen Mammut war der Preis von über 80.000 € nicht durchsetzbar, zumal man über dieses gewaltige Zweirad durchaus geteilter Meinung sein konnte. 390 kg durch Schwarzwaldkurven zu bewegen, ist keine leichte Aufgabe. Das mussten auch die Konstrukteure und Hersteller des Motorrads irgendwann einsehen und stellten die Produktion ein. Die Mammut starb endgültig aus.

Doch zurück zu Horex. Nach der zweiten Pleite der Firma Münch 1973 gründete Friedel Münch in Nidderau in Hessen die Horex Motorrad GmbH. Er brachte Erfahrung im Tunen von Horex-Motorrädern mit. Allerdings hatte das, was er unter der Bezeichnung 1400 TI anbot, nichts mit den alten Horex-Motorrädern zu tun. Er entwickelte das Modell natürlich aus seiner Münch heraus, und selbstverständlich wurde auch diese neue Horex von einem NSU TTS 1200-Motor angetrieben. Sie galt immerhin zu Beginn der 1980er Jahre als das hubraumstärkste Motorrad in Europa. Doch auch sie war viel zu teuer, als dass sie mehr Käufer als einige wenige Liebhaber gefunden hätte.

Nach dem gescheiterten Versuch von Friedel Münch mit dem Namen Horex sollte die Kultmarke nicht dem Vergessen anheimfallen. Münch verkaufte die Namensrechte weiter. Als Folge gab es unter dem Namen Horex in den 1980er Jahren ein Sammelsurium von Mofas, Mokicks, Enduros und kleinen Straßenmaschinen. Irgendwann gelangten die Namensrechte an die Firma Hörmann-Rawema in Chemnitz, die historische Horex-Motorräder rekonstruierte und fertigte.

Viele Motorradfahrer entdeckten ihre Leidenschaft auf einer Horex Regina. Für Fahranfänger war sie ideal. Der langhubige Einzylinder war extrem gutmütig. Man konnte an leichten Steigungen sogar im dritten Gang anfahren, ohne dass die Regina irgendwelche Mätzchen gemacht hätte. Sie hörte sich dann zwar an wie ein Traktor, gewann aber kontinuierlich an Fahrt. Auf jeden Fall war sie immer ein Hingucker. Nicht so einfach war die Sache mit dem Antreten. Die Regina sprang nicht auf Knopfdruck an, sondern mit Kickstarter. Das brauchte schon einen kräftigen Tritt.

An- und Umbauten brachten jeden echten Horex-Fan fast schon zum Weinen, denn für diese Spezies musste alles original bleiben. Für manchen Studenten aber waren solche Improvisationen notwendig, um sich eine billige Methode der Fortbewegung zu sichern.

Tatsächlich gibt es für die alten Horex-Motorräder noch immer eine Fan-Gemeinde und Oldie-Liebhaber, die ihre Schätze hegen und pflegen und selbstverständlich die Original-Lackierung verwenden. Wie für alle großen alten Motorradmarken gibt es noch Ersatzteile, Internetforen und Treffen, aber eine Regina für 80 D-Mark oder auch 80 € wird man wohl nicht mehr finden.

In den 1980er Jahren erreichte Horex noch einmal Kultstatus, und zwar durch die Werner-Comics des Zeichners Rötger Feldmann, genannt „Brösel". Auch die Bezeichnung „Bölkstoff" für Bier stammt der Legende nach aus diesen Comics. Die ersten Werner-Comics erschienen Ende der 1970er Jahre im Satiremagazin *Pardon* und in der *Kieler Stadtzeitung*. Seinen Stoff bezog Brösel aus ständigen Auseinandersetzungen mit TÜV und Polizei wegen seiner Horex-Umbauten. Das Werner-Motorrad der ersten Stunde erreichte unter dem Namen „Horex Flacheisen" Kultstatus. Feldmann schreibt dazu auf der Werner-

Website: „Erstens: Es musste offensichtlich ein Chopper (weil damals unter Rabauken üblich) sein. Zweitens: Es sollte unbedingt den ach so geliebten 400er-Horexmotor haben." Wer die Umbauten, denen der Horexmotor unterzogen wurde, im Detail wissen möchte, sei auf die Website www.werner.de verwiesen.

Als genialer Marketing-Schachzug erwies sich das Rennen des „Red Porsche Killers" gegen Holgis Porsche. In der Kneipe einigten sich Brösel und sein Kontrahent Holgi auf eine Wette. Für den Red Porsche Killer wurden vier Horexmotoren verwendet, natürlich wieder getunt und umgerüstet von den Comicfiguren Brösel und Ölfuß. Entstanden ist ein wahres Monster, pinkfarben lackiert, eine technische Meisterleistung. Was im Comic seinen Anfang nahm, wurde 1988 auf dem Flugplatz in Hartenholm zu einem Mega-Event über drei Tage mit 250.000 Besuchern. Allerdings erfuhr der Red Porsche Killer eine schmähliche Niederlage. Holgi triumphierte im Porsche. Doch spätestens jetzt waren die Werner-Comics mit ihren skurrilen Figuren in aller Munde. 1990 kam der erste Werner-Film in die Kinos „Werner-Beinhart!". Rund fünf Millionen Menschen sahen den Film. Der zweite Film, der 1996 über die Leinwand flimmerte, legte damals den erfolgreichsten Kinostart eines Films im deutschsprachigen Raum hin. Schon am ersten Wochenende kamen 1,1 Mio. Zuschauer, um „Werner – das muss kesseln!" zu sehen. Insgesamt sahen den Film im deutschsprachigen Raum mehr als fünf Millionen Menschen.

Auch wenn der Werner-Boom seitdem nachgelassen hat, ist die Marke Horex noch längst nicht auf dem Müllhaufen der Geschichte gelandet. Im Gegenteil: In Augsburg ist sie vor kurzem ziemlich spektakulär auferstanden – nicht als langhubiger Einzylinder, sondern als schmal gebauter Roadster mit einem 1.200 cm^3 starken VR-Sechszylindermotor, geplant mit Kompressoraufladung und um die 160 PS. Am 15. Juni 2010 wurde die neue Horex zum ersten Mal in München der Presse vorgestellt. Vom 1. bis 4. März 2012 konnte auch die Biker-Gemeinde das neue Motorrad auf der Messe „Motorräder" in Dortmund bewundern und Probe sitzen. Das Motorrad stecke voller Innovationen und man lege größten Wert auf eine qualitativ hochwertige Fertigung, lässt das Unternehmen Horex GmbH in seinen Pressemeldungen wissen. Nach dem Willen von Geschäftsführer Clemens Neese soll die neue Horex den Klassiker neu interpretieren. Neese, selbst begeisterter Motorradfahrer, möchte an den alten Horex-Wahlspruch „Gebaut von Motorradfahrern für Motorradfahrer" anknüpfen. „Die neue Horex würde den alten Konstrukteuren sicher gefallen", sagte er auf der Präsentation in München. Nicht nur ihnen: 2012 wurde die neue Horex vom Rat für Formgebung mit dem renommierten „German Design Award" 2013 in der Kategorie „Transportation and Public Space" ausgezeichnet. In ihrer Urteilsbegründung führte die Jury aus, mit der neuen Horex sei „die Wiederbelebung der Marke klassisch und modern zugleich gelöst worden". Wer sich überzeugen möchte: www.horex.com

Auf den „VR-Motor für das Einspurfahrzeug" hält Neese seit 2007 das Patent. In der Manufaktur in Augsburg wird an vier aufeinander folgenden Arbeitsplätzen der neue Sechszylinder-Roadster gebaut werden, individuell für die zukünftigen Besitzer konfiguriert. Doch noch muss die neue Horex erst einmal Käufer in ausreichender Zahl finden. Immerhin ist das Motorrad mit einem Preis von 21.700 € nicht gerade ein Schnäppchen, dafür bietet es modernste Technik und ein außergewöhnliches Design, das auf eine „selbstbewusste, moderne Formensprache mit klaren Linien, hochwertigen Materialien und liebevoll gearbeiteten Markendetails" setzt. Geschäftsführer Neese scheint auf jeden Fall kein Traumtänzer zu sein, der sein Hobby zum Beruf macht und über dem Enthusiasmus das Geldverdienen vergisst. Das zeigt sich schon daran, dass er Fördermittel des Freistaats Bayern für sein Projekt erhalten hat. Am 19. Oktober 2012 übergab die bayerische Wirtschaftsstaatssekretärin Katja Hessel der Firmenleitung einen Förderbescheid über eine Summe von 780.000 €. Mit ihrem wegweisend-kompakten und für Zweiradfahrzeuge patentierten VR6-Motor zeige die neue Horex, wie auch im heiß umkämpften Fahrzeugsektor aus einer Idee und viel Engagement der Nukleus für eine Firmenneugründung entstehen könne, so die Staatssekretärin. Auch aus dem ERP-Startprogramm der KfW-Mittelstandsbank und aus dem Bundeswirtschaftsministerium fließen laut Neese Gelder. Man sollte davon ausgehen können, dass öffentliche Gelder nicht in totgeborene Projekte fließen.

Möglicherweise haben Neese und seine Mitstreiter mit außergewöhnlicher Technik und einem ambitionierten Fertigungsansatz eine Nische gefunden, in der es sich leben lässt. Auf jeden Fall liegt das junge Unternehmen im Zeitplan. Seit März 2013, rechtzeitig zum Start der Zweiradsaison, steht das Motorrad bei den Vertriebspartnern zur Probefahrt und natürlich zum Verkauf bereit.

An der ursprünglichen Geburtsstätte der Horex, in Bad Homburg, hat man inzwischen auch erkannt, dass man mit Horex eine Kultmarke am Ort hatte. Im Juli 2011 tat Oberbürgermeister Michael Korwisi den ersten Spatenstich für das Horex-Museum in der Nähe des Bahnhofs, das im Sommer 2012 eröffnet wurde. Beim Gebäudedesign hat sich das Architektenteam von der Optik eines stehenden, luftgekühlten Einzylindermotors inspirieren lassen. Das Erdgeschoss ist einem schmalen Zylinder nachempfunden, das breitere erste Stockwerk erinnert an den Zylinderkopf. Die markanten horizontalen Fensterverkleidungen nehmen Bezug auf die Kühlrippen der früheren Horexmotoren. Auch der Platz südlich des Bahnhofs wurde mit Bedacht gewählt, denn er ist sozusagen in Sichtweite des ehemaligen Werksgeländes. Neben den legendären Veteranen steht auch ein Exemplar der jungen Namensschwester aus Augsburg. Auch die Konservenglasfabrik REX, von der ein Teil des Motorradnamens herrührt, wird vorgestellt. Eric Leonardt, dessen Großvater die Firma Rex gründete, sowie Zulieferer der ehemaligen Horex Motorradwerke stellten Leihgaben zur Verfügung. Im Untergeschoss gibt es mit dem „Horex Diner" einen Ort, an dem sich alte und neue Fans der Kultmarke austauschen können.

Resümee: Auf Marktveränderungen nicht reagiert

Horex hatte – wie viele andere Motorradhersteller nach dem Zweiten Weltkrieg – den Trend der Zeit nicht erkannt. Motorräder verloren beständig an Boden gegenüber dem Auto. Jeder, der es sich leisten konnte, wechselte in eines der vierrädrigen Gefährte mit Dach. Die Bevölkerung wollte und konnte sich mit Beginn des Wirtschaftswunders etwas leisten, und natürlich war ein Auto weitaus bequemer und praktischer als ein Motorrad. Man wurde nicht schmutzig und war dem Wetter nicht ausgesetzt. Der Trend zum Freizeitmotorrad kam für Horex 20 Jahre zu spät. Die Wiederbelebungsversuche von Friedel Münch waren geprägt von Fantasie und Träumerei und weniger von Realismus. Ein Scheitern war unumgänglich. Auch wenn sich die Markterwartungen inzwischen gedreht hatten, spielte der Preis nach wie vor eine Rolle. Die Zielgruppe für die Münch'sche Horex war mikroskopisch klein.

2.2.5   Kreidler: Flach liegend dahingepfiffen

Die Ursprünge von Kreidler gehen auf das Jahr 1903 zurück. Damals gründete Anton Kreidler „Kreidler's Metallwerk Anton Kreidler" in der Stuttgarter Mörikestraße. 1906 wurde das Werk in Stuttgart-Zuffenhausen in Betrieb genommen. 1919 firmierte das Unternehmen um zu „Kreidler's Metall- und Drahtwerke GmbH". Mit dem Eintritt von Alfred Kreidler 1924, dem Sohn des Firmengründers, änderte sich vieles. Als erstes richtete er ein Prüf- und Messlabor ein. Rationalisierung und Qualitätssicherung ermöglichten dem Zuffenhäuser Unternehmen wettbewerbsfähige Preise und die Schaffung neuer Werkstoffe. Im Gegensatz zu anderen musste Kreidler auch während der schwierigen 1930er Jahre keine Mitarbeiter entlassen. Im Gegenteil: 1935 wurde in Kornwestheim ein etwa 200.000 m² großes Gelände gekauft und dort ein neues Werk mit einer eigenen Aluminiumproduktion errichtet, das 1939 in Betrieb ging.

Die Entwicklung der Mopeds, Mokicks, Klein- und Leichtkrafträder von 50 bis 80 cm³ Hubraum begann erst nach dem Zweiten Weltkrieg 1949. Alfred Kreidler, der 1942 die Geschäftsführung übernahm, hatte nach seinem Studium das Motorrad „PAN" für ein Berliner Unternehmen konstruiert. Was damals Spaß war, wurde jetzt ernst. 1951 wurde das erste Kreidler-Zweirad, die K 50, vorgestellt. Dieses 47 kg schwere 50 cm³-Motorfahrrad konnte wie andere Zweiräder bis 250 cm³ mit dem Führerschein der Klasse 4 gefahren werden. Diese Regelung ging auf das Jahr 1938 zurück. 1953 änderte sich einiges: Zunächst wurde das führerscheinfreie Fahrrad mit Hilfsmotor auf 30 kg Gewicht plus 10 % Toleranz begrenzt. Ab Ende 1953 wurde der Begriff durch „Moped", eine Kombination aus Motorrad und Pedal, ersetzt. Die Gewichtsbeschränkung veranlasste den erbosten Alfred Kreidler, aus dem „Deutschen Verband der Fahrrad- und Motorradindustrie" (VFM) auszutreten. Dennoch brachte auch Kreidler in diesem Jahr mit der „Junior" ein solches Moped auf den Markt. Nachdem man im Hause Kreidler der K 50 statt Pedalen Fußrasten und einen Kickstarter verpasst hatte, wurde am 24. August 1953 die StVZO noch einmal geändert, da für diese neue K 51 keine Fahrzeugkategorie vorgesehen war. Mit der sogenannten „Lex Kreidler" war das „Kleinkraftrad" mit maximal 50 cm³ geboren – steuerfrei, haftpflichtversichert und mit amtlichem Kennzeichen. Der neu definierte Führerschein der Klasse 4 ohne praktische Fahrprüfung und ein Mindestalter von 16 Jahren waren die weiteren Voraussetzungen. Ansonsten gab es keine Beschränkungen. Fortan lautet das Motto bei der Entwicklung der kleinen Zweitakter: schneller.

Dazu passte das neue Lebensgefühl in den 1960er Jahren. Das Wirtschaftswunder kam in der Bevölkerung an. Autos waren das angesagte Fortbewegungsmittel. Man brauchte sich nicht mehr auf Zweirädern Wind und Wetter auszusetzen. Die Zweiräder wurden zum Freizeitspaß und damit zu einem Statussymbol, besonders bei jungen Menschen. Kreidler setzte gezielt die Erfolge im Rennsport ein, um diese Klientel anzuziehen. 1960 gewann Hans Georg Anscheidt die deutsche Motocup-Meisterschaft und 1961 auch die Europameisterschaft; der Zweitplatzierte: ebenfalls ein Kreidler-Fahrer. Doch die Freude währte nicht lange, denn die Japaner drängten in den Rennsport und feierten Erfolge.

Die meisten Kreidler-Fans, die heute noch von der Marke schwärmen, fuhren eine Florett. Davon gab es zahlreiche Modellvarianten. Ab Ende der 1960er Jahre verfügte die neue „Florett RS" über Fahrtwindkühlung, ab dem Modell 1971 waren für das Kleinkraftrad 6,25 PS angegeben. Die technische Besonderheit der Florett war das Klauenschaltgetriebe. Die meisten Konkurrenzprodukte hatten Ziehkeilgetriebe. Nur die Kleinkrafträder und Mokicks (eine neue Fahrzeugklasse, zugelassen bis 40 km/h, aber mit Fußrasten und Kickstarter) der österreichischen Marke Puch und später die Leichtkrafträder und Mokicks von Zündapp hatten ebenfalls diese Getriebeart. Wer damals eine Florett fuhr, bastelte und frisierte, was das Zeug hielt. Es gab eine ganze Reihe von „Frisiersätzen", die natürlich allesamt illegal waren, aber das scherte niemanden, vor allem nicht die Jugendlichen. Mit einem getunten Florett-Mokick konnte man statt 40 bis 45 km/h durchaus 90 km/h schaffen und an der Versicherung sparen. Aber frisiert wurde alles, nicht nur die Florett. Schließlich wollte man schneller sein als die anderen und Eindruck machen.

„Die Entscheidung fällt dir leicht, Florett bleibt unerreicht", so ein Werbespruch in den 1960er Jahren, den der Schlagersänger Bill Ramsey sang. Das traf den Zeitgeist ziemlich genau: Wer etwas auf sich hielt, fuhr in den 1960er und auch in den 1970er Jahren eine Kreidler Florett. „Sie war ein Hingucker, ein Highlight unter den Mopeds", schwärmt Klaus Bergmann noch heute. „Damals, Ende der 1970er-Jahre, konnte man mit ihr jedes Auto an der Ampel stehen lassen." Der Stuttgarter kaufte sich mit 16 Jahren eine neue Kreidler Florett RS mit 6,25 PS für 3.500 DM. „Das schnellste Fahrzeug seiner Zeit in dieser Klasse, giftgrün mit einem Chromtank", beschreibt er seinen Liebling. „Ich war damals in der Lehre und habe Führerschein und Moped selbst bezahlt." Der Führerschein für die 50 cm^3-Maschinen bestand damals nur aus einer Theorieprüfung. „Als ich meine Florett abholte, hatte ich davor nur einmal zwei oder drei Runden mit der Kreidler eines Freundes gedreht", erzählt Bergmann. „Dann musste ich mit meiner Neuerwerbung quer durch den Stuttgarter Feierabendverkehr. Ich war schweißgebadet, als ich zuhause ankam, aber sehr stolz." Der Fahrspaß kam mit dem Können. „Sie lief 80 bis 90 km/h. Ich fuhr auf die Autobahn, mit Vollgas, flach liegend bin ich dahingepfiffen", erinnert er sich. Wie für viele andere Kreidler-Fans war auch für Bergmann eine andere Marke indiskutabel: „Die Kreidler sah viel erwachsener aus als andere 50er. Sie war schnittiger und lief einfach saugut." Der Liebe konnte auch ein Motor, der nach kürzester Zeit den Geist aufgab, keinen Abbruch tun. „Mit Hilfe meines Ausbilders bei Bosch bekam ich auf Garantie einen neuen Motor, und der lief gnadenlos gut, bis ich dann mit 18 auf eine NSU Max umstieg." Der Ingenieur erzählt von Ausfahrten in den Welzheimer Wald mit Bekannten, der eine auf einer Horex Regina, der andere auf einer 250er Adler, also richtige Motorräder, wenn auch schon älter: „Mit der Florett konnte ich immer dranbleiben. Ich verlor nie den Anschluss."

Kein Wunder: Die Zweiräder aus Stuttgart-Zuffenhausen stellten Rekorde auf und gewannen unzählige Rennen. 1965 stellte Rudolf Kunz mit der legendären „Zigarre" einen Weltrekord auf dem Salzsee in Utah/USA auf: Er fuhr den einen Kilometer mit fliegendem Start mit 210,634 km/h. Die Höchstgeschwindigkeit betrug sogar 225 km/h, wenn auch nur kurz, aber man bedenke: mit einem 50 cm^3-Motor. Die Zigarre, an der so gut wie nichts mehr an ein Motorrad erinnerte, hatte etwa 15 PS bei 15.000 Umdrehungen und einen Einzylinder-Zweitaktmotor. Getankt wurde eine Mischung aus Alkoholen und verschiedenen Kraftstoffen, gekühlt wurde mit Eiswasser. 1971, 1973 und 1974 wurden die Stuttgarter in der 50er-Klasse Weltmeister. 1975 und 1976, dem Jahr, in dem das millionste Fahrzeug vom Band lief, wurde der Werksfahrer Rudolf Kunz deutscher Meister. 1977 überbot Henk van Kessel den Weltrekord von 1965 mit 221,586 km/h, der Motor: Kreidler.

Was unter den Kleinkraftradfans die Florett, war bei den Mofa-Fahrern die 1975 vorgestellte „Flory", die 25 km/h fuhr und natürlich ebenfalls frisiert wurde. Auch Klaus Fiedler, der zwölf Jahre lang bei Kreidler arbeitete, fuhr eine Flory. „Sie war ein tolles Gefährt. Sie sah aus wie ein Motorrad", schwärmt der heute 73-Jährige, „und man brauchte keinen Führerschein." Bei der Familie Fiedler hat Kreidler Tradition. Klaus und seine Frau Christa arbeiteten Ende der 1950er Jahre beide bei Kreidler. Er zunächst als Arbeiter in Zuffenhausen, später als Lagerleiter, seine Frau in der Teileprüfung. „Wir haben uns am Cola-Automaten kennengelernt", erzählt Klaus Fiedler. „Da hat es wohl gefunkt", schmunzelt er. Fragt man den Kornwestheimer, weshalb er nicht bei Kreidler geblieben ist, sondern die Firma 1970 verlassen hat, fallen ihm einige Gründe ein, die sich alle zu einem „schlechten Gefühl" verdichteten. „Ich arbeitete im Lager zwölf Stunden am Tag, samstags sowieso und sonntags manchmal. Außerdem kümmerte ich mich um die Werkstankstelle und das Messelager", erzählt der Rentner. „In unsere Arbeitsmittel wurde jahrelang nicht investiert. Nicht einmal ein Hubwagen wurde genehmigt. Außerdem waren meiner Ansicht nach die Metall- und Drahtwerke nicht mehr konkurrenzfähig. Der Maschinenpark war veraltet. Das konnte man sehen. Auch dort wurde nicht investiert. Dass es zwischen Alfred Kreidler und der nachfolgenden Generation deshalb Spannungen gab, war im Unternehmen deutlich spürbar", sagt Klaus Fiedler.

„Anfang der 1970er Jahre konnte man schon ahnen, dass nicht mehr alles stimmte." Er zog für sich sehr früh die Konsequenz und fand eine neue Arbeit bei der Stadt Kornwestheim. Er verlor aber Kreidler nie ganz aus den Augen, zumal seine Tochter Heike dort 1977 eine Ausbildung zur Bürokauffrau begann und bis zum Ende der Kreidler-Ära im März 1982 in der Werbe- und Presseabteilung als Assistentin arbeitete. Als das Unternehmen am 20. Januar 1981 das gerichtliche Vergleichsverfahren anmeldete, waren die Mitarbeiter im Fahrzeugwerk entsetzt. „Wir wussten, dass es den Metall- und Drahtwerken schlecht ging, aber wir dachten alle, dass der Fahrzeugbau gerettet werden könnte. Große Hoffnung setzten wir Mitarbeiter in die Übernahme der Fahrzeugwerke durch die Willner-Gruppe aus Ingolstadt", erinnert sich Heike Herrmann. Doch alles Hoffen nützte nichts: Am 12. März 1982 wurde das Konkursverfahren eröffnet, die Rettungsaktion war gescheitert. Am 2. April wurde die Produktion eingestellt. Obwohl Klaus Fiedler vom Aus nicht direkt betroffen war, war er bestürzt: „Ich traf viele ehemalige Arbeitskollegen, die nicht wussten, wie es weitergehen sollte", erzählt er. „Es war traurig, dass eine eigentlich gute Firma schlechtem Management zum Opfer fiel. Die Florett war Kult. Eine junge Frau sagte mir einmal: ‚Die Maschine sieht einfach sexy aus.' Doch man hat erst viel zu spät erkannt, dass man sich nicht auf vergangenen Erfolgen ausruhen durfte."

Damit trifft der ehemalige Kreidler-Mitarbeiter den Nagel auf den Kopf. Auch Fachleute waren dieser Meinung. Das Unternehmen habe viel zu spät auf die Konkurrenz aus Japan und auf die veränderten Erwartungen der Kundschaft reagiert. Die letzten Varianten der Florett 80 seien bei den Fans der Marke nicht mehr angekommen und überdies viel zu teuer gewesen. Schon die Kleinkrafträder spielten eine zunehmend geringere Rolle. Dazu trugen nicht zuletzt auch Entwicklungen wie teure Versicherungsprämien, Helmpflicht und strengere Umweltgesetze bei. Bereits 1976 wurde in der Fachpresse die Frage diskutiert „Muss der Zweitakter sterben?". In dem Buch „Kreidler. Geschichte – Typen – Technik" von Frank O. Hrachowy, 2009 erschienen (www.motorradbuch.de), finden sich interessante Zahlen. Nach Hrachowy sind zum Beispiel die Zulassungszahlen für Kleinkrafträder 1977 im Vergleich zu 1976 um 30 % gesunken. Von 40.000 verkauften Kleinkrafträdern waren 10.000 von Kreidler. 1969 noch waren in Deutschland nur 5.000 Motorräder zugelassen, aber 50.000 Kleinkrafträder. Dieses Verhältnis begann sich umzukehren. Hrachowy beschreibt auch nachvollziehbar, wie nachteilig sich das „Wettrüsten" der Hersteller zuerst bezüglich der Geschwindigkeit der kleinen Flitzer und später bezüglich des Zubehörs und der Detailverbesserungen auswirkte. Als sich die japanischen Hersteller längst nicht mehr um Kleinkrafträder scherten und stattdessen standfeste und gefällige Viertakter bauten, setzte man bei Kreidler noch immer auf Kleinkrafträder mit Zweitaktern.

Kurt Hellmuth sieht das, was bei Kreidler passiert ist, als ein Problem der gesamten deutschen Motorradindustrie in den 1980er Jahren: „Wenn es an Kreidler gelegen hätte, würde es die anderen deutschen Motorradbauer noch heute geben", sagt er in Anspielung auf das Markensterben. Hellmuth hat vor fast 20 Jahren den Kreidler-Dienst (www.kreidlerdienst.de) in Kornwestheim gegründet, den seit 2010 sein Sohn Frank führt. Das Unternehmen ist Anlaufstelle für junge und alte Kreidler-Fans, zu denen man getrost auch den Unternehmer selbst zählen kann. Wie viele eigene Kreidler er besitzt, möchte er nicht sagen, aber „über 20 sind es schon". Und damit steht er nicht alleine da. Es gibt etliche Privatsammlungen, die Museumscharakter besitzen.

Kurt Hellmuth wurde das Interesse für Kreidler sozusagen in die Wiege gelegt, denn er wohnte nur ein paar Meter vom Werk in Zuffenhausen entfernt, wo seine Mutter arbeitete. Hin und wieder begleitete er sie als Kind zur Arbeit. Seine erste Florett Super, Baujahr 1962, holte er selbstverständlich direkt und originalverpackt im Werk II ab und absolvierte natürlich auch die Werksbesichtigung. Doch trotz aller Begeisterung war der heute 66-Jährige stets auch Unternehmer. „Man muss immer beides haben: Enthusiasmus und wirtschaftliches Denken und Handeln", sagt Hellmuth. „Wir konnten damals viele Ersatzteile aufkaufen und fertigen heute viele Teile selbst oder lassen fertigen. Seit den 1990er Jahren haben zahlreiche Zulieferer wie Bing oder Magura aufgehört, die alten Teile zu liefern." Im Prinzip sei das Geschäft wie jedes Geschäft: „Die Kunden werden anspruchsvoller. Wir punkten mit

einem umfassenden Angebot von etwa 6.000 verschiedenen Ersatzteilen und mit unserem
Wissen und unserer Erfahrung. Dabei kommt uns zugute, dass wir uns an dem Ort befinden, von dem aus insgesamt zwischen 1951 und 1982 1,3 Mio. Kreidler-Fahrzeuge die Reise
zum Kunden antraten. Wir kennen hier noch viele erfahrene ehemalige Kreidler-Mitarbeiter." Aufzuhalten sei die Insolvenz nicht gewesen, meint Hellmuth: „Damals kostete die 80
L 4.000 D-Mark. Eine japanische 80 cm³-Maschine etwa die Hälfte. Das sagt alles."

Angesichts dessen, dass der Kreidler-Dienst seit seiner Gründung nichts anderes tut, als
Kreidler-Fans mit Teilen und Maschinen zu versorgen, kann man Kreidler nicht guten Ge-
wissens als „verlorene Marke" bezeichnen, schon gar nicht als tote Marke, denn offensichtlich ist sie noch ziemlich lebendig. Das zeigen die zahllosen Clubs, Vereine, Sternfahrten
und Treffen, bei denen die Enthusiasten zusammenkommen und sich austauschen – in
Deutschland, aber auch in anderen Ländern. Am ehemaligen Kreidlersitz in Kornwestheim fand im Sommer 2010 und 2012 ein solches Treffen statt, organisiert vom Motorsport Club (MSC) Ludwigsburg. Der Journalist Mark Schenkel schrieb 2010: „Ein Geruch,
der Führerscheinneulingen unbekannt sein dürfte, liegt in der Luft. Er verrät den erfahrenen Nasen unmissverständlich, was hier abläuft: Ein Zweitakter-Treffen mit unzähligen
alten Mofas, Mokicks und Motorrädern." Im Festzelt gab es sogar einen Stammtisch für
die ehemaligen Kreidler-Mitarbeiter. Der MSC-Vorsitzende Ozren Kuzmanovic, danach
befragt, was Kreidler für ihn bedeute, sagte: „Kreidler ist für mich ein Inbegriff der Nach-
kriegsjahre in Deutschland – Wiederaufbau und Mobilität für alle." Und Besucher Wolfgang Heinz sprach wohl einem Großteil der Teilnehmer aus dem Herzen, als er antwortete: „Viele wunderschöne und unvergessliche Erinnerungen an meine eigene Jugendzeit."
Doch keine Sorge: Das Treffen bewies, dass sich auch der Nachwuchs für die alte Marke
interessiert und begeistert am Basteln ist.

Von Enthusiasmus kann man auf jeden Fall bei Dr. Olaf Wandschneider aus dem olden-
burgischen Colnrade sprechen. In einer früheren Malerwerkstatt hat er auf etwa 80 Quadratmetern zur Zeit 25 Fahrzeuge von Kreidler stehen, darunter eine Mustang-Enduro von
1975 und sogar das Schnittmodell einer RS-GS von 1978. Der Gymnasiallehrer legt großen Wert darauf, die Fahrzeuge im Originalzustand zu erhalten oder wieder in diesen zu
versetzen. Selbst alte Schrauben werden neu verzinkt. Begonnen hat Wandschneider mit
seinem Hobby 1999. Ungewöhnlich ist, wie er dazu kam, denn der Lehrer hatte niemals
eine Kreidler gefahren. In seiner Jugend fuhr er Puch Maxi und später eine Diva Luxus
von Göricke. Die Leidenschaft für Kreidler wurde aber schon in der Kindheit durch ein
Quartettspiel mit Leichtmotorrädern geweckt. Seine erste Kreidler, eine Florett RS aus dem
Jahr 1970, kaufte der Sammler dann nach einem Treffen der „Kreidler-Freunde Norden".
Die Florett ist in der Sammlung mit mittlerweile 15 Exemplaren aus den Baujahren 1959
bis 1981 vertreten. Auch eine Florett 80, mit der Kreidler kurz vor dem Ende versuchte,
sich im Markt der 80-Kubik-Leichtkrafträder zu etablieren, steht im privaten Museum.
„Ich habe sie ganz in der Nähe in Delmenhorst bei der Witwe eines ehemaligen Kreidler-
Händlers gefunden. Sie wurde nur einen Sommer lang gefahren. Alles ist komplett original
und so gut wie neu", freut sich Dr. Wandschneider. Eine K 50, die „Mutter aller Kreidler-
Zweiräder", gehört selbstverständlich auch zur Sammlung des 43-Jährigen. Das Fahrzeug

der ersten Stunde war mit einem Zwei-Gang-Spreizringgetriebe versehen, verfügte über zwei PS und fuhr bis zu 55 km/h. Das 61 Jahre alte Schätzchen hat Dr. Wandschneider in Ungarn aufgetan – ein echtes Liebhaberstück.

Den Ausschlag für die Einrichtung des Museums hat Dr. Wandschneiders Frau gegeben. Sie hat nach dem Sinn der Sammelleidenschaft gefragt, wenn die Sammlung doch nie jemand sehe. Das Museum ist noch nicht perfekt, aber das Ambiente zeigt jetzt schon, was es bietet: eine Zeitreise zurück in die 1950er bis 1970er Jahre. Denn der Sammler hat das Museum passend zum Alter der Fahrzeuge ausgestattet, vom Nierentisch und den Cocktailsesseln bis hin zu Leuchtreklamen und Emailleschildern. Auch die Werkbank steht mit Bedacht mitten im Museum, damit die Besucher einen Einblick in die Restaurierungsarbeiten erhalten. Das Museum bietet Platz für 28 bis 30 Zweiräder. „Mehr ist nicht drin", sagt Olaf Wandschneider und schränkt gleich ein: „Obwohl eine Sammlung ja nie aufhört zu wachsen." Das „Kreidler-Fahrzeugmuseum" (www.kreidler-fahrzeugmuseum.de) kann nach Absprache besucht werden. Je nachdem, wie groß die Besuchergruppe ist, geht es etwas beengt zu, aber dafür gibt es jede Menge Informationen. Der Sammler kennt sich nicht nur mit der Technik der ausgestellten Fahrzeuge aus, sondern auch mit der Geschichte des schwäbischen Unternehmens. Fragt man Wandschneider, was die Besucher am meisten interessiert, schmunzelt er: „Die meisten möchten ihre eigenen Geschichten loswerden. Sie erzählen von der Zeit, in der sie selbst eine Kreidler fuhren, und erinnern sich mit leuchtenden Augen an ihre Jugend."

Resümee: Den Anschluss verpasst wegen unternehmerischen Starrsinns

Als Fazit für den Niedergang der Marke Kreidler mag ein Zitat aus der Einleitung des Werks von Hrachowy dienen. Der Autor schreibt: „… hielt der mittlerweile hochbetagte Alfred Kreidler an Konzepten fest, die schlichtweg nicht mehr in die Zeit passten, in der japanische Kleinkrafträder, Mokicks und später Leichtkrafträder mit moderner Technik, kompletter Ausstattung und zeitgemäßem Design immer mehr Käufer überzeugen konnten." Und Kreidler hat nicht nur beim Zweiradbau einen Trend verschlafen, sondern auch in den anderen Bereichen, in denen die Firma tätig war. Hrachowy führt in seinem Buch als Beispiel Kienzle-Uhren an, die ebenfalls zum Kreidler-Imperium gehörten. Er zitiert aus dem *Spiegel* (11/1981) zu den Ursachen des Niedergangs: „Der erste Rückschlag kam mit der Umstellung der Uhrenindustrie auf die Elektronik. Wie viele europäische Hersteller hatten auch die Stuttgarter den aus Japan kommenden Trend zur Quarz-Uhr verschlafen." Das Nachrichtenmagazin weiter: „Die Zeitenwende bei den Uhren veranlasste den alternden Unternehmer, der die Pensionsgrenze schon weit hinter sich gelassen hatte, aber keineswegs, wenigstens den angestammten Bereich der Halbzeugfabrikate auf den neueren Stand der Technik zu bringen. Was in den kargen Nachkriegsjahren wohl eine Tugend war, wurde nun zum fundamentalen Anachronismus: Hinfällige Maschinen wurden aus überdrehter Sparsamkeit nicht ersetzt, sondern repariert – was am Ende mehr als eine Neuanschaffung kostete. Vorhaltungen des Betriebsrats, doch endlich in neues Gerät zu investieren, blockte der alte Herr mit dem Spruch ab: ‚Was 75 Jahre gut war, kann auch noch 50 Jahre halten.'"

Der Niedergang der Traditionsmarke wurde wie immer in solchen Fällen von einer Mischung aus vielen Faktoren ausgelöst, die im Prinzip immer dieselbe zu sein scheint, wenn ein Familienunternehmen aus dem Markt ausscheidet: Arroganz gegenüber der Konkurrenz, ein uneinsichtiger Patriarch, zu wenig Investitionen, Blindheit gegenüber den Marktentwicklungen und ein unübersichtliches Firmengeflecht. Immerhin bestand die Firma Kreidler 1978 aus 32 Firmen in sechs Ländern. Wenn sich dann noch die Rahmenbedingungen wie Gesetze ändern und die Löhne steigen, wird aus einer schleichenden Strategiekrise eine handfeste Ertragskrise, die schnell in die Insolvenz führen kann.

Übrigens werden auch heute noch Kreidler-Motorräder produziert. Sie kommen aus China und haben mit den Originalen außer dem Namen nichts gemein. Eingefleischten Kreidler-Fans dürfte das eher ein Dorn im Auge sein.

2.2.6 Zündapp: Ein Elefant geht baden

Mancher hörte zum ersten Mal etwas von Zündapp in Zusammenhang mit dem sogenannten Elefantentreffen, einem Wintertreffen von Motorradfahrern, das ursprünglich auf ein privates Treffen von Fahrern der Zündapp KS 601 in Stuttgart im Garten des damaligen Chefredakteurs der Zeitschrift *Das Motorrad*, Carl Hertweck, zurückgeht. Er war es auch, der der KS 601 aus dem Jahr 1950 in einem Testbericht den Namen „Grüner Elefant" gab. Das private Treffen wuchs, und der Garten des Journalisten reichte nicht mehr aus. 1956 fand das Treffen dann auf dem Stuttgarter Solitudering zum ersten Mal als Elefantentreffen statt – so beschreibt es zumindest Henning Wiekhorst in seinem Buch „Elefantentreffen". Wiekhorst war von 1988 bis 2000 verantwortlicher Organisator des Treffens. 1990 führte er das Treffen zurück an den Nürburgring. Dort hatte es 1977 zum letzten Mal stattgefunden und war dann in Deutschland verboten worden und deshalb an den Salzburgring verlegt worden. Seit 1989 gibt es allerdings zwei Elefantentreffen: eines am Nürburgring, das „Altes Elefantentreffen" genannt wird, und eines im Bayerischen Wald, organisiert vom Bundesverband Deutscher Motorradfahrer (BVDM).

Doch weshalb nannte Hertweck die KS 601 Grüner Elefant? Sie zählte 1950 zu den richtig schweren Motorrädern. Mit einem Zweizylinder-Boxermotor mit 600 cm^3 und 28 PS kostete sie damals 3.125 D-Mark als Solo-Maschine. Berühmt wurde sie aber als Gespann. Wiekhorst schreibt: „Für den Enthusiasten waren die schweren Maschinen ein Traum. Die Dinger hatten für damalige Zeiten richtig ‚Bumms' von unten raus. Insbesondere die Zündapp KS 601, die zwar in verschiedenen Farben erhältlich war, aber vorwiegend in einem Oliv-Grün ausgeliefert wurde, war für ihr Drehmoment unter Motorradfahrern schnell bekannt." Von 1955 bis 1960 gewann die KS 601 ununterbrochen die Deutsche Geländemeisterschaft in der großen Gespannklasse. Außerdem war sie beliebt bei Behörden im In- und Ausland, dort allerdings meistens in Schwarz. Die Globetrotter Eitel und Rolf Lange legten 1953/1954 mit ihrer KS 601 mit dem Namen „Lohengrin" 32.000 Meilen zurück.

Aber zurück zum Elefantentreffen. In den späten 1970er Jahren hatten wir einen Freund, Theo Gade aus Hermannsburg bei Celle, der uns von seinen Fahrten zum Elefantentreffen mit seinem Freund Heini erzählte. Damals erschienen mir seine Geschichten immer als Märchen, doch nach der Lektüre von Wiekhorsts Buch bin ich geneigt, Theo im Nachhinein Abbitte zu leisten. Die beste Geschichte, an die ich mich erinnere, war die, als Heini bei dichtem Schneetreiben auf der Autobahn hinter Theo fuhr und auf einmal weg war. In seinem typisch norddeutschen Dialekt erzählte er uns: „Da schau ich hinter mich, und der Heini ist nicht mehr da." Es war mitten in der Nacht und nichts los. Auf jeden Fall wendete Theo und fuhr auf dem Standstreifen der Autobahn zurück und machte sich auf die Suche nach seinem Freund. Und tatsächlich – dort irgendwo stand Heini. Der Schaden wurde repariert und weiter ging es. Unglaublich? Wenn man Wiekhorsts Buch liest, aber durchaus im Rahmen des Möglichen.

Beginnen wir beim Anfang: 1917. Damals wurde Zündapp gegründet von Geheimrat Dr.-Ing. h.c. Fritz Neumeyer und der Friedrich Krupp AG, Essen, als Zünder und Apparatebaugesellschaft mbH Nürnberg – „Zünd-App". Das Unternehmen produzierte bis zum Ende des Ersten Weltkriegs Zünder für die deutsche Heeresverwaltung. Nach dem Krieg schied die Krupp AG aus dem Unternehmen aus, und es wurde umbenannt in „Zündapp-Gesellschaft für den Bau von Spezialmaschinen mbH". Nachdem die Schreibmaschinenherstellung ebenso wenig Erfolg hatte wie Kettenflechtmaschinen, mussten neue Produkte her, und so stiegen die Nürnberger 1921 in die Motorradproduktion ein. Zu diesem Zeitpunkt gab es, wie in dem Buch „Zündapp. Aufstieg und Niedergang" von Ulrich Kubisch zu lesen ist, allein in Nürnberg 26 Firmen, die sich mit der Herstellung von Krafträdern beschäftigten. „Trotzdem konnte Zündapp für sich in Anspruch nehmen, eine damals sehr fühlbare Lücke in der deutschen Motorraderzeugung ausgefüllt zu haben", schreibt Kubisch, im Deutschen Technikmuseum Berlin zuständig für den Bereich Straßenverkehr. „Die vielen deutschen Motorradfabriken, die es zu jener Zeit gab, beschränkten sich in der Hauptsache auf die Herstellung von Zweiradhilfsmotoren, die naturgemäß hinsichtlich ihrer Leistung den an ein Gebrauchsfahrzeug zu stellenden Anforderungen nicht genügen konnten. Andere wieder fabrizierten große schwere Viertaktmaschinen, die zwar in Bezug auf Leistungsfähigkeit den damaligen Ansprüchen nachkamen, aber in der Handhabung zu kompliziert bzw. in den Anschaffungs- und Unterhaltungskosten zu teuer waren." Zündapps „Motorrad für Jedermann" schaffte hier Abhilfe und konnte sich schon 1922 in ganz Deutschland durchsetzen. Bereits im Oktober wurde die tausendste Maschine produziert. Ein Grund für den schnellen Erfolg der Nürnberger waren sicherlich die ersten beiden Plätze im Würgauer Bergrennen mit zwei Versuchsmaschinen im Oktober 1921. Das Motorrad für Jedermann, die Z 22, verfügte über einen Zweitaktmotor mit 211 cm^3 und 2,5 PS und kostete damals die stolze Summe von 14.025 Reichsmark. Trotz Inflation und Währungsreform boomte das Geschäft, auch wenn die Vertriebsbedingungen teilweise schwierig waren. 1924 verließ das 10.000ste Motorrad das Werk, und die Modelle mit Getriebe erhielten einen Kickstarter. Im selben Jahr wurde die Bandfertigung eingeführt.

In der Rennszene fuhr Zündapp während dieser Zeit ganz vorne mit. Werks- und Privatfahrer nahmen an den Wettbewerben im In- und Ausland teil. Kubisch listet die größten

Erfolge auf: Beim Giro d'Italia siegte 1924 eine Zündapp. Auch beim Solitude-Rennen des ADAC 1924 belegten die Motorräder aus Nürnberg die Plätze eins und drei. Im September 1924 errang Zündapp bei der Reichsfahrt des ADAC den zweiten Platz. Insgesamt gelangten Zündapp-Motorräder 1924 bei 79 Veranstaltungen unter die ersten drei. Beflügelt von so viel Erfolg wurde 1925 das „Einheitsmodell" mit 250 cm^3 vorgestellt. Es sollte drei Jahre lang produziert werden und läutete laut Kubisch eine neue Phase im Zündapp-Geschäft ein. Die 4,5 PS starke Maschine hatte alle Merkmale eines modernen Motorrads und galt als sehr betriebssicher. 25.000 Exemplare wurden zwischen 1925 und 1928 verkauft.

1929 nahm das Unternehmen eine neu gebaute Fabrik in Nürnberg in Betrieb. Das Werk galt mit seiner Fließbandfertigung, den hochmodernen Maschinen und neuesten Produktionsverfahren als eine der modernsten Motorradfabriken der Welt. In diesem Jahr verkaufte Zündapp mehr als 25.000 Motorräder. Inzwischen konnte der Kunde unter vier Motorrad-Modellen wählen. Die Z 300, ab 1928 gebaut, erwarb sich den Ruf der ersten „großen Zündapp". Doch die allgemeine wirtschaftliche Depression zu Beginn der 1930er Jahre traf auch Zündapp. 1930 konnte nur noch knapp die Hälfte des Absatzes wie ein Jahr zuvor erzielt werden. 1931 wurden nur noch 5.352 Motorräder verkauft. 1932 sah es ähnlich aus. Zündapp versuchte, durch verschiedene Maßnahmen sein Überleben zu sichern. Die Entwicklung ging trotzdem weiter, und auch in den Krisenjahren kamen neue Modelle auf den Markt. Allerdings basierten sie im Wesentlichen auf dem, was in den Lagern vorhanden war. Geholfen hat den Nürnbergern, dass viele Behörden wie Post und Polizei auf Zündapp vertrauten.

Ab 1933 ging es wieder aufwärts – die Zeit der Elefanten begann. Es galt, konstruktiv wieder an die Spitze zu kommen. Zuverlässigkeit alleine reichte nicht aus. Die neue Generation von Zündapp-Motorrädern zeichnete sich durch Blechstahlpressrahmen, Kardanantrieb mit Kettengetriebe, Viergang-Kugelschaltung und die eigene Fabrikation von Viertakt-Mehrzylindermotoren der Boxer-Bauart aus. Kubisch schreibt: „Die Anstrengungen der Zündapp-Techniker zahlten sich aus. Auf der Berliner Automobil- und Motorrad-Ausstellung 1933 zeigten die Nürnberger Zweiradbauer neue schwere Modelle, die durchweg auf positive Resonanz stießen. Die Presse lobte: ,… Zündapp wartet mit einem Rekord-Programm neuer Kardanmaschinen auf, die wohl das Schönste darstellen, was an Motorrädern bisher über unsere Landstraßen rollte.'" Auch auf der Gesellschafter-Ebene veränderten sich in diesen Jahren die Gegebenheiten. 1935 starb der Unternehmensgründer. Sein Sohn Hans Friedrich Neumeyer, der das Unternehmen bereits seit 1931 geführt hatte, und die Tochter Elisabeth wurden alleinige Inhaber und Gesellschafter. Im September 1933 lief das 100.000ste Zündapp-Motorrad vom Band. Fünf Jahre später schon das 200.000ste. Die Verkaufszahlen gingen beständig nach oben. 1937 verkaufte Zündapp fast 28.000 Motorräder. Die KS-Modelle zwischen 350 und 600 cm^3 kamen bei der Kundschaft an. Am Horizont bauten sich allerdings bereits dunkle Wolken auf. Der Zweite Weltkrieg warf seine Schatten voraus. Im März 1940 wurde die letzte Maschine an Zivilisten ausgeliefert. Auch bei Zündapp wurde für den Krieg produziert. Neben Sprengpanzern und Granaten hauptsächlich Motorräder beziehungsweise Gespanne. Nicht einmal die Entwicklung blieb stehen, denn der Kriegseinsatz stellte an die Maschinen erhöhte, bis dato

nie gekannte Anforderungen. So kam es, dass mitten im Krieg die 250.000ste Zündapp
vom Band lief. Am beliebtesten war die KS 600, von der zwischen 1938 und 1941 18.000
Stück an die deutsche Wehrmacht geliefert wurden. Doch nicht nur die Deutschen wurden
beliefert, sondern auch Bulgarien, Japan und weitere Verbündete der Deutschen.

Zu Beginn der 1940er Jahre wurde dann das Wehrmachtsgespann KS 750 entwickelt,
das sich einen legendären Ruf erwarb. Das deutsche Oberkommando äußerte sich im Februar 1942 nahezu euphorisch: „Das neue Zündapp-Gespann ist für schwere Geländefahr-
ten, aber auch für lange Autobahnen gut geeignet. Versuchsfahrten haben bewiesen, dass
es in Bezug auf motorische Leistung, Kraftstoffverbrauch, Geländegängigkeit, Steigvermö-
gen und Fahrsicherheit alles bisher Dagewesene seiner Art übertrifft." Das Steigvermö-
gen lag übrigens bei 50 % . Kubisch weist jedoch daraufhin, dass trotz aller Technik und
Robustheit gerade die Soldaten im Sattel der Zündapp-Gespanne nicht nur den Unbilden
des Wetters schutzlos ausgeliefert waren, sondern auch „mit ihren Maschinen oft bis in
die Linien des Gegners als motorisierte Spähtrupps vorzudringen hatten" und im Gefecht
oft zu den ersten gehörten, die „mit der feindlichen Gegenseite in Berührung kamen". Zu-
sammenfassend schreibt er: „Ohne Zweifel waren die Zündapp-Gespanne mit die ‚besten‘
Geländefahrzeuge des Zweiten Weltkriegs, doch letztlich war ihr ungeheuer großer konst-
ruktiver und fertigungstechnischer Aufwand so sinnlos wie der Krieg selbst."

In den letzten Kriegsmonaten wurde das Zündapp-Werk bei Luftangriffen schwer getroffen. Manche Gebäude wurden dem Erdboden gleichgemacht. Ein Großteil der Maschinen wurde durch Brände beschädigt. Manche Maschinen wurden rechtzeitig ausgelagert,
teilweise unter erheblichen Anstrengungen. Arbeiter wurden bei den Luftangriffen getötet
oder verwundet. Rohstoffe und Zulieferungen blieben aus. Am 20. April wurde Nürnberg
von amerikanischen Truppen besetzt. Das bedeutete zunächst einmal das Aus für das Unternehmen. Doch schon im Mai begann man aufzuräumen und startete mit der Produktion von Kartoffelpressen, Notstromgeneratoren und Achsen und Beschlägen für Leiterwa-
gen. An eine erneute Motorradproduktion war nicht zu denken, denn der Kontrollrat der
Besatzungsmächte in Berlin hatte entschieden, dass pro Jahr im gesamten besetzten Gebiet
insgesamt nur 10.000 Motorräder bis vorläufig 60 cm^3 Hubraum hergestellt werden dürften. In dieser Klasse verfügte Zündapp über keine Erfahrung, und für ein verhältnismäßig
kleines Kontingent hätte sich der Konstruktionsaufwand nicht gelohnt.

Im Oktober 1947 wurden die Zündapp-Werke von der Demontageliste in Bayern gestrichen. Dabei hatte geholfen, dass sich Zündapp bereits im Sommer 1945 auf die Fabrikation von Müllereimaschinen konzentrierte. Das Engagement auf dem Lebensmittelsektor
trug entscheidend dazu bei, dass von einer Demontage abgesehen wurde. Zündapp hatte
mit erstaunlicher Wendigkeit auf die Verhältnisse reagiert und sich so das Überleben gesichert. Gemeinsam mit der Mühlenbauanstalt Hipkow & Co., deren Werk jenseits der
Oder-Neisse-Linie demontiert wurde, produzierte man Walzenstühle, Plansichter, Reini-
gungsmaschinen, Detacheure und andere Hilfsmaschinen für die Müllerei. Doch aus dem
Engagement wurde nichts Dauerhaftes. Sobald die Motorrad-Produktion wieder anlief,
wurde der Geschäftsbereich verkauft.

Die Müllereimaschinen waren jedoch nicht das einzige Produkt, mit dem man sich über Wasser hielt. Ab 1947 wurden auch Haushaltsnähmaschinen produziert. Die transportablen, elektrischen Nähmaschinen mit Koffer trafen auf ein echtes Bedürfnis in Nachkriegsdeutschland. Das Geld für Kleidung war knapp, und der Textileinzelhandel lag brach. Mit der Nähmaschine konnte man alte Kleidung ausbessern und sich neue relativ günstig selbst schneidern. Aus Fallschirmseide wurden zum Beispiel Hochzeitskleider geschneidert. Obwohl die Zündapp-Nähmaschinen in Bezug auf Technik und Design Maßstäbe für eine ganze Branche setzten und entsprechend begehrt waren, wurde der Geschäftsbereich 1960 ebenfalls verkauft. Trotz aller Erfolge konzentrierten sich die Nürnberger wieder auf ihre Kernkompetenz, den Zweiradbau.

Nachdem das Werk von der Demontageliste gestrichen worden war, erhielt Zündapp 1947 endlich die ersehnte Lizenz zur Fertigung von Motorrädern bis 250 cm^3 in unbegrenzter Menge. Pragmatisch nahm man zunächst die Fertigung der Vorkriegs-DB-200 auf. Sie entsprach durchaus dem, was zu dieser Zeit gebraucht wurde. Die „Derby" genannte Maschine war eine ausgesprochene Gebrauchsmaschine ohne Schnickschnack. Am 12. August 1947 verließ die erste Nachkriegs-Derby das Band. „Mit der DB 200 erreichte Zündapp in den folgenden Jahren den größten Zulassungsanteil in der 200er-Klasse und blieb dort bis 1954 führend", schreibt Kubisch. Auch bei der Verwaltung war das Motorrad beliebt. So bestellte das Zentralamt der Reichsbahn gleich 212 Maschinen, das Zentralamt für Bergbau 30 und das Forst- und Holzwirtschaftsamt in Hamburg 100. Und das war nur ein Bruchteil der öffentlichen Bestellungen. 42 Maschinen konnten sogar im Ausland verkauft werden. Doch das war erst der Anfang. Sowohl der Verkauf im Inland als auch im Ausland ging schnell nach oben.

Hatten zunächst noch das Zuteilungsverfahren für Motorräder sowie Benzin und Öl dem Verkauf einen Riegel vorgeschoben, explodierte er nach dem Wegfall dieser Beschränkungen. Zündapp tat sich schwer, die Bestellungen überhaupt zu erfüllen. Langsam aber stetig wurden die Produktionskapazitäten wieder ausgeweitet. 1949 wurden schon 15.000 Derbys gefertigt. 1951 waren es rund 33.000 Stück und 1952 37.500. Zwischen 1948 und 1955 verfünfzehnfachte sich der Exportanteil. 1950 wurde das 300.000ste Zündapp-Motorrad ausgeliefert. Die Zukunft erschien wieder in hellem Licht.

1950 begann mit den Grünen Elefanten vom Typ KS 601 die Zeit der Kraftprotze, deren Vorläufer die Modelle der 1930er Jahre gewesen waren. Das Vorkriegsmodell K 600 war immerhin mit über 21.300 Stück zum erfolgreichsten Viertakt-Motorrad der Zündappgeschichte geworden. Der 600 cm^3-Motor wurde in ein Fahrwerk gebaut, das modernsten Erkenntnissen entsprach. Auch bei der Polizei von Deutschland bis Syrien und beim deutschen Zoll waren die Elefanten beliebt. Im Motorsport feierten sie Erfolge, und das Werk sponserte die Weltreise von Eitel und Rolf Lange auf einem K 600-Gespann. In Kubischs Buch gibt es zu dieser Reise viele Geschichten zu lesen. Die Reise, die von der Pressestelle der Zündapp-Werke und der *Neuen Illustrierten* publizistisch begleitet wurde, war eine ausgezeichnete Werbung für Zündapp. Allerdings kam sie nicht unbedingt den Elefanten zu Gute. Von ihnen wurden nur knapp 5.000 Exemplare verkauft. Der Umsatz wurde Mitte der 1950er Jahre mit Motorrollern und Mopeds gemacht.

Die deutsche Motorradindustrie befand sich in ihrer ersten Nachkriegskrise. Schwere Motorräder waren nicht mehr gefragt. Der Markt änderte sich. Zündapp überlebte diese erste Krise, weil sich das Unternehmen auf die geänderten Marktbedingungen einstellte. Das sollte bei der nächsten Krise nicht mehr gelingen. Für viele Motorradkäufer war das Zweirad in den 1950er Jahren nur ein Provisorium gewesen, weil sie sich (noch) kein Auto leisten konnten. Der zunehmende Wohlstand führte dazu, dass das Auto dem Motorrad den Rang abzulaufen begann. Roller sahen eleganter aus und boten mehr Schutz. 1957 wurde konsequenterweise die Fertigung der Grünen Elefanten eingestellt. Das Nürnberger Werk wurde dichtgemacht, und im Münchner Werk konzentrierte man sich fortan auf Roller und Mopeds.

Exkurs: Automobile Abenteuer Am Aus für das Nürnberger Werk nicht unschuldig war das Rollermobil „Janus". Bei Zündapp hatte man immer wieder mit der Herstellung eines Autos geliebäugelt. Herausgekommen war dabei nicht viel: Ein Dreirad-Lieferwagen im Jahr 1926, der eher durch die Histörchen auffiel, die man sich über ihn erzählte; der Zündapp-Käfer, ein Allerweltswagen, mit dessen Konstruktion Fritz Neumeyer 1931 Ferdinand Porsche beauftragt hatte. Neumeyer musste sich jedoch eingestehen, dass Zündapp mit der Serienfertigung überfordert wäre, und stoppte das Projekt rechtzeitig. 1957 kam dann der Janus, ein geschlossenes Fahrzeug mit einem 250 cm^3-Zweiradmotor in der Mitte. Großer Erfolg war ihm nicht beschieden, aber ein Platz in der deutschen Automobilgeschichte in der Abteilung Kuriositäten. Seine Türen öffneten sich nach vorne und hinten. Front- und Heckpassagiere saßen Rücken an Rücken. Front und Heck des Kleinstwagens glichen sich wie ein Ei dem anderen. Zur Unterhaltung von Kindern konnte man am Heck eine Lenkradattrappe anbringen. Der Janus fand nicht viele Käufer. Angesichts des schwierigen Marktumfelds und des Trends zum vollwertigen Auto entschied man sich, das Abenteuer schnellstens zu beenden. Auch das Sportwagenmodell mit Pininfarina-Design blieb 1956 nur ein kurzer Seitensprung. Übrigens versuchte sich Zündapp nicht nur zu Lande, sondern auch in der Luft und zu Wasser. Zwischen 1938 und 1940 wurden rund 200 Flugzeugmotoren produziert, später Bootsmotoren.

Eine Erfolgsgeschichte war der Zündapp-Roller „Bella", der sogar der italienischen Vespa Paroli bieten konnte. Der Roller trug wohl entscheidend dazu bei, dass sich Zündapp über die Krise der Motorradindustrie in den 1950ern retten konnte. „Die Schöne" wurde 1952 vorgestellt und sollte fast zehn Jahre lang gebaut werden. Sie hatte einen bequemen Einstieg und eine Wetterschutzverkleidung und passte damit perfekt in die Zeit der Petticoats und Sonnenbrillen. Roller fahren galt in den 1950ern als Lifestyle, auch wenn noch niemand dieses Wort benutzte. 1961 meldete das Kraftfahrt-Bundesamt die Zulassung von insgesamt 520.000 Rollern. Die Bella sollte als eines der erfolgreichsten Zündapp-Produkte in die Unternehmensgeschichte eingehen. Zwischen 1953 und 1962 liefen rund 150.000 Exemplare vom Band. Und doch sollte auch der Roller dem mit Macht auf die Straßen drängenden Auto zum Opfer fallen. Mit dem Roller versuchte Zündapp, sich auch eine neue Käufergruppe zu erschließen: In der Werbung sah man deshalb allenthalben (leicht bekleidete) junge Damen, die mit dem Roller zur Eisdiele fuhren, sich am Badesee oder auf Blumenwiesen tummelten. In Kubischs Buch ist ein Foto zu sehen, das zum Schmunzeln reizt. Eine junge Dame im Roller hält neben einem offenen Auto, in dem ein älterer Herr sitzt und ihr eine Banane hinhält, von der sie abbeißt. Erotik anno dazumal.

Und noch eine zweite Erfolgsgeschichte nahm in den frühen 1950ern bei Zündapp ihren Anfang: die „Combinette". Die Geschichte begann 1953 mit den Combimot-Motoren aus dem Münchner Werk, die als Fahrradhilfsmotoren gedacht waren. Schon im ersten Produktionsjahr wurden 100.000 Motoren hergestellt. Als logische Folge wurde die Zündapp-Combinette auf den Markt gebracht, die stetig weiterentwickelt wurde. Das Moped war vor allem für junge Leute interessant. Ein großer Teil der Combinette-Produktion ging in den Export, zum Beispiel nach Surinam, Ceylon, Vietnam, Nigeria und Thailand. Die thailändische Generalvertretung von Zündapp veranstaltete sogar Combinette-Rallyes während des chinesischen Neujahrsfestes.

Erich Rother aus Baden-Baden besaß als Jugendlicher eine Super-Combinette, die er Ende der 1960er Jahre gebraucht gekauft hatte. „Sie hatte einen Kickstarter, Fußrasten, Schutzbleche und war metallicblau lackiert", erinnert er sich an sein erstes motorisiertes Fahrzeug. „Natürlich habe ich das Gerät frisiert – die Kompression erhöht und den Auspuff leer geräumt. Das haben wir damals alle gemacht." Im Laufe der Zeit kam ein anderer Vergaser dazu, die Übersetzung des Getriebes wurde verändert und der Sportauspuff des größeren Modells angebaut. „Auch vor dem Einbau des größeren Motors mit über vier PS schreckten wir nicht zurück", gesteht Rother. „Zuletzt baute ich mir sogar einen Hochlenker an. Es waren die Zeiten von ‚Easy Rider'. Wer etwas auf sich hielt, musste einen Hochlenker haben." Die Combinette machte sämtliche Bastelarbeiten klaglos mit und fuhr treu und brav. „Sie schaffte am Schluss 60 bis 70 km/h und knatterte wie nix", schwelgt Rother in Erinnerungen.

Weder Bella noch Combinette noch sportliche Erfolge konnten Zündapp retten. Wie viele andere deutsche Hersteller verschliefen die Nürnberger die Marktveränderungen und unterschätzten die auf den Markt drängenden japanischen Hersteller. Zunächst profitierte das Unternehmen jedoch noch von der Neuordnung im Führerscheinwesen. Mit dem Führerschein Klasse 4 konnten Jugendliche ein Kleinkraftrad bis 50 cm^3 fahren. Aus diesen kleinen Motoren holte Zündapp in den 1960er Jahren das Letzte heraus. Im Mai 1965 brach ein Zündapp-Motor mit 50 cm^3 Hubraum in drei Tagen 14 Weltrekorde in den Klassen 50, 75, 100 und 125 cm^3. 1966 gingen alle vier Titel bei den Deutschen Motorradgeländemeisterschaften in den Klassen von 50 bis 125 cm^3 an Zündapp.

Alles schien in Ordnung. 1967 wurde rund die Hälfte des Umsatzes im Export, vor allem in den USA, erzielt. Noch zehn Jahre später, 1977, hatte Zündapp mit 115.000 produzierten Fahrzeugen 15,2 % Marktanteil in Deutschland. Doch schon ein Jahr später musste die Fertigung um ein Drittel zurückgefahren werden. Der größte Fehler, den man sich bei Zündapp leistete, war der jahrelange Verzicht auf hubraum- und PS-stärkere Modelle. Hier setzten die Japaner Maßstäbe. Die KS 175, die auf der IFMA 1976 präsentiert wurde, war ein untauglicher Versuch, in diesen Markt einzusteigen. Die gleichzeitig vorgestellte KS 350 mit 27 PS hätte das Zeug zu einem ernstzunehmenden Konkurrenten für die Japaner gehabt, wurde aber nie produziert. Kubisch schreibt: „Die Entwicklung war umsonst. Zündapp hielt an seinem Moped-Mofa-Programm störrisch fest!"

Doch Zündapp bäumte sich noch einmal auf: Zur IFMA 1982 stellten die Münchner die KS 80 Super vor mit Monoschock-Fahrwerk und wassergekühltem Motor. Kubisch schreibt dazu: „Bei diesem 80-cm3-Renner handelte es sich um den letzten Streich einer

Motorradschmiede, die viel zu lange sich im Tiefschlaf befunden hatte, aber kurz vor dem Untergang noch einmal zeigen wollte, dass man das Motorradbauen nichtsdestotrotz beherrschte." Einem großen Erfolg stand einmal mehr der Preis entgegen. Kubisch zitiert den Motorjournalisten Heiner Buchinger, der in der Zeitschrift *Motorrad* (Nr. 19/1984) schrieb: „Die Super Sport kostet zwar keine 1.200 Billionen Mark wie die Z 22 von 1923, aber immerhin 5.995 Mark. Zu diesem Preis gibt es derzeit eine nagelneue Honda VF 750S und eine gebrauchte Zündapp obendrein."

Das endgültige Aus bei Zündapp im Jahr 1984 trieb Zündapp-Fans die Tränen in die Augen. Es war nicht einfach nur das unrühmliche Ende einer großen deutschen Motorradmarke, sondern die Demontage der Werksanlagen durch eine chinesische Firma wurde von Mitarbeitern und Fans als ultimative Demütigung empfunden. Besonders tragisch: Im Jahr der Pleite gewann Zündapp die Marken-Weltmeisterschaft der Grand-Prix-Klasse bis 80 cm^3. Zündapp saß 1984 auf einem Schuldenberg von 35 Mio. Mark. Ein Käufer für das Unternehmen fand sich nicht. Daran trugen auch die Eigentümer Schuld, die rechtzeitig ihr Schäfchen, sprich den wertvollen Immobilienbesitz, ins Trockene gebracht hatten. Der Vergleichsverwalter Eckard Müller-Heydenreich brachte die Lage auf den Punkt: „Es ist kein Geld mehr da!"

Die 750 Mitarbeiter erfuhren vom Aus des Unternehmens nach der Rückkehr aus dem Betriebsurlaub. Viele von ihnen hatten zehn oder sogar 25 Jahre lang bei Zündapp gearbeitet. Zündappchef Dr. Dieter Neumeyer machte sich nicht gerade beliebt, als er klagte: „Mit Verlaub gesagt, auch mir hat es den Urlaub verhagelt." Auch ansonsten verhielt sich der Unternehmenschef nicht unbedingt treusorgend. Auf Betriebsversammlungen ließ er sich nicht blicken. Im September 1984 ging das Vergleichs- in das Konkursverfahren über. Schon seit Juli waren keine Löhne und Gehälter mehr gezahlt worden. Anfang Oktober erhielten die Chinesen den Zuschlag und sicherten sich für 15 Mio. Mark den Zugriff auf die Reste der einst stolzen Marke, inklusive der Fertigungsanlagen. Bis zum 10. April 1985 wurden die Werksanlagen sorgfältig zerlegt, verpackt und mit der transsibirischen Eisenbahn nach China transportiert. Zu diesem Zweck kamen über 100 Chinesen nach München. Lediglich das Zündapp-Museum wurde gerettet und vom Museum für Technik und Verkehr in Berlin, heute Deutsches Technikmuseum, erworben. Auch das „Zündapp-Archiv", das auf einer Sammlung der Werbeabteilung des Unternehmens beruht, fand so den Weg ins Museum, wo es von Kubisch sorgsam aufgearbeitet wurde und neben Informationen von ehemaligen Zündapp-Mitarbeitern als Grundlage seines Buchs diente. Oldtimer-Fans und vor allem die „Elefantentreiber" mit ihren Geschichten halten das Gedenken an die Marke weiterhin wach. Die Geschichten, die man sich bei den „Benzingesprächen" an den Lagerfeuern der jährlichen Elefantentreffen erzählt, überdauern, auch wenn die Elefanten weniger werden.

Resümee: Unternehmerische Inkompetenz verhindert Innovation

Als das Ende absehbar war, rief Unternehmenschef Neumeyer nach staatlicher Hilfe und machte von den Japanern bis zum Pillenknick alles Mögliche für den Untergang des Unternehmens verantwortlich. Nur bei sich selbst sah er keine Schuld. In der *Süd-*

deutschen Zeitung vom 25. August 1984 wurden die Gründe für die Pleite auf den Punkt gebracht: „Es gibt zahllose Firmen, bei denen alles gutgeht. Und nie stehen sie im öffentlichen Licht. Dennoch existiert hier zweifellos eine Art Buddenbrook-Syndrom: Ein energischer Gründer; ein Sohn baut die Firma aus – der Überblick wird schon schwierig. Dann die dritte Generation. Ist hier ein neuer Innovationsschub mit großen Investitionen nötig, fehlt oft der fähige und willensstarke Enkel, der die Kommandobrücke dem Bargeld vorzieht. Man will sich nicht mehr so abschuften wie die Väter, will das Leben genießen." Auch Branchenexperten machten das Versagen der Geschäftsführung für das Aus verantwortlich. Karl Maurer schrieb in Ausgabe 19/1984 der Zeitschrift *Motorrad*: „Das Unternehmen investierte beispielsweise jahrzehntelang in den Geländesport, ohne dieses Engagement auf der Marketingseite durch entsprechende Modelle zu nutzen." In derselben Ausgabe konnte man lesen: „Schon Ende der sechziger Jahre war der alte Schwung der Marketingabteilung dahin. Die Werbung delektierte sich an eher tumb grinsenden Maiden mit schüchtern geöffneten Blusen, die vornehmlich vor geparkten Maschinen posierten. Jene Art von Anzeigen war ab 1971 symptomatisch für Zündapp. Denn der neue Chef, Dr. Dieter Neumeyer, erkannte die Zeichen der Zeit wohl schlicht und einfach nicht mehr so richtig." Noch drastischer formulierte es der Erste Bevollmächtigte der Münchner IG-Metall, Alois Laus: „Das ist ein reiner Skandal, wie unverschämt hier die Fehler eines patriarchalisch geführten Unternehmens auf die Belegschaft abgewälzt wurden."

2.3   TV und PC von dazumal

2.3.1   Saba: Von den Grenzen eines Familienunternehmens

Es war ein denkbar unwürdiges Ende für ein einstmals stolzes Traditionsunternehmen, das lange Zeit zu den ersten Adressen der frühen Unterhaltungselektronik gehört hatte. Ein Familienbetrieb, in dem Solidität und Qualität großgeschrieben wurden, ebenso wie die soziale Verantwortung für die in den Glanzzeiten der Firma rund 6.000 Mitarbeiter. Doch nun, an einem unfreundlichen Dienstag im Frühjahr 2007, fiel für das Unternehmen der letzte Vorhang. Ein Sattelschlepper fuhr am Unternehmenssitz im baden-württembergischen Villingen vor, wurde mit den mobilen Resten des abgewickelten Unternehmens beladen und brachte seine Fracht ins ferne Ungarn. Fassungslos schauten die letzten Mitarbeiter zu, wie ein Stück deutscher Wirtschaftgeschichte zu Ende ging. Manche sagten auch, es sei ein regelrechter Wirtschaftskrimi gewesen. Das Unternehmen – platt gemacht. Die Mitarbeiter – monatelang um ihren Lohn betrogen. Und den Schuldigen hatte man schnell ausgemacht: Die chinesische TCL-Gruppe trug die Verantwortung für diesen Niedergang. Sie war in das Unternehmen im Schwarzwald eingestiegen, aber nie ernsthaft an dem Betrieb interessiert. Den neuen Eigentümern aus Asien ging es nur um den Transfer von Know-how. Und davon war am Standort Villingen reichlich vorhanden – gewachsen in vielen Jahrzehnten und von der Fachwelt immer wieder bestaunt. „Projekt Plünderung" überschrieb der *Spiegel* (Ausgabe 17/2007) seinen Bericht über das unwürdige Ende von Saba. Die Abkürzung stand für Schwarzwälder Apparate-Bau-Anstalt. An diesen vollen Firmennamen erinnern sich heute wohl nur die wenigsten. Doch die Abkürzung Saba steht nach wie vor für Qualität, gepaart mit einem hohen Maß an Innovationskraft.

Als Saba im Jahr 1960 das 125-jährige Firmenjubiläum feierte, war die Welt noch in Ordnung. Die Presseartikel klangen noch ganz anders, kamen bisweilen schon Elogen gleich. Damals beschäftigte Saba rund 4.400 Mitarbeiter im Villinger Stammwerk und im Zweitwerk Friedrichshafen am Bodensee. Ohne Tochtergesellschaften erwirtschaftete das Familienunternehmen im Geschäftsjahr 1959/1960 einen Umsatz von circa 121 Mio. D-Mark. Die Umsatzrendite lag bei vier bis fünf Prozent. Zusammen mit den Abschreibungen reichte das aus, um notwendige Investitionen aus eigener Kraft zu finanzieren, zumal die Eigentümerfamilie keine großen Gewinnausschüttungen für sich in Anspruch nahm. Jahr für Jahr investierte das Schwarzwälder Unternehmen zwischen 3,5 und 4 Mio. D-Mark, ohne dafür langfristige Bankkredite aufnehmen zu müssen. Kurzum: Saba war anfangs ein Musterbeispiel für ein solides deutsches Familienunternehmen. Damals, im Jahr 1960, gab es eigentlich nur ein Problem, das der Unternehmensleitung Kopfzerbrechen bereitete: Es fehlte allenthalben an Arbeitskräften. Saba stellte Mitarbeiter aus Italien und Jugoslawien ein, trotzdem erwies sich der Arbeitskräftemangel in den 1960er Jahren als Wachstumsbremse. Dennoch: Als Saba das 125-jährige Firmenjubiläum feierte, machte der Marktanteil des Unternehmens in Deutschland bei Radiogeräten rund zehn Prozent, bei Fernsehern etwa acht Prozent aus. Nicht schlecht, aber sicherlich ausbaufähig. Denn von 15 Mio. Haushalten hatten seinerzeit nur knapp 4,2 Mio. einen Fernsehempfänger, das entsprach einem Anteil von etwa 26 %. Zwar stand in fast 80 % aller Haushalte bereits ein Radio, doch mit zunehmendem Wohlstand wuchs der Wunsch der Deutschen nach Zweitgeräten. Klar war aber, vor allem die Nachfrage nach Fernsehempfängern würde rapide wachsen. Umso unverständlicher, dass ausgerechnet Saba diesen Trend fast verschlafen hätte und stattdessen an der Produktion von Kühlschränken festhielt, die nichts als Ärger und Verluste einbrachten. Hermann Brunner-Schwer, der 1961 die kaufmännische Leitung des Unternehmens übernahm, machte später dafür seinen Stiefvater Ernst Scherb verantwortlich, der stur an der Produktion von Kühlschränken festgehalten hatte. Die Mutter von Hermann Brunner-Schwer habe des lieben Friedens willen geschwiegen und ihren Mann lange Zeit gewähren lassen. Als dann aber Brunner-Schwer endlich die Leitung des Familienbetriebs übernahm, wurden neue Kapitel in der Erfolgsgeschichte von Saba geschrieben.

Eine Erfolgsgeschichte, die im Jahr 1835 in Triberg im Schwarzwald ihren Anfang nahm. Seinerzeit gründete Joseph Benedikt Schwer eine kleine Uhrenmanufaktur. Tatsächlich galt die Produktion von Schwarzwald-Uhren als ausgesprochene Wachstumsbranche. Die Nachfrage war enorm. In der ersten Hälfte des 19. Jahrhunderts verdoppelten sich Produktion und Beschäftigung mitunter innerhalb von nur 15 Jahren. Joseph Benedikt Schwer stellte die typischen Jockele-Uhren her, die sich bis heute bei Sammlern großer Beliebtheit erfreuen. Es handelte sich um eine Spezialität der Schwarzwälder Uhrenbauer. Die kleinen Wanduhren mit Messingfronten und Email-Zifferblättern wurden zuerst von Jacob

Herbstrieth Ende des 18. Jahrhunderts hergestellt. Aber wie es sich für einen Unternehmer aus dem Schwarzwald gehört, war Schwer nicht nur Uhrenbauer, sondern auch ein engagierter und einfallsreicher Tüftler. So konstruierte er zum Beispiel eine Spezialzange, mit deren Hilfe man Blechstücke im vorgesehenen Winkel ohne erkennbare Abweichung biegen konnte.

Bald jedoch wurde der Markt massenweise mit billigen Uhren aus den USA überschwemmt – eine ernsthafte Gefahr für die traditionellen Uhrenhersteller im Schwarzwald. August Schwer, der Sohn des Firmengründers, erweiterte die Produktpalette um Miniatur-Regulatoren, billige Taschenuhren, Briefwaagen und kleinere Metallfabrikate. Hermann Schwer, der Enkel des Gründers, war zwar ebenfalls gelernter Uhrmacher, ließ ab 1905 aber auch Rasierapparate, Fahrradglocken und andere praktische Kleinteile produzieren. Das Unternehmen dümpelte dennoch vor sich hin. Hinzu kam der wirtschaftliche Niedergang. Deutschland stand nach dem Ersten Weltkrieg am Rande des Ruins. Hermann Schwer fand immer weniger Käufer für seine Produkte. Er musste Mitarbeiter entlassen. Als die finanziellen Schwierigkeiten wuchsen, schickte ihm die Bank einen Aufpasser ins Haus, der alle geschäftlichen und privaten Ausgaben genehmigen musste. „Selbst meine Großmutter hatte ihr Haushaltsbuch wöchentlich vorzulegen", erinnerte sich Hermann Brunner-Schwer, der Enkel von Hermann Schwer.

Schließlich musste Schwer die Hälfte seiner Geschäftsanteile verkaufen, um eine Pleite zu verhindern. Wie besessen suchte er nach neuen technischen Artikeln, mit denen ihm der Durchbruch am Markt gelingen könnte. Der Unternehmer gründete eine schwachstromtechnische Abteilung und begann mit der Produktion von Transformatoren und Magnetspannfuttern. Die zündende Idee hatte Schwer dann während eines Aufenthalts in Zürich im Frühjahr 1923. „Über Kopfhörer eines der ersten Detektorgeräte hörte er eine Musiksendung, die vom Pariser Eiffelturm ausgestrahlt wurde. Obwohl der Empfang noch sehr schlecht war und akustisch eher eine Qual, war Hermann Schwer zutiefst beeindruckt und zögerte keinen Augenblick. Das Radio war das Produkt der Zukunft. Mit ihm würde er sein Ziel erreichen, ein erfolgreicher Unternehmer zu werden", berichtet Hermann Brunner-Schwer über dieses prägende Erlebnis seines Großvaters.

Es gab nicht wenige in der Branche, die seine Idee, Radios in größeren Stückzahlen zu produzieren, für ein wenig verrückt hielten, um es charmant zu formulieren. Aber wie so oft zeigte sich auch in diesem Fall: Hinter vielen erfolgreichen Geschäftsideen steckt am Anfang eine gewisse Portion an Verrücktheit. Bedenkenträger und Besserwisser gab es zu allen Zeiten. Sie sagten Schwer den endgültigen Ruin voraus. Aber es kam anders: Das Unternehmen, das seine Produkte hinfort unter dem Markennamen Saba auf den Markt brachte, erlebte einen kaum für möglich gehaltenen Aufschwung. Man produzierte Kopfhörer, Drehkondensatoren, Spulen und Widerstände – kurzum: alles, was man für ein Radiogerät brauchte. Nur die Endgeräte durfte Saba zunächst noch nicht herstellen, denn dafür war damals eine Lizenz des Verbandes der Rundfunkindustrie erforderlich. Also bot man anfangs nur Radiobaukästen für Sammler an. Ab 1924 durfte Saba dann auch komplette Radiogeräte produzieren.

Hermann Schwer war sich jedoch darüber im Klaren, dass es nur zwei Wege gab, um im zunehmenden Wettbewerb dauerhaft zu überleben: Entweder, er musste besonders billig sein, oder aber eine überragende Qualität bieten. Der Unternehmer entschied sich für Qualität und stellte den jungen Schweizer Diplom-Ingenieur Eugen Leuthold ein – ein Spitzentalent, das sehr wesentlich zum später exzellenten Ruf von Saba beitrug. Unter der Ägide von Leuthold wurde das legendäre Radiogerät S 35 entwickelt, das auf der Leipziger Frühjahrsmesse 1931 zum absoluten Bestseller avancierte. Es beruhte auf einem völlig neuen Schaltkonzept auf einem rückgekoppelten Anodengleichrichter mit Kathodengegenkoppelung. Dadurch wurden eine wesentlich bessere Trennschärfe zwischen den einzelnen Sendern und eine höhere Wiedergabequalität erreicht. Saba war zu dieser Zeit der Innovationsführer in seiner Branche. Keiner der Wettbewerber konnte dem Schwarzwälder Unternehmen das Wasser reichen.

Angespornt von diesen Erfolgen entwickelte Leuthold ein Radiogerät mit Sendersuchlauf und automatischer Scharfabstimmung auf allen Wellenbereichen. Damit lancierte Saba eine vielbeachtete Weltneuheit. Parallel dazu baute Hermann Schwer ein umfassendes Netz von Vertretern und Händlern auf, außerdem organisierte er einen mobilen Servicedienst.

Die Geschäfte liefen bei Saba zunächst also glänzend, doch in den 1930er Jahren litt das Unternehmen zunehmend unter der schweren Wirtschaftskrise und den zunehmenden politischen Unruhen, die am Ende zur Machtübernahme durch Adolf Hitler führten. Trotz widriger Umstände behauptete sich Saba dank weithin anerkannter Qualitätsprodukte recht erfolgreich am Markt. In den entscheidenden Rundfunkjahren 1932 bis 1935 stieg Saba zum zweitgrößten Radiohersteller Deutschlands auf – hinter Telefunken, aber knapp vor Mende. Im Jubiläumsjahr 1935 gab es in 13 Staaten Saba-Vertretungen. Im Jahr darauf starb Hermann Schwer. Seine Frau Johanna wurde Universalerbin, allerdings mit der Auflage, dass die beiden Enkel Hansjörg und Hermann Brunner-Schwer am 3. Oktober 1954 die Erbfolge antreten sollten.

Mit Beginn des Zweiten Weltkriegs produzierte Saba schwerpunktmäßig für die Wehrmacht. In den Werken des Schwarzwälder Unternehmens entstanden unter anderem Funkgeräte, UKW-Empfänger und -Sender für Panzer, Feldtelefone, Bordsprechanlagen und Suchgeräte. Im Kriegsjahr 1943 entfielen vom Gesamtumsatz von 22 Mio. Reichsmark gerade noch 33.2000 Reichsmark auf die zivile Rundfunkproduktion. Am 19. April 1945 zerstörten zwei Bombentreffer die erst kurz zuvor errichteten Werksgebäude vollständig. Das Verwaltungsgebäude blieb zwar erhalten, allerdings wurde das Dach komplett zerstört. Nach dem Zweiten Weltkrieg startete das buchstäblich am Boden liegende Unternehmen, das noch sieben Jahre zuvor das einmillionste Saba-Radiogerät verkauft hatte, wieder in aller Bescheidenheit: Es produzierte Spielzeug und Tablettenröhrchen für die Pharmaindustrie. Doch schon bald erhob sich Saba wie Phoenix aus der Asche. Zuerst erhielt das Unternehmen von der Post den Auftrag zur Herstellung von Tischfernsprechern. Der Nachkriegsapparat W46 mit dem für heutige Verhältnisse großen Hörer und der markanten Wählscheibe gilt mittlerweile als Design-Klassiker. Ende 1947 erhielt Saba von der französischen Militärbehörde den Auftrag, für die Angehörigen der französischen Besatzungsarmee Radios herzustellen. Auch Eugen Leuthold, der während des Krieges wieder in der Schweiz gelebt hatte, kehrte zu Saba zurück und knüpfte an frühere Erfolge an. Obwohl die Werksanlagen des Unternehmens nach dem Krieg zu 75 % demontiert worden waren, machte Saba bereits 1947/1948 rund 2,4 Mio. Reichsmark Umsatz.

Als im Jahr 1950 die Absorber-Patente des schwedischen Herstellers Elektrolux abliefen, griff der damalige Saba-Chef und Stiefvater von Hermann Brunner-Schwer zu und fertigte Kühlschränke. Dies sollte sich, wie bereits erwähnt, als fatale Fehlentscheidung erweisen. Während das Geschäft mit Kühlschränken mehr als schleppend verlief und von den erhofften synergetischen Effekten keine Rede sein konnte, reüssierte Saba auf seinem eigentlichen Kompetenzfeld, der Produktion von innovativen Radiogeräten. In den 1950er und 1960er Jahren brachte das Unternehmen Radios mit Fernbedienung und schließlich den volltransistorierten Stereo-Empfänger „Hifi-Studio Freiburg Stereo" auf den Markt. In seinem Betrieb in Friedrichshafen produzierte Saba ab 1956 selbstentwickelte Tonbandgeräte („sabafon"), das hochdefizitäre Geschäft mit Kühlschränken wurde – sicher viel zu spät – eingestellt. Die dadurch frei werdenden Kapazitäten nutzte man fortan für die Produktion von Fernsehern, zumal die Umsätze mit Radios stagnierten. Das Geschäft mit Fernsehgeräten hatte Saba wegen seiner Probleme mit dem Kühlschrankprogramm zunächst verschlafen. „In den meisten Haushalten stand inzwischen eine ‚Glotze'. Doch mit dem Kauf eines neuen, mit einer größeren Bildröhre und mehr Bedienungskomfort ausgestatteten Gerätes wartete man ab, bis das vieldiskutierte, aber noch immer nicht startbereite Zweite Programm über die Sender ging", erinnert sich Hermann Brunner-Schwer an die Herausforderungen, vor denen er nach Übernahme der Geschäftsführung stand. Als Konsequenz aus diesem Attentismus seien die Lagerstände bei Industrie und Handel gewachsen. „Wildwestmanieren rissen ein… Die Folgen waren verheerend", so Brunner-Schwer in seinem Rückblick. Graumarkthändler kauften in großem Umfang Lagerbestände bei den Herstellern auf und setzten hohe Rabatte durch, die sie zum Teil an ihre Kunden weitergaben. Die Margen der etablierten Fachhändler gerieten gewaltig unter Druck. Zusätzlich mischte der Versandhändler Neckermann die Branche auf, indem er Ende der 1960er Jahre ein von Körting hergestelltes Farbfernsehgerät für 1.840 D-Mark anbot – seinerzeit ein absoluter Sensationspreis. Der im Chiemgau ansässige Hersteller Körting war von 1954 bis 1978 der Hauslieferant von Neckermann. Später wurde er von Gronje, einem slowenischen Hersteller von Küchengeräten übernommen, bevor er in den 1980er Jahren in Konkurs geriet.

Doch auch die anderen Kaufhausketten waren aggressiv unterwegs und erstanden bei vielen der unter erheblichen Liquiditätsengpässen leidenden Großhändlern Fernsehgeräte aller Marken. Saba-Geräte tauchten plötzlich bei Kaufhof, Hertie und Horten auf – in der Regel deutlich billiger als im Fachhandel. „Es kam zu turbulenten Konferenzen, die Industrie musste sich wüste Beschimpfungen gefallen lassen. Tausende von Fachhändlern fühlten sich in ihrer Existenz bedroht… Auch Saba-Kunden drohten mit Boykott. Es blieb uns gar nichts anderes übrig, als die bei den Warenhäusern aufgetauchten Geräte auf schnellstem Weg herauszukaufen… Aus Mitarbeitern des Außendienstes bildeten wir Stoßtrupps. Sie schwärmten in die Warenhäuser aus und kauften die Regale leer", erinnert sich Brunner-Schwer an schwierige Zeiten.

Das Jahr 1961 hätte aufgrund dieser Turbulenzen zu beträchtlichen Verlusten führen können, hätte Saba nicht unter dem Schlagwort „Sabavision" das erste zeilenfreie Fernsehen angeboten. Wieder war das Schwarzwälder Unternehmen Innovationsführer und stieg bald zu den wichtigsten TV-Herstellern auf. Für Aufsehen sorgte darüber hinaus das „SABAmobil" – ein mobiles Tonbandgerät fürs Auto. Der Exportteil lag Mitte der 1960er Jahre bei rund 15 %. Doch das Eigenkapital des Unternehmens blieb vergleichsweise gering. Immer deutlicher wurde, dass Saba ohne Partner wohl nicht dauerhaft überleben konnte.

Zunächst wurde eine Kooperation von Telefunken angestrebt. Die Verhandlungen begannen im Frühjahr 1964 und zogen sich in die Länge. Schließlich forderte das Telefunken-Management eine zehnprozentige Beteiligung an Saba und einen Sitz im Aufsichtsrat. „So undramatisch dieses Ansinnen auf den ersten Blick auch aussah, Telefunken hätte den Fuß in die Saba-Tür gesetzt und sich als Gesellschafter das Recht nehmen können, Einblick in die Bücher zu verlangen. Das gibt uns zu weit. Wir lehnten ab, die Verlobung war zunächst einmal geplatzt", schrieb Hermann Brunner-Schwer später.

Da kam ein Angebot des damaligen Philips-Präsidenten Le Clercq im Jahr 1967 gerade recht. Der niederländische Elektronikkonzern bot eine diskrete Minderheitsbeteiligung an Saba über eine Schweizer Holding an. Im Gegenzug sollte Saba fortan nur noch Philips-Bauelemente kaufen. Saba wiederum hätte an den Forschungs- und Entwicklungsarbeiten des Großkonzerns partizipieren können. Das Saba-Management war von dieser Lösung überzeugt. Schnell schloss man die weiteren Verhandlungen ab und beschloss, die Verträge in einem angemieteten Büro am Stuttgarter Flughafen zu unterzeichnen. Hermann Brunner-Schwer erinnert sich: „Die Philips-Delegation saß bereits am Tisch, als wir das Zimmer betraten. Ich fühlte sofort, dass irgendetwas nicht stimmte. Die Herren aus Holland begrüßten uns mit verlegenen Gesichtern. Dann sprach der Verhandlungsführer mit belegter Stimme und eröffnete uns, dass zu seinem größten Bedauern eine unvorhergesehene Entwicklung eingetreten sei, die Philips gezwungen hätte, von der beabsichtigten Vertragsunterzeichnung Abstand zu nehmen."

Für das Saba-Management brach fast eine Welt zusammen. So nahe am Ziel, so nahe an der Verwirklichung einer idealen Lösung scheiterte das Vorhaben. Was war geschehen? Die Chefs des Schwarzwälder Traditionsunternehmens konnten zunächst nur spekulieren. Doch bald war offenkundig: Der Erzrivale Max Grundig führte im Hintergrund Regie. Er hatte Telefunken vor seinen Karren gespannt und Philips unter Druck gesetzt, die geplante Beteiligung in letzter Minute platzen zu lassen. Er selbst wollte die Marke Saba erwerben.

Doch auch seine Rechnung ging nicht auf. Am 20. Januar 1968 beteiligte sich das US-Unternehmen General Telephone & Electronics (GTE) an Saba. Zu diesem multinationalen Konzern gehörte das Sylvania-Bildröhrenwerk in Belgien. Mit Hilfe der Amerikaner schaffte Saba noch einmal den Turnaround. Die Geschäfte liefen wieder recht ordentlich, die Umsätze stiegen und in den Werken in Villingen, Friedrichshafen, Leutkirch, Tienen (Belgien) Kölliken und Aarau (Schweiz) arbeiteten rund 6.000 Personen. Saba belegte auf dem deutschen Markt den vierten Platz im Segment Radio-Fernsehen-Tonband hinter Grundig, Telefunken und Philips.

Schon bald aber drohte weiteres Ungemach: Japanische Unternehmen drängten zuneh-mend mit Billiggeräten auf den deutschen Markt. Zudem hatte Saba Probleme mit den Sylvania-Bildröhren, die sich als sehr störanfällig erwiesen und zu zahlreichen Reklamati-onen führten. Gleichzeitig eskalierte ein Intrigenspiel, das mit der Absetzung des langjäh-rigen Saba-Chefs Brunner-Schwer endete. Hinter dieser Intrige steckte der Manager Her-mann Mössner, der die Nachfolge von Brunner-Schwer antrat – und grandios scheiterte. Saba schrieb tiefrote Zahlen. GTE trennte sich 1980 von der Unterhaltungselektronik und verkaufte diesen Teil einschließlich Saba an den französischen Konzern Thomson-Brandt, der zusätzlich die Firma Telefunken übernahm. Durch die Integration dieser beiden Un-ternehmen kam es zu erheblichen Überkapazitäten, auf die der Konzern mit massiven Stel-lenstreichungen reagierte. Saba gab es bald nur noch als Vertriebsgesellschaft und Marke. Immer häufiger wechselten die Besitzverhältnisse. Saba hatte seinen einstigen Glanz ver-loren.

Im Jahr 2004 stieg die chinesische TCL-Gruppe ein und wurde damit zum weltgrößten Hersteller von Fernsehgeräten. Doch TCL war offenkundig nur kurzfristig am Fachwissen der Saba-Ingenieure interessiert. Danach drehten die Chinesen ganz einfach den Geld-hahn zu. Weder wurden Rechnungen beglichen noch Löhne gezahlt. Das einstmals stolze Schwarzwälder Familienunternehmen, das am Ende nur noch eine Forschungs- und Ent-wicklungsabteilung war, meldete Insolvenz an. Und die Reste des Unternehmens landeten auf einem Tieflader zum Abtransport nach Ungarn.

Resümee: Familienunternehmen als Spielball der Konzerne

In seinen Glanzzeiten war Saba eine absolute Top-Marke in der Unterhaltungselekt-ronik-Branche. Der Familienbetrieb genoss höchste Reputation. Fernseher, Radios und Tonbandgeräte des Schwarzwälder Unternehmens galten technisch stets als „State of the Art". Und oft war Saba auch Innovationsführer. Die Marke strahlte zudem viel Prestige aus. Wer ein besonders hochwertiges Produkt wünschte, kaufte eben Saba und demonstrierte damit, dass er nicht auf den Preis schauen musste. Um diese Exklusi-vität zu sichern, arbeitete Saba konsequent nur mit dem Fachhandel zusammen. Die Geräte des Unternehmens sollten nicht in Kaufhäusern zu günstigeren Preisen angebo-ten werden. Diese Hochpreispolitik war freilich Fluch und Segen zugleich. Zum einen kultivierte Saba damit sein Image als teure Qualitätsmarke, zum anderen versperrte man sich nachfragestarke Vertriebswege, wie etwa die großen Kaufhausketten. Davon profitierten zwar die Fachhändler in Form von attraktiven Gewinnspannen, Saba aber war von Anfang an unterkapitalisiert. In den wachstumsstarken Jahren des deutschen Wirtschaftswunders machte sich diese Achillesferse nicht bemerkbar, doch in Krisen-zeiten geriet das Unternehmen schnell an seine wirtschaftlichen Grenzen. Bald soll-te sich darüber hinaus zeigen, dass ein Familienunternehmen mit mittelständischen Strukturen in einem Markt mit quasi-monopolitischen Verhältnissen nicht dauerhaft überleben kann. Als der US-Konzern GTE die Mehrheit an Saba übernahm, war das Unternehmen nicht mehr der soziale Familienbetrieb, sondern Teil eines Multis. Zunächst profitierte Saba von dieser Partnerschaft, verfünffachte den Umsatz in wenigen Jahren. Doch dann kam es zu konzerninternem Streit und unappetitlichen Intrigen. Als die Radio-Fernsehen-Tonband-Sparte nur noch rote Zahlen schrieb, verlor der US-Mutterkonzern sehr schnell die Geduld. Was folgte, war eine Ausplünderung und ein Niedergang auf Raten.

2.3.2   Grundig: Sendepause für Traditionsmarke

Am Ende seines erfüllten Lebens wirkte der Patriarch fast schon ein wenig hilflos und mitleiderregend. Gerade erst hatte er viel Geld in den Umbau des in wirtschaftliche Probleme geratenen Kurhauses Bühlerhöhe in Baden gesteckt und es zu einem Luxushotel umbauen lassen. Stolz blickte der 81-Jährige auf seine Nobelherberge, denn er liebte den Luxus und pompöse Bauwerke. Gleichzeitig aber kam in ihm so etwas wie Endzeitstimmung auf. „Jetzt habe ich alles erledigt. Und was mache ich jetzt?", fragte er seinen Biografen Egon Fein. Für den dynamischen Vollblut-Unternehmer muss der Gedanke unerträglich gewesen sein, nichts mehr zu tun zu haben und nicht mehr gebraucht zu werden. Vier Monate später, am 8. Dezember 1989, starb er – Max Grundig, einer der bekanntesten Wirtschaftspioniere in Deutschland. Er hinterließ eine außerordentlich starke Marke: Selbst heute, viele Jahre nach dem Tod des Unternehmensgründers und der späteren Insolvenz des Gerätebauers, ist der Name „Grundig" den weitaus meisten Deutschen noch ein Begriff. Sie verbinden diese Marke mit hochwertiger Unterhaltungselektronik „Made in Germany".

Max Grundig, geboren am 7. Mai 1908, war geachtet – und gefürchtet. Man schätzte ihn als extrem erfolgreichen Unternehmer, der seinen Mitbewerbern das Fürchten lehrte. Aber man verachtete ihn auch als einen fast schon diktatorisch auftretenden Despoten, der rücksichtslos seine Interessen durchsetzte. Der ehemalige Saba-Chef Hermann Brunner-Schwer machte in Sachen Grundig aus seinem Herzen keine Mördergrube. „Offenkundig litt Max Grundig noch immer unter einem fast krankhaften Geltungskomplex", notierte der Mitbewerber, als Grundig ihn in seinem Gut Hohenburg bei Lenggries empfing und mit seiner schlossähnlichen Luxus-Immobilie protzte. Grundig habe eine „diktatorische Mentalität" an den Tag gelegt, schreibt Brunner-Schwer. Dafür warb Max Grundig ein paar Jahre später mit Alfred Liebentrau einen der fähigsten Manager von Saba ab. Doch schon nach kurzer Zeit kam es zwischen Grundig und seiner neuen Führungskraft, die angeblich später seine Nachfolge hätte antreten sollen, zu einem heftigen Konflikt. Liebentrau warf das Handtuch und übernahm die Geschäftsleitung der Uhrenfabrik Junghans in Schramberg.

Selbstherrlich, dominant und autoritär sei Max Grundig gewesen, sagen viele seiner früheren Geschäftspartner und Mitarbeiter. Aber eben auch unglaublich erfolgreich. In den Wirtschaftswunderjahren übernahm Grundig ein Unternehmen nach dem anderen. Der ehemalige Radiohändler aus Fürth baute einen regelrechten Konzern auf, der Umsätze in Milliardenhöhe erzielte. Grundig galt bereits im Jahr 1952 als Europas größter

Rundfunkgerätehersteller und als weltweit größter Tonbandgerätehersteller. Keine Frage, Grundig war eine Weltmarke – ein international geachtetes Symbol für den Aufstieg der deutschen Wirtschaft nach dem Zweiten Weltkrieg. Im Jahr 1951 hatten noch rund 34.000 Geräte der Marke Grundig die Produktionshallen verlassen, neun Jahre später waren es fast 71.000. Bescheidenheit gehörte dabei gewiss nicht zu den prägenden Charaktereigenschaften des Konzernchefs. In den 1950er Jahren sollten alle sehen, wie weit er es gebracht hatte. Der damals 49-Jährige ließ sein Firmenzeichen, das dreiblättrige Kleeblatt im Stadtwappen von Fürth – mit einer goldenen Krone schmücken und an seinem Verwaltungsgebäude anbringen. Darunter stand in blauen Lettern geschrieben: „Europas größte Rundfunkgerätefabrik. Der Welt größte Tonbandgerätefabrik".

Doch auch wenn sich Mitbewerber und Journalisten über manche Skurrilitäten des Firmenpatriarchen bisweilen mokierten, eines konnte ihm niemand absprechen: Grundig hatte gleichsam aus dem Nichts ein Firmenimperium aufgebaut. Er stammte aus einfachen Verhältnissen, sein schon früh verstorbener Vater – Max Grundig war damals gerade zwölf Jahre alt – hatte als Lagerverwalter gearbeitet. Zwei Jahre später begann Grundig eine Lehre als Einzelhandelskaufmann in einem Nürnberger Installationsbetrieb. In dessen Geschäftsinhaber Max Hilpert fand der Lehrling eine Art „Ersatzvater". Sein Chef schätzte den äußerst fleißigen jungen Mann, der nach Feierabend Zinnsoldaten bemalte, damit etwas mehr Geld in die Familienkasse kam. Doch der junge Grundig war nicht nur fleißig und zielstrebig, sondern auch ausgesprochen neugierig. Außerdem erwies er sich bald als technisches Talent. Vom neuen Medium Radio begeistert, besorgte sich Max Grundig nach und nach die unverzichtbaren Bauteile und bastelte in seiner Mini-Werkstatt zu Hause seinen ersten Detektor-Apparat. Im selben Jahr baute Grundig seinen ersten Bildfunkempfänger. Er konnte Signale des Deutschlandsenders Königs Wusterhausen in Bildpunkte umsetzen. Sein Chef Max Hilpert war begeistert von dem Talent seines jungen Mitarbeiters. Er schickte ihn 1926 zur Deutschen Funkausstellung nach Berlin. Max Grundig war damals gerade einmal 18 Jahre alt. Wieder zurück in Fürth, übertrug ihm Hilpert die Leitung einer Tochterfirma, die Radios und Zubehör verkaufte, vorrangig aber Installationsarbeiten im neuen Fürther Stadtkrankenhaus ausführte. Max Grundig war in seinem Element. Er überzeugte die Kunden mit seinem Fachwissen und bewies durchaus beachtliches verkäuferisches Geschick. Dank einer Umsatzbeteiligung gelang es ihm, in kurzer Zeit sein Monatssalär zu verzehnfachen.

Motiviert von diesem Erfolg, beschloss Max Grundig, zusammen mit einem später ausgezahlten Teilhaber am 15. November 1930 in der Fürther Sternstraße 4 ein eigenes Geschäft zu eröffnen. Er warb Kunden mit Teilzahlungsangeboten. Wer bei Grundig & Wurzer, wie die Firma zunächst hieß, ein neues Radiogerät kaufte, konnte den Preis in zwölf Monatsraten abstottern. Dennoch blieben die Umsätze in den ersten Monaten äußerst bescheiden. Grundig hielt sich wirtschaftlich über Wasser, indem er Radiogeräte selbst reparierte und Zubehör verkaufte. Das technische Talent des jungen Monteurs sprach sich bald in Fürth und im benachbarten Nürnberg herum, ebenso wie der exzellente Kundendienst des Jungunternehmers. Zunehmend kauften die Kunden in dem kleinen Laden auch Radiogeräte, Plattenspieler, Schallplatten, Batterien und Zubehör. Mitte der

1930er Jahre liefen die Geschäfte so gut, dass Grundig in größere Geschäftsräume umzog und seine Werkstatt ausbaute. Der technisch versierte Jungunternehmer reparierte fortan auch Wechsel- und Gleichstromtransformatoren.

Im Zweiten Weltkrieg produzierte Max Grundig in erster Linie für die deutsche Armee. Ihr lieferte er Kleintransformatoren, elektrische Zünder und Steuerungsgeräte – unter anderem für die V1-Marschflugkörper und die V2-Rakete. Der Fürther Unternehmer arbeitete seinerzeit in erster Linie als Zulieferer für die Großkonzerne AEG und Siemens.

Schon unmittelbar nach dem Krieg wollte Grundig wieder Radios bauen. Denn obwohl die Städte noch in Schutt und Asche lagen und die Menschen mit ihrer schieren Existenzsicherung beschäftigt waren, ahnte der Unternehmer, welch enormes Potenzial im Radiomarkt steckte. Doch die Herstellung von Radiogeräten unterlag damals noch den strengen Bewirtschaftungsvorschriften der Alliierten. Da kam Grundig kurz vor Weihnachten 1945 eine geniale Idee: Ein Radio ohne Röhren war kein Radio. Also verkaufte der Unternehmer Radiobaukästen unter dem Namen „Heinzelmann". Offiziell handelte es sich um Spielzeug, das nicht den Restriktionen der Alliierten unterlag. Wer einen „Heinzelmann" erwarb, erhielt vom Verkäufer augenzwinkernd die erforderlichen Röhren, die unter der Ladentheke gehortet wurden. Selbst technisch nur sehr mäßig begabte Zeitgenossen schafften es auf diese Weise, ihr eigenes Radiogerät zusammenzubauen. Und wer an dieser Herausforderung dennoch scheiterte, dem half der Nachbar oder Kollege. Bis 1947 verkaufte Grundig rund 12.000 dieser Baukästen. Gerade einmal zwei Jahre nach dem katastrophalen Zweiten Weltkrieg brummten bei Max Grundig die Geschäfte wieder. Er beschäftigte mittlerweile 291 Mitarbeiter und bezog größere Räumlichkeiten.

Als Grundig dann auch komplette Radiogeräte fertigte, fiel der Startschuss für ein unglaubliches Wachstum, wie es wohl nur in Wirtschaftswunderjahren möglich ist. Mit Einführung von UKW gelang es, die Klangqualität der Rundfunkempfänger erheblich zu verbessern. Das Kofferradio wurde zum Statussymbol der Jugendlichen, während die Eltern eifrig für ihr erstes Fernsehgerät sparten. Grundig gilt bereits Anfang der 1950er Jahre als der größte Rundfunkgeräte-Hersteller Europas. Mehr noch: Der Werkssender im Direktoriumsgebäude an der Fürther Kurgartenstraße, das heute das Rundfunkmuseum Fürth beherbergt, strahlte im September und Oktober 1951 das erste regelmäßige deutsche Fernsehprogramm der Nachkriegszeit aus.

Während Grundig die Grundlage für sein späteres Imperium schuf, drohte plötzlich Ärger von ganz anderer Seite. Das Fürther Finanzamt unterstellte, der Rohstoffeingang des Unternehmens stünde in keinem nachvollziehbaren Verhältnis zu den später verkauften Geräten, also habe das Unternehmen einen Teil der Verkäufe nicht ordnungsgemäß verbucht und versteuert. Derlei kann man durchaus als Steuerhinterziehung bezeichnen. Max Grundig tobte und drohte dem damaligen Präsidenten der Oberfinanzdirektion Nürnberg, wenn die Schnüffeleien der Betriebsprüfer nicht sofort aufhörten, werde er einen Teil der Belegschaft entlassen. Die Betriebsprüfung wurde dennoch fortgesetzt – und am Ende musste Grundig dem Fiskus eine Million D-Mark an Steuern nachzahlen. Sein Finanzprokurist sagte später, Grundig sei dennoch sehr glimpflich davon gekommen. Der Firmenchef rächte sich auf seine Weise am Finanzamt. Er machte dem damaligen Steuerinspektor Erwin Hegerl, der sich als besonders akribischer Prüfer erwiesen hatte, ein großzügiges Angebot. Daraufhin quittierte der Beamte seinen Dienst, heuerte bei Grundig an und sorgte mit seinem Insiderwissen dafür, dass Grundig fortan weitgehend Ruhe vor dem Finanzamt hatte.

Doch nur auf Radios, Fernseher und später Tonbandgeräte wollte Grundig nicht setzen. Er strebte schon früh danach, sein Unternehmen zu diversifizieren. Die Möglichkeit dazu eröffneten ihm die Vorstandsmitglieder der Dresdner Bank. Sie schlugen dem fränkischen Unternehmer vor, in die expandierende Büromaschinen-Industrie einzusteigen und boten ihm gleich den Erwerb der Aktienmehrheit an den Triumph Werken in Nürnberg an. Grundig griff sofort zu. Im November 1957 erwarb er überdies ein Aktienpaket der Frankfurter Adlerwerke, an dessen Stammkapital er nun mit rund 26 % beteiligt war.

Die Banker rieben sich die Hände. Der burschikose Fürther Unternehmer, dem manche schon damals einen Hang zur Großmannssucht nachsagten, holte sich mit Triumph und Adler zwei Sanierungsfälle ins Beteiligungsportfolio. Wie brenzlig die Situation tatsächlich war, schilderte später Grundigs Finanzberater Josef Schäfer: „Bei Triumph war es fünf Minuten vor zwölf, als wir einstiegen. Und bei den Adlerwerken mussten etwa 40 Mio. D-Mark Schulden getilgt werden, davon fünf Millionen vordringlich."

Zwar brachten die 1956 zur Triumph-Adler AG fusionierten Bürogerätehersteller unter anderem das am stärksten nachgefragte Diktiergerät „Stenorette" auf den Markt und produzierten frühzeitig marktgängige elektrische Schreibmaschinen, doch so richtig glücklich wurde Grundig mit diesen Beteiligungen nie. Als der Versuch einer Partnerschaft mit der AEG-Tochter Olympia scheiterte, verkaufte Grundig die ungeliebte Tochter an den US-amerikanischen Litton-Konzern. Der Fürther Unternehmer wollte verstärkt in den zukunftsträchtigen Markt für Farbfernseher investieren, dabei wäre ihm Triumph-Adler eher ein Klotz am Bein gewesen.

Für den Büromaschinenhersteller begann damals übrigens eine höchst skurrile Odyssee. Schon nach gut zehn Jahren trennte sich der Litton-Konzern von Triumph-Adler und verkaufte das Unternehmen 1979 an den VW-Konzern. Im Jahr 1985 wurde der nun wieder deutsche Betrieb in TA Triumph Adler AG umfirmiert und anschließend an den italienischen Mitbewerber Olivetti verkauft. Mitte der 1990er Jahre erwarb ein Aktionärskonsortium das Unternehmen und gliederte es in eine Mittelstandsholdigung ein. Seit 2003 gehört TA Triumph Adler zum japanischen Drucker- und Kopiererhersteller Kyocera und ist heute auf dem Gebiet des Managed Document Service (MDS) tätig.

Zurück zum Grundig-Konzern: Das Unternehmen expandierte in den 1960er und 1970er Jahren in atemberaubendem Tempo. Max Grundig gründete weitere Werke in Deutschland, Österreich, Frankreich, Italien, Irland und Portugal. Er beschäftigte zu seinen Glanzzeiten insgesamt mehr als 40.000 Mitarbeiter. Die Marke Grundig wurde im In- und Ausland geschätzt, sie stand vielfach schon synonym für Qualitätsprodukte aus Deutschland. Fernseher, Radios, Autoradios und Tonbandgeräte von Grundig genossen einen legendären Ruf. Max Grundig war längst zu einer Symbolfigur des deutschen Wirtschaftswunders aufgestiegen. Wegen seines unbestrittenen Erfolgs haben viele über die Extravaganzen des autoritären und selbstherrlichen Konzernchefs hinweg gesehen.

Im Jahr 1980 zum Beispiel sorgte Max Grundig wieder einmal für Schlagzeilen, doch dieses Mal nicht im Wirtschaftsteil der Zeitungen, sondern in den Klatschspalten des Boulevards. Der damals schon 72-jährige Unternehmer heiratete in zweiter Ehe die 43 Jahre jüngere Französin Chantal Rubert. Angeblich bedachte er sie mit einer Garantiedividende von 50 Mio. D-Mark pro Jahr.

Zu dieser Zeit waren bereits die ersten dunklen Wolken an dem bis dahin so ungetrübten Unternehmenshorizont aufgetaucht. Der 1971 in eine Aktiengesellschaft umgewandelte Unterhaltungselektronik-Konzern profitierte zunächst noch von der starken Nachfrage nach Farbfernsehgeräten. Die deutschen Verbraucher waren begeistert von dieser neuen TV-Generation. Viele plünderten ihre Sparbücher oder schlossen Ratenverträge, um sich einen Farbfernseher leisten zu können. In der Branche brach fast eine Art Goldgräberstimmung aus. Die Kehrseite der Medaille: Im Laufe der 1970er Jahre entstanden offenbar im Glauben an einen nicht enden wollenden Boom erhebliche Überkapazitäten. Zugleich gerieten die Margen unter Druck, nachdem der Versandhändler Neckermann Farbfernsehgeräte zu deutlich niedrigeren Preisen verkaufte als der Fachhandel. Doch mehr noch als der von Grundig und anderen Chefs hochpreisiger Marken als „Billiger Jakob" verspottete Neckermann setzte die Konkurrenz aus Japan dem Fürther Unterhaltungshersteller stark zu. Und im Jahr 1980 trat dann prompt ein, was ein paar Jahre zuvor wohl kaum jemand für möglich gehalten hätte: die Grundig AG schrieb erstmals rote Zahlen.

Verschärft wurden die Probleme noch durch das wenig erfolgreiche Agieren des Unternehmens auf dem damals aufstrebenden Markt für Videorecorder. Grundig brachte zunächst sage und schreibe Geräte mit fünf untereinander inkompatiblen Videoformaten auf den Markt. Später setzte Grundig auf das gemeinsam mit Philips entwickelte Video2000-System. Doch zu dieser Zeit hatte sich auf den wichtigsten Märkten in den USA und Japan längst das konkurrierende Video Home System (VHS) durchgesetzt.

Allmählich wurde klar: Grundig würde die Krise aus eigener Kraft nicht überwinden können. Im April 1984 stockte der niederländische Elektrokonzern Philips seine bisherige Beteiligung von 24,6 auf 31,6 % auf und übernahm die Leitung der Grundig AG. Max Grundig schied aus der Unternehmensführung aus und versuchte sich als Hotelier.

Doch trotz der starken Marke, die Grundig weltweit aufgebaut hatte, kam das Unternehmen auch unter der Ägide des Philips-Konzerns auf keinen grünen Zweig mehr. Der Konkurrenz aus Japan war man einfach nicht gewachsen. Der Holländer Johan van Tilburg führte nun die Grundig-Mannschaft, doch seine Bilanz blieb desaströs. Zwischen 1985 und 1990 verlor Grundig ein Viertel seines Marktanteils bei der sogenannten braunen Ware (Audio-, Video- und TV-Geräte). Der Hauptprofiteur dieses Niedergangs war der japanische Hersteller Sony. Er konnte seinen Marktanteil in der Unterhaltungselektronik zwischen 1985 und 1990 von rund 4,5 auf fast 12 % steigern.

Unter der Grundig-Belegschaft kursierten derweil Gerüchte, Philips wolle das Unternehmen lediglich ausschlachten und den Markennamen zerstören. In der Endphase herrschte ziemliches Chaos bei Philips-Grundig. Die Holländer wollten sich von dem defizitären deutschen Traditionsunternehmen trennen und verkauften es im Jahr 1997 an ein Erwerberkonsortium aus Bayern. Das Konsortium wurde geführt von Anton Kathrein, dem persönlich haftenden Gesellschafter der Kathrein Werke in Rosenheim. Im Jahr 1998 schrieb Grundig erstmals wieder schwarze Zahlen, doch blieb es nur bei einem wirtschaftlichen „Zwischenhoch". An seinem neuen Unternehmenssitz in Nürnberg erwirtschaftete Grundig im Jahr 2001 einen Umsatz von fast 1,3 Mrd. €, fuhr zur gleichen Zeit aber 150 Mio. € Verluste ein. Die Banken waren im Herbst 2002 nicht mehr bereit, die Kredite zu verlängern. Mitte April 2003 meldete der Grundig-Konzern Insolvenz an. Davon betroffen waren rund 3.500 Mitarbeiter.

Damit wäre die Unternehmensgeschichte von Grundig zu Ende, hätten nicht türkische Manager das noch immer hohe Potenzial dieser starken Marke erkannt. Immerhin: Auch Jahre nach der Insolvenz wies Grundig in Deutschland noch einen Bekanntheitsgrad von 90 % auf. Im Jahr 2004 übernahm die türkische Koc-Holding zusammen mit dem britischen Elektronikimporteur Alba Radio große Teile der insolventen Grundig AG. Seit Dezember 2007 ist der türkische Konzern der alleinige Eigentümer der Grundig Intermedia, wie das Unternehmen nunmehr heißt. Nach einer wahren Odyssee wurde zumindest die Marke gerettet.

Resümee: Auf den Lorbeeren ausgeruht

Max Grundig war ein Vollblut-Unternehmer, dem alles zu gelingen schien, was er anfasste. Nach dem Zweiten Weltkrieg etablierte er eine Weltmarke, deren Qualität weithin geschätzt wurde. Vielleicht geblendet vom eigenen Erfolg, entwickelte Grundig ein hohes Maß an Beratungsresistenz und duldete kaum Widerspruch. Man könnte ihn als Prototyp eines autoritären Patriarchen bezeichnen, der irgendwann die Bodenhaftung verlor. Schon sein Einstieg in die Bürotechnik war eine Fehlentscheidung. Er hatte sich von seinen Bankern zwei Sanierungsfälle aufschwatzen lassen. Doch solange Grundig hervorragend verdiente, fielen solche Fehler nicht weiter auf und warfen zunächst auch keine Schatten auf das strahlende Unternehmer-Image.

Die japanische Konkurrenz wurde lange Zeit nicht wirklich ernst genommen. Sony-Produkte wurden anfangs über Discounter und SB-Warenhäuser verhökert, der Fachhandel nahm diese Geräte nur widerwillig ins Sortiment. Was war schon Sony gegen die Top-Marke Grundig? Dass die Japaner aber zielstrebig selbst daran arbeiteten, mit Sony eine international geachtete Qualitätsmarke zu etablieren, auf diese Idee kamen die europäischen Hersteller nicht – oder viel zu spät.

Sony-Geräte waren sicher nicht besser und auch nicht erheblich günstiger als Grundig-Geräte, doch gerade die jüngeren Käufer entschieden sich mehr und mehr für die Unterhaltungselektronik aus Japan. Sony schaffte es, die Elektronik in ansprechende und handliche Gehäuse zu verpacken. Das fortschrittliche Design überzeugte die jüngere Zielgruppe. Marken wie Grundig konnten nur mit dem Hinweis „Made in Germany" punkten, doch dieses Argument zog allenfalls noch bei den älteren Kunden. Und die kaufen relativ selten neue Geräte der Unterhaltungselektronik. Kurzum: Grundig hatte es – ebenso wie die anderen Hersteller in Europa – versäumt, rechtzeitig auf die sich wandelnden Präferenzen der Kunden zu reagieren. Jene Kunden, die Grundig einst groß machten, legten keinen Wert mehr auf den neuesten Elektronik-Schnickschnack. Und den jüngeren Kunden erschien Grundig ausgesprochen „old fashioned". Dennoch assoziieren die Verbraucher mit dem Markennamen Grundig noch immer Qualität und Solidität – jetzt vielleicht wieder stärker als während der Krisenphase in den 1980er und 1990er Jahren. Diese Chance haben die türkischen Manager erkannt.

2.3.3   Nixdorf: Vom Absturz eines Computer-Pioniers

Es hätte ein ausgelassener Abend auf der Computermesse Cebit in Hannover werden können. Im „Nixdorf-Saloon" trafen sich Kunden, Geschäftspartner, leitende Mitarbeiter und Journalisten. Eine Band spielte Country-Musik, Bier und Wein flossen reichlich. Für das leibliche Wohl war bestens gesorgt. Und zum Feiern bestand allemal Anlass: Im zurückliegenden Geschäftsjahr hatte der Paderborner Computerhersteller Nixdorf fast vier Milliarden D-Mark Umsatz erzielt und einen Gewinn von 172 Mio. D-Mark ausgewiesen. Nixdorf galt seit den 1970er Jahren als deutsches Vorzeigeunternehmen, als ganzer Stolz der IT-Branche in der Bundesrepublik.

An diesem Abend im März 1986 spielte die Band gerade den Song „Souvenirs, Souvenirs". Es war kurz vor Mitternacht, als die Musiker ihre Darbietung abrupt beendeten und plötzlich Totenstille herrschte im „Saloon" der Nixdorf AG. Kurz zuvor war Firmenchef Heinz Nixdorf infolge eines Herzinfarkts zusammengebrochen. Obwohl durch und durch ein sportlicher Typ, litt Nixdorf seit geraumer Zeit an Herzproblemen. Schon Mitte der 1970er Jahre hatte der Unternehmer einen Herzinfarkt erlitten, den er nur dank der schnellen Reaktion seiner Frau überlebte, die ihn sofort in das nächstgelegene Krankenhaus brachte.

Immerhin war Nixdorf also vorgewarnt. Obwohl noch weit vom Ruhestandsalter entfernt, war ihm nach der ersten Herzattacke klar, dass er für den Fall der Fälle seine Nachfolge regeln musste, um nicht sein gesamtes Lebenswerk aufs Spiel zu setzen. Denn er wusste: Die Nixdorf Computer AG, das war zuerst eben er – jener Heinz Nixdorf, der nach abgebrochenem Physikstudium in einer Kellerwerkstatt seine ersten Rechner zusammenschraubte. Einen potenziellen Nachfolger glaubte er in Klaus Luft gefunden zu haben. Er war von dem Uhrenhersteller Kienzle, der sich mit sehr mäßigem Erfolg ebenfalls in der Computerbranche versucht hatte, zu Nixdorf gekommen und hatte unter anderem die Verantwortung für die US-Geschäfte übernommen. Sonderlich erfolgreich war er dabei aber nicht. Immerhin brachte Nixdorfs Engagement in den Vereinigten Staaten, wo multinationale Computerkonzerne wie IBM längst den Ton angaben, dreistellige Millionenverluste ein. Dennoch waren Nixdorf und Luft irgendwie wesensverwandt. Nach dem plötzlichen Tod des Firmengründers stand daher außer Frage, dass Luft die Leitung des Computerherstellers übernehmen würde. Bereits im April 1986 trat er die Nachfolge des verstorbenen Unternehmensgründers an. Zuvor hatte Klaus Luft schon den Vorstand nach seinen Vorstellungen umgebaut.

Die Börse traute der neuen Führungsspitze zunächst eine Fortsetzung der Paderborner Erfolgsgeschichte zu. Am Tag nach dem Tod von Heinz Nixdorf war der Preis der Nixdorf-Aktie zunächst um 23 D-Mark abgestürzt, doch schon wenige Tage später stieg der Kurs wieder deutlich an. Und in der Tat glänzte der neue Vorstandschef zunächst mit Erfolgszahlen. Im Jahr 1987 kletterte der Umsatz der Nixdorf AG auf über fünf Milliarden D-Mark. Weltweit beschäftigte das Unternehmen über 30.000 Mitarbeiter. Als im Jahr 1988 das Börsenbarometer Dax, in dem die wichtigsten und größten deutschen Aktiengesellschaften zusammengefasst sind, aus der Taufe gehoben wurde, gehörte Nixdorf selbstverständlich zu diesem erlauchten Kreis. Doch dann begann unversehens der Niedergang. Ende 1989 setzte der Aufsichtsrat – völlig entsetzt angesichts riesiger Verluste im operativen Geschäft – den Nixdorf-Nachfolger Klaus Luft vor die Tür. Es war der Anfang vom Ende einer stolzen Marke, die allerdings nicht vollständig untergehen sollte.

Erzählen wir die ganze Geschichte: Heinz Nixdorf, ein damals 27-jähriger mittelloser Physik-Student und Sohn eines Bahnarbeiters, gründete in den Kellerräumen der Rheinisch-Westfälischen Elektrizitätswerke (RWE) am 1. Juli 1952 das „Labor für Impulstechnik" (LFI). Als Werkstudent des US-amerikanischen Büromaschinenherstellers Remington Rand Corporation hatte Nixdorf an der Entwicklung von Multiplikations- und Saldiermaschinen mitgewirkt. Das Management des Unternehmens wollte jedoch dieses Rechnerprojekt nicht mehr weiterverfolgen. Zu klein sei der Interessentenkreis, hieß es damals. Welch eine grandiose Fehleinschätzung. Der junge Heinz Nixdorf war allemal klüger als seine Chefs und erarbeitete das Konzept eines Elektronenrechners auf Rundfunkröhrenbasis. Natürlich war er sich darüber im Klaren, dass er einen starken Partner brauchte, um diese Idee umzusetzen. Einen Partner, der die neuen Rechner selbst in großem Umfang einsetzen konnte. Nixdorf stellte seine Idee mehreren Großunternehmen vor, doch das Interesse blieb zunächst gering. Manche der älteren Herren hielten den Studienabbrecher für einen Spinner, der ihnen nur die Zeit stahl. Bei den Rheinisch-Westfälischen Elektrizitätswerken war der junge Entwickler erfolgreicher. Das Unternehmen stattete ihn nicht nur mit einem Entwicklungsauftrag von 30.000 D-Mark aus, vielmehr durfte er sich in den Kellerräumen des Energieversorgers sein Labor einrichten. Wie gesagt, Nixdorf ging bereits Mitte 1952 an den Start – zu einer Zeit, als das kalifornische Computer-Dorado Silicon Valley noch ein Schattendasein fristete. Bill Gates sollte erst gut drei Jahre später in Seattle geboren werden. Als „Untermieter" bei RWE baute Nixdorf seinen ersten Rechner zusammen und lieferte ihn an die Buchhaltung seines Auftraggebers aus. War Nixdorf mit seinem jungen Start-up-Unternehmen zunächst exklusiv für RWE tätig, so machte er sich in kurzer Zeit auch bei den führenden Büromaschinenherstellern einen Namen. Nixdorf belieferte zum Beispiel die Exacta Büromaschinen GmbH, die ab 1963 zu den Wanderer-Werken gehörte, einem damals führenden Hersteller von Fahrrädern, Motorrädern, Autos und eben Büromaschinen. Nixdorf, der bald größere Räumlichkeiten in Paderborn anmietete, entwickelte einen Elektronenrechner nach dem anderen, darunter ausgesprochene Innovationen wie den ersten elektronischen multiplizierenden Buchungsautomaten Multitronic 6.000 und den Wanderer Conti, den ersten Tischrechner mit integriertem Drucker. Das Unternehmen expandierte rasch und eröffnete ein zweites Werk in Berlin.

Im Jahr 1968 kaufte Nixdorf für 17,2 Mio. D-Mark die Wanderer-Werke und damit seinen bis dahin größten Kunden. Diese für ein zwar erfolgreiches, aber noch junges Unternehmen hohe Investition zahlte sich im wahrsten Sinne des Wortes aus. Vielleicht war diese Akquisition sogar der wichtigste Grundstein für den späteren Aufstieg Nixdorfs zu einem der größten Computerhersteller in Europa. Denn mit dem Erwerb der Wanderer-Werke verfügte das Unternehmen nicht nur über eine leistungsstarke Entwicklungs- und Produktionsabteilung, sondern zudem über eine erfahrene Vertriebseinheit. Böse Zungen sollten später behaupten, der Computerhersteller wäre schon wesentlich früher gescheitert, wenn nicht ein schlagkräftiger Vertrieb es geschafft hätte, selbst technisch eigentlich schon überholte Rechner zu verhökern.

Am 1. Oktober 1968 erfolgte die Verschmelzung des Labors für Impulstechnik und der Wanderer-Werke zur Nixdorf Computer AG. Nixdorf, der engen Kontakt zum deutschen Computer-Pionier Konrad Zuse hielt, war sich ungeachtet seiner in der Tat spektakulären Erfolge aber gewiss, dass er gegen Großunternehmen wie IBM kein Chance haben würde. Er musste also eine Nische besetzen, die für den Massenproduzenten aus den USA nicht sonderlich attraktiv war. Nixdorf konzentrierte sich auf kleinere und mittelständische Betriebe, die für die Großrechner von IBM keine Verwendung hatten. Ihnen verkaufte der gewiefte Paderborner Unternehmer den modular aufgebauten Computer Nixdorf 820, der auch für den dezentralen Einsatz geeignet war. Die mittelständischen Unternehmen konnten damit die Vorteile der Elektronischen Datenverarbeitung nutzen, ohne erhebliche Summen in zentrale Großrechner investieren zu müssen. Aber auch Großunternehmen zählten bald zu Nixdorfs Kunden. Sie setzten den 820 in ihren Auslands-Niederlassungen ein, die nicht an die Großrechner in den Konzernzentralen angeschlossen waren.

Im Jahr 1968 hatte die Nixdorf Computer AG einen Umsatz von 100 Mio. D-Mark erzielt. Ein hervorragendes Ergebnis, für Nixdorf aber allenfalls ein Ansporn, noch besser zu werden. Der auch sportlich engagierte Unternehmer brachte seine Maxime einmal sehr prägnant auf den Punkt: „Selbstzufriedenheit ist ein Luxus, den wir uns nicht leisten können." Und 100 Mio. D-Mark Jahresumsatz waren kein Anlass zur Selbstzufriedenheit. Im Gegenteil, Nixdorf gab das Ziel vor, innerhalb von zehn Jahren das Fünffache, also 500 Mio. D-Mark, umzusetzen. Heinz Nixdorf lag – was selten vorkam – daneben. Denn tatsächlich verzehnfachte sich der Umsatz im genannten Zeitraum auf rund eine Milliarde D-Mark.

Was Nixdorf auszeichnete, war eine große Souveränität im Umgang mit seinen Konkurrenten. Er bezeichnete den Wettbewerb einmal als „Quell des Vergnügens". Und in einem Vortrag im Bundeskartellamt im Jahr 1985 erklärte Nixdorf wörtlich: „Mir geht es wirklich nicht darum, dass ein Konkurrent Nachteile hat. Ich, in gewisser Weise, liebe die Konkurrenten, denn sie erhalten uns frisch. Ich liebe den Wettbewerb auch im täglichen Leben… Mein Wettbewerber darf also nicht geschädigt werden. Aber es muss dafür gesorgt werden, dass alle Wettbewerber nach gleichen Regeln antreten können."

Nixdorf brauchte zumindest seine Wettbewerber in Europa nicht allzu sehr zu fürchten. In den 1970er Jahren avancierte das westfälische Unternehmen zum deutschen Marktführer im Bereich der sogenannten Mittleren Datentechnik und zum viertgrößten Computerhersteller in Europa. Gefertigt wurde in Deutschland, Irland, Spanien, in den USA und

Singapur. Mitte der 1970er Jahre kam eine neue Generation von Datenerfassungs- und Datenverarbeitungssystemen auf den Markt – die Reihe 88XX. Die Datenerfassung erfolgte nun nicht mehr umständlich per Lochkarten, sondern mithilfe von elektromagnetischen Bändern. Erstmals wurde leise Kritik am scheinbar genialen deutschen Computerkönig laut: Die neuen Systeme seien viel zu spät gekommen. Zu lange hätten die Kunden auf das Nachfolgemodell des Nixdorf 820 warten müssen. Doch diese Kritik verstummte angesichts sehr guter Verkaufszahlen relativ schnell wieder, ebenso wie erste Gerüchte über Liquiditätsengpässe angesichts der rasanten Expansion des Unternehmens.

Die mittelständischen Kunden hielten Nixdorf die Treue, wohl nicht zuletzt deshalb, weil die meisten von ihnen in Sachen EDV eher unbedarft waren und das Beratungs- und Betreuungsangebot der Firma Nixdorf dankend annahmen. Doch allein auf den Mittelstand wollte der Paderborner dann doch nicht setzen. Er entwickelte und baute vielmehr Schalter-Terminals, Geldausgabeautomaten und Computer-Kassen für Banken. Eine Entscheidung übrigens, die dafür sorgte, dass die Marke Nixdorf nicht völlig untergehen sollte. Doch davon später mehr. Schon im Jahr 1970 waren die ersten Nixdorf-Bankterminals bei einer deutschen Bankengruppe installiert worden. Das Unternehmen verkaufte im ersten Jahr 290 Stück. Vier Jahre später waren es schon rund 48.000 Geräte.

Das US-amerikanische Computer-Magazin „Datamation" setzte die Nixdorf AG 1984 auf Platz 21 der größten Elektrounternehmen der Welt. Ein gutes Ergebnis, wenn man bedenkt, dass Mannesmann-Kienzle, seinerzeit einer der größten Wettbewerber in Deutschland, auf Platz 60 landete. Japanische Experten bescheinigten Nixdorf, er habe sich mit viel Energie von Stufe zu Stufe hochgearbeitet und sei immer in die nächst höhere Liga aufgestiegen. Nixdorf sei kontinuierlich besser und größer geworden, urteilten die japanischen Wettbewerber anerkennend.

Dabei hatte es in den Jahren zuvor durchaus Phasen gegeben, in denen die Medien die scheinbar nicht enden wollende Erfolgsstory Nixdorfs kritisch hinterfragten. Als der Paderborner Unternehmer Ende 1972 die Übernahme der Victor-Computerdivision bekannt gab, warnte zum Beispiel die *Frankfurter Rundschau*, Nixdorf riskiere, den Bogen zu überspannen. Bis zu diesem Zeitpunkt habe sein Konzern floriert. Nun aber solle weiteres Florieren offenkundig erzwungen werden. Tatsächlich war die Finanzlage damals angespannt. Nixdorf suchte nach neuen Wegen, um noch mehr mittelständische Unternehmer als Kunden gewinnen zu können. Er traf sich mit einem der damals bekanntesten deutschen Banker: Ludwig Poullain, Vorstandsvorsitzender der Westdeutschen Landesbank (heute WestLB) und für gute Geschäfte immer zu haben. Nixdorf erzählte ihm von seinem Plan, eine neue Gesellschaft zur Vermietung von Computern zu gründen. Kleinere und mittelgroße Unternehmen sparten somit den hohen Investitionsaufwand zur Anschaffung von EDV-Anlagen, stattdessen zahlten sie eine monatliche Miete. Im Grunde handelte es sich also um ein klassisches Leasinggeschäft. Poullain war von dieser Geschäftsidee überzeugt und unterstützte den westfälischen Unternehmer bei der Gründung der Nixdorf Computer Miete KG. Nixdorf hielt 55 % der Geschäftsanteile, die Westdeutsche Landesbank 45 %. Außerdem räumte das Geldinstitut dem neuen Unternehmen einen Kreditrahmen von 300 Mio. Dollar ein. Das System war einfach: Sobald ein Mietvertrag unter Dach und

Fach war, bestellte die Computer Miete KG den entsprechenden Computer bei Nixdorf und überwies den Kaufpreis, indem man den Kreditrahmen in Anspruch nahm. Der Kunde zahlte fortan eine Miete für die EDV-Anlagen an die neugegründete KG. Die Nixdorf Compter AG generierte mithin Verkaufserlöse, musste den 300-Millionen-Dollar-Kredit aber nicht bilanzieren, denn der stand ja in den Büchern der Computer Miete KG – formal ein eigenständiges Unternehmen.

Das Leasing-Geschäft verschaffte dem Computer-Hersteller aber nur vorübergehend eine Entlastung der angespannten Finanzlage. Ende der 1970er Jahre brauchte die Nixdorf AG dringend frisches Geld. Die enorme Expansion hatte die Liquidität des Computerbauers stark belastet. Die Volkswagen AG unterbreitete das Angebot, sich mehrheitlich an der Nixdorf Computer AG zu beteiligen. Heinz Nixdorf lehnte ab. Er wollte sein Lebenswerk nicht in fremde Hände geben. Da kam ein zweites Angebot wie gerufen: Die Deutsche Bank war bereit, für eine Beteiligung in Höhe von 25 % 200 Mio. D-Mark zu zahlen. Im Jahr 1984 ging die Nixdorf AG an die Börse und erlöste rund 300 Mio. D-Mark, wenig später spülte die Emission von Bezugsrechten weitere 700 Mio. in die Firmenkasse. Mithilfe dieser Mittel baute Nixdorf ab Mitte der 1980er Jahre seine in- und ausländischen Produktionskapazitäten weiter aus. Das Paderborner Unternehmen startete ab Mitte der 1980er Jahre noch einmal richtig durch. Am Ende des Jahres 1985 war der Umsatz auf knapp vier Milliarden D-Mark und der Jahresüberschuss gegenüber dem Vorjahr um sage und schreibe 43 % auf 173 Mio. D-Mark gestiegen. Die Produktionskapazitäten in Paderborn, Berlin, Irland und Singapur wurden weiter ausgebaut. Heinz Nixdorf schien sein Ziel, im Jahr 1987 fünf Milliarden D-Mark zu erwirtschaften, zu erreichen. Er selbst erlebte es freilich nicht mehr. Nixdorf starb, wie eingangs erwähnt, am 17. März 1986 auf der Cebit in Hannover.

Seinem Nachfolger Klaus Luft gelang es dann tatsächlich, die Fünf-Milliarden-Umsatz-Hürde zu überspringen. Danach freilich ging es steil bergab. Die Schwächen des Konzerns, die der charismatische Nixdorf noch mit Ideen und verkäuferischem Geschick zu kompensieren verstand, wurden nun offenkundig. Nixdorf war nicht nur chronisch knapp bei Kasse, sondern hatte vor allem wichtige Markttrends regelrecht verschlafen. Außerdem setzte ein rasanter Preisverfall auf dem aggressiv umkämpften Massenmarkt der Mittleren Datentechnik ein. Nach knapp dreieinhalb Jahren an der Spitze der Nixdorf Computer AG wurde Vorstandschef Klaus Luft vom Aufsichtsrat „mit sofortiger Wirkung" entlassen. Doch auch damit war das Unternehmen angesichts erheblicher Verluste im operativen Geschäft nicht mehr zu retten. Im Herbst 1990 war Nixdorf insolvent.

Am 1. Oktober 1990 übernahm Siemens die Mehrheit der Nixdorf-Stammaktien. Zwei Jahre später kaufte der Konzern die restlichen Anteile und gliederte die Siemens Nixdorf Informationssysteme AG (SNI) komplett in die Siemens AG ein. Doch die Integration misslang. Im Jahr 1999 wurde Nixdorf zerschlagen. Die SNI gründete zusammen mit dem japanischen Technologiekonzern Fujitsu unter dem Markennamen Fujitsu Siemens Computers ein Joint Venture. Zum 1. April 2009 verkaufte schließlich Siemens seine restlichen Unternehmensanteile an Fujitsu.

Obgleich also Nixdorf seit 1990 nicht mehr als eigenständiges Unternehmen existiert, blieb der Markenname in dem bis heute erfolgreichen Segment Geldautomaten und Kassensysteme erhalten. Dieser Geschäftsbereich wurde nämlich im Oktober 1999 aus dem Siemens-Konzern herausgelöst und von den Kapitalbeteiligungsgesellschaften Goldman Sachs Capital Partners und Kohlberg Kravis Roberts übernommen. Das Unternehmen firmierte nun unter dem Namen Wincor Nixdorf International GmbH. Mitte 2004 kam der Hersteller von Geldautomaten, Kassensystemen und Leergutautomaten an die Frankfurter Börse. Zumindest dieses Unternehmen konnte bis heute die mit der Marke Nixdorf verbundene Erfolgsgeschichte fortschreiben.

Resümee: Vom anfänglichen Erfolg narkotisiert

Nixdorf war nicht nur der erfolgreiche Computerbauer, sondern überdies ein begabtes PR-Genie in eigener Sache. Obwohl längst zum Konzernchef aufgestiegen, gab er sich als gediegener Mittelständler, der sich mit Freunden schon mal zu Skatrunden traf. Sein Auftreten war stets stilsicher. Keine Spur von Großmannssucht, die manchen seiner Kollegen eigen war. Dennoch liebte er offene und mitunter drastische Worte. Wenn sein cholerisches Temperament mit ihm durchging, mussten sich seine Mitarbeiter schon mal als „Arschlöcher" beschimpfen lassen. In einer Podiumsdiskussion warf Nixdorf dem damaligen Postminister Christian Schwarz-Schilling vor, sein Unternehmen beschäftige „500.000 Lahmärsche". Seinen deutschen Landsleuten bescheinigte Nixdorf, zu wenig zu arbeiten, zu viel Urlaub zu machen und zu oft krank zu feiern.

Damit traf er offenkundig den Nerv seiner mittelständischen Klientel. Diese Kunden überzeugte er nicht nur mit Worten, sondern mit maßgeschneiderten und verständlichen IT-Lösungen. Nixdorf hatte den Ehrgeiz, für jeden Kunden eine individuelle Lösung zu finden. Das machte das Unternehmen im Segment der Mittleren Datentechnik anfangs so erfolgreich. Es etablierte sich in einem Bereich, der für Großkonzerne wie IBM zunächst nicht interessant war. Der Erfolg schien indessen eine geradezu narkotisierende Wirkung zu entfalten. So verpasste das Unternehmen den Siegeszug der kleinen Personalcomputer. Massenware war nicht nach dem Geschmack von Heinz Nixdorf. Lange Zeit hielt das Unternehmen zudem an frühen Erfolgsmodellen wie dem Nixdorf 820 fest. Die starke Expansion des Konzerns belastete darüber hinaus immer wieder die Liquiditätslage.

Dennoch steht die Marke Nixdorf bis heute synonym für einen der deutschen Computer-Pioniere. Die Entscheidung, neben der Computerproduktion auch Geldautomaten, Kassensysteme und Leergutautomaten zu bauen, erwies sich im Nachhinein als unternehmerisch weitsichtig. Immerhin sorgt dieses Segment dafür, dass der Markenname Nixdorf trotz der Pleite des Computerherstellers überlebte.

2.3.4   Commodore: Computer für alle

„Wer den Computer bisher aus Kostengründen scheute, kann ihn sich jetzt aus Kostengründen leisten!" Mit diesem Slogan warb der Computer-Hersteller Commodore Ende der 1970er Jahre für seine vielbeachtete Innovation auf dem heiß umkämpften Markt für

Homecomputer: PET hieß der Rechner, den sich auch Privatleute leisten konnten. Die Abkürzung stand für Personal Electronic Transactor. Wer sich dieses recht klobig anmutende Gerät zulegen wollte, musste in Deutschland damals 2.900 D-Mark zahlen. Dafür bekam er einen Computer mit stabilem Metallgehäuse und integriertem Bildschirm. PET erinnerte, was das Design angeht, eher an eine Registrierkasse denn an einen Computer. Nein, einen Schönheitspreis konnte Commodore damit nicht gewinnen. Dafür überzeugte PET mit seinen „inneren Werten". Die Nutzer konnten zum Beispiel ihre Daten auf handelsüblichen Musikkassetten abspeichern. Die damals noch relativ teuren Disketten wurden nicht benötigt. Der PET der zweiten Generation wies überdies einen RAM-Speicher von 8 kb auf – doppelt so viel wie die frühen Apple-Computer. Vor allem aber waren die Rechner von Apple deutlich teurer als der PET, der wegen seines Namens im englischen Sprachraum bisweilen auch als „elektronisches Haustier" bezeichnet wurde.

Der Preis war fester Bestandteil des Markenkerns von Commodore: „For the masses, not the classes", so lautete das Motto von Firmengründer Jack Tramiel („Für die Massen, nicht für Klassen"). Einfach ausgedrückt: Der im polnischen Lodz geborene Tramiel wollte Computer für alle. Und dieses Ziel hat er weitgehend erreicht. Viele, für die heute die tägliche Arbeit am Computer eine routinemäßige Selbstverständlichkeit ist, unternahmen ihre ersten Versuche in den 1970er und vor allem in den 1980er Jahren mit einem Commodore. Fast schon legendär ist bis heute der Commodore Amiga, der 1985 vorgestellt wurde. Insbesondere der Amiga 500 erwies sich schnell als Bestseller.

Manche Modelle aus dem Hause Commodore sind heute ein Vermögen wert. „Zu den richtig teuren Geräten zählt der Commodore C65, der aufgrund der Commodore-Insolvenz über das Prototypenstadium nicht hinauskam", weiß Andreas Paul vom „Verein zum Erhalt klassischer Computer". Vor ein paar Jahren wechselte ein solcher Rechner über Ebay seinen Besitzer. Für diesen Computer-Oldie zahlte der Käufer mehr als 6.000 €, das entspricht fast dem Zwanzigfachen des Preises, zu dem diese nie in Serie produzierten Modelle einst angeboten wurden. Schätzungen zufolge, gibt es weltweit nur noch 250 Geräte dieses Modells, allesamt fest in Sammlerhänden.

Für die heute 40- bis 50-Jährigen sind Commodore-Computer die klassischen Geräte ihrer Jugend. Und deshalb ist dieser Markenname auch viele Jahre nach der Insolvenz des Unternehmens immer noch Kult. Manche vergleichen den langjährigen Commodore-Chef Tramiel sogar mit Henry Ford, der mit seinem „Modell T" den Autokauf für viele erschwinglich machte. Ebenfalls nach der Maxime „For the masses, not the classes".

Doch Jack Tramiel war alles andere als ein schöngeistiger Visionär. Er fühlte sich wohl auch nicht als Revolutionär, der mit preisgünstigen und leistungsstarken Rechnern den Computermarkt demokratisieren wollte. Ihm ging es schlicht ums Geschäft. Tramiel war ein Haudegen unter den US-Unternehmern. Geschäfte seien wie Kriege, sagte er einmal martialisch. Und er ließ keinen Zweifel daran, dass er sich selbst als Krieger fühlte. Widerspruch duldete Tramiel nicht, er führte seiner Firma vielmehr nach Gutherrenart. Seinem Erzrivalen, dem damaligen Apple-Chef Steve Jobs, empfahl er einmal, er möge seinen

Macintosh in Schönheits-Boutiquen verkaufen. Hier Jack Tramiel – dort Steve Jobs, unterschiedlicher können Charaktere kaum sein.

Im Jahr 1928 in Polen als Jacek Trzmiel geboren, kam der spätere Jack Tramiel schon als Elfjähriger ins Lodzer Getto, danach ins Konzentrationslager Auschwitz und schließlich ins Arbeitslager Hannover-Ahlen. Noch in Hannover heiratete er die KZ-Überlebende Marie Helen Goldgrub. Beide emigrierten in die Vereinigten Staaten. Das Paar änderte dort seinen Familiennamen in Tramiel.

In den USA verdiente Jack Tramiel sein Geld zunächst mit der Reparatur von Schreibmaschinen. Immerhin liefen die Geschäfte so gut, dass er sich schon bald selbstständig machte. Später verlegte er seinen Geschäfts- und Wohnsitz nach Kanada. In Toronto hob er die Firma Commodore International aus der Taufe und importierte fortan aus der damaligen Tschechoslowakei preiswerte Werkstücke, die er zu Schreibmaschinen „Made in Canada" zusammenbaute. Als Ende der 1950er Jahre zunehmend billige Schreibmaschinen aus Japan auf den Markt kamen, produzierte Tramiel verstärkt mechanische Addiermaschinen. Doch auch auf diesem Markt erwuchs ihm bald harte Konkurrenz aus Japan. Irving Gould, größter Investor bei Commodore, schickte Tramiel nach Japan, um sich dort zu neuen Produkten inspirieren zu lassen. Er kehrte zurück mit vielen Ideen im Gepäck. Digital-Armbanduhren wollte Tramiel produzieren, Schachcomputer, Telespiele – und elektronische Taschenrechner.

Erfolgreich war das Unternehmen dann in erster Linie mit seinen Taschenrechnern. Das erste Modell – der Commodore C 110 – beherrschte nur die vier Grundrechenarten und wog satte 340 Gramm. Zur Herstellung dieses Rechners war Commodore allerdings auf Mikrochips von Texas Instruments angewiesen. Die Zusammenarbeit funktionierte anfangs recht gut, und mit dem C 110 erzielte die wirtschaftlich angeschlagene Firma Commodore ansehnliche Umsätze. Doch der geschäftliche Erfolg blieb natürlich auch dem Zulieferer Texas Instruments nicht verborgen, immerhin orderte Commodore Mikrochips in immer größeren Mengen. Das brachte Texas Instruments auf die Idee, eigene Taschenrechner herzustellen. Aufgrund der Kostenvorteile – das Unternehmen brauchte die Mikrochips nicht einzukaufen – waren die Rechner des ehemaligen Commodore-Zulieferers außerordentlich günstig. Sie kosteten etwas mehr als 50 US-Dollar, was seinerzeit rund 200 D-Mark entsprach. Jack Tramiel soll vor Wut geschäumt haben. In der Branche sprach mancher bereits von einem „Calculator War", also einem Taschenrechnerkrieg. Commodore schien in diesem Krieg den Kürzeren zu ziehen. Die Rechner dieses Unternehmens waren viel zu teuer und erwiesen sich mehr und mehr als unverkäuflich. Bald saß Tramiel auf einem wahren Berg von teuren Taschenrechnern. Das Unternehmen geriet in eine Existenz bedrohende Krise und wäre vielleicht damals schon zusammengebrochen, hätte nicht Irving Gould mehr als drei Millionen US-Dollar investiert. Gould galt als graue Eminenz, die nur darauf wartete, die alleinige Herrschaft über Commodore zu übernehmen. Er hatte, was Tramiel allzuoft fehlte – das nötige Geld.

Goulds Finanzspritze kam für Commodore gerade recht, um für rund 800.000 US-Dollar den amerikanischen Halbleiterhersteller MOS Technology übernehmen zu können.

Eine kluge Entscheidung von Jack Tramiel, denn damit sicherte sich das Unternehmen nicht nur die zuverlässige Lieferung von Chips für günstige Taschenrechner. Vielmehr kam durch diese Akquisition auch der Ingenieur Chuck Peddle zu Commodore und übernahm dort die Leitung der Entwicklungsabteilung. Möglicherweise hätte Commodore niemals Computer produziert, wäre da nicht eben Chuck Peddle gewesen. Er überzeugte Tramiel davon, in den Markt für Mikrocomputer einzusteigen. Und das Ergebnis war der eingangs erwähnte Commodore PET, der erste Computer übrigens, der sogar von Großversandhäusern vertrieben wurde. Der Erfolg dieses Rechners war so groß, dass Commodore phasenweise mit der Produktion nicht mehr nachkam. Wer einen PET wollte, musste bei Bestellung sofort zahlen – und sich anschließend mehrere Monate gedulden.

Begeistert von diesen Verkaufserfolgen, brachte Commodore in rascher Folge weitere Modelle für unterschiedlichste Ansprüche auf den Markt, darunter die Serien 3001, 4001 und 8001. Im Jahr 1983 erzielte das Unternehmen bereits einen Umsatz von einer Milliarde US-Dollar. Doch dieser offenkundige Erfolg rief auch die mächtigen Mitbewerber auf den Plan. Der Computerriese IBM stellte 1981 der IBM PC vor, zwei Jahre später folgte der IBM PC jr.

Während Commodore zu einer gefragten Marke aufstieg, knirschte es intern heftig im Gebälk. Chefentwickler Chuck Peddle, der eigentliche „Vater" des PET, wollte Commodore mit hochwertigeren Geräten auf Augenhöhe mit dem Erzrivalen Apple positionieren. Tramiel hingegen träumte von einem Billig-Computer für jedermann – und setzte sich damit durch. Peddle warf daraufhin das Handtuch und gründete die Sirius Systems Technology, wo bald einige der talentiertesten ehemaligen Commodore-Ingenieure arbeiteten.

Tramiel wiederum brachte mit seinem VC 20 einen echten Volkscomputer auf den Markt, der alle bis dahin erzielten Verkaufserfolge von Commodore übertraf. Bis zur Produktionseinstellung 1985 wurden weit mehr als zwei Millionen Stück von diesem Modell vertrieben. Einige seiner preiswerten Rechner verkaufte Commodore sogar über den Discounter Aldi. Als weiterer Kassenschlager sollte sich der 1982 vorgestellte C 64 erweisen, der zwar teurer war, aber die Nutzer mit seiner Grafik- und Musikfähigkeit überzeugte. In den Folgejahren verkaufte Commodore über 22 Mio. des C 64 und brachte somit den Homecomputermarkt weitgehend unter seine Kontrolle.

Schon bald geriet Commodore aber an Kapazitätsgrenzen. Nur mit großer Mühe konnte man den vielen Bestellungen nachkommen. Außerdem klagten die User über Qualitätsprobleme, was deutliche Schatten auf die Reputation des Unternehmens und seiner Produkte warf. Zudem tobte hinter den Kulissen ein Machtkampf zwischen Irving Gould und Jack Tramiel. Beide galten als ziemlich rücksichtslose Geschäftsleute und waren in den Jahren ihrer Zusammenarbeit keineswegs zu Freunden geworden – eher im Gegenteil. Gould ging als Sieger aus dieser Auseinandersetzung hervor. Im Januar 1984 gab Tramiel bekannt, er werde Commodore verlassen. Als Nachfolger setzte Gould schon wenig später Marshall F. Smith ein.

Mit Jack Tramiel verließen zahlreiche seiner Gefolgsleute Commodore. Die meisten von ihnen arbeiteten später für den Computerhersteller Atari, den Tramiel mit den Erlösen aus dem Verkauf seiner Commodore-Aktien erworben hatte. Gemeinsam brachten sie 1985 den Atari ST auf den Markt – und Commodore in Schwierigkeiten. Darüber hinaus entwickelte das Unternehmen unter Jack Tramiels Leitung einen neuen billigen Laserdrucker. Trotz dieser Innovationen gelang es jedoch nicht, diese Marke bei den professionellen Anwendern zu etablieren. Im Jahr 1996 verkaufte Tramiel sein Unternehmen an den Festplattenhersteller JTS.

Commodore hingegen stand vor seinem bislang größten Erfolg. Nach der Übernahme der in erhebliche wirtschaftliche Schwierigkeiten geratenen Firma Amica gelang Commodore mit dem 1985 vorgestellten und ein Jahr später auch in Deutschland eingeführten Commodore Amiga 1000 ein weiterer Durchbruch. Der Rechner kostete ohne Monitor allerdings damals noch 2.000 D-Mark. Im Jahr 1987 folgten der Amiga 500 für den Heimcomputermarkt und der Amiga 2000 für die professionelle Nutzung in Unternehmen. Während sich der A 2000 im Wettbewerb mit IBM sehr schwer tat, stieg der kleine Bruder A 500, der bei vielen privaten Usern ausgesprochen begehrt war, schnell zu einem Bestseller auf.

Obwohl die Verkaufszahlen des A 2000 dem Management hätten zu denken geben müssen, hielten die neuen Commodore-Chefs an ihrem Ziel fest, stärker auf die teureren und von Business-Kunden nachgefragten Personal Computer (PC) zu setzen. Tramiels Devise „For the masses, not the classes" sollte plötzlich nicht mehr gelten. „Commodore war seit der Ära Tramiel ein Computerkonzern gewesen, der auf Massenware setzen musste. Eine Abkehr von diesem Grundsatz konnte nur fatal enden", schreibt Boris Kretzinger in seinem Buch „Commodore – Aufstieg und Fall eines Computerriesen".

Dass Commodore nicht schon früher in finanzielle Turbulenzen geriet, ist sicher der Tatsache geschuldet, dass der kleine Amiga 500 viel Geld in die Kassen des Unternehmens spülte. Von einem regelrechten „Amiga-Fieber" war die Rede. Der A 500 war für viele der heute 40- bis 50-Jährigen der ganz persönliche Einstieg ins private Computer-Zeitalter. Die Rechner A 500 sowie A 1200 sicherten Commodore ansehnliche Umsätze. Fatal nur, dass auf der anderen Seite Riesensummen in die Entwicklung von leistungsstarken Profi-Computern investiert wurden. Auf diese Weise wurde viel Geld verbrannt. Als das Management endlich diese Fehler erkannte und mit dem Amiga wieder stärker auf den Heimcomputer- und Spielcomputer-Markt setzen wollte, war es bereits zu spät. Im Frühjahr 1994 begannen die ersten Tochterunternehmen, wie etwa Commodore Australien, ihren Betrieb einzustellen. Am 29. April 1994 beantragte die Muttergesellschaft Commodore International Limited offiziell die Liquidation.

An würdigenden Nachrufen mangelte es nicht. Commodore sei an der PC-Revolution maßgeblich beteiligt gewesen, lobte die Fachpresse. Kein anderer Hersteller – nicht einmal Apple – habe so viel für die Popularisierung des Computers getan wie eben Commodore. Kein Zweifel, die Marke Commodore verknüpfte sich mit Emotionen. Bis heute schwelgen manche in Erinnerungen an ihren ersten Homecomputer.

So konnte es auch nicht überraschen, dass der Markenname Commodore ein Jahr nach der Insolvenz des Unternehmens einen Käufer fand. Es war der deutsche Computerhersteller Escom. Dessen Gründer und Geschäftsführer Manfred Schmidt hatte einst selbst in leitender Position bei Commodore gearbeitet. Der Erwerber teilte Commodore und

Amiga in zwei Tochtergesellschaften der Escom AG auf – in die Commodore B.V. und die Amiga Technologies GmbH. Während die von Commodore entwickelten Computer Amiga 1200 und 4000 T weiter produziert wurden, versah Escom eigene Rechner mit dem verkaufsfördernden Label „Commodore". Escom verkaufte seine Computer damals in erster Linie über das Großversandhaus Quelle.

Schnell zeigte sich indessen, dass der neue Eigentümer der Marken Commodore und Amiga wirtschaftlich viel zu schwach auf der Brust war, um auf dem heißumkämpften PC-Markt dauerhaft bestehen zu können. Im Jahr 1996 musste Escom Konkurs anmelden. Die Marken Commodore und Amiga standen wieder zum Verkauf. Dieses Mal griff der niederländische Computerhersteller Tulip zu. Doch zur Überraschung der Branche und vieler Commodore-Fans brachte Tulip nicht etwa neue Computer auf den Markt, sondern vertrieb unter dem neu erworbenen Label lediglich billige Zubehörteile, wie etwa Computer-Mäuse. Erst im Jahr 2003 gab der niederländische Hersteller bekannt, die Marke Commodore wiederbeleben zu wollen. Doch sehr erfolgreich waren die Niederländer dabei nicht. Schon ein Jahr später verkauften sie die Commodore B.V. an Yeahronimo Media Ventures, die seit 2012 als Markenagentur unter dem Namen Commodore Licensing B.V. firmiert. Im August 2010 gab das Start-Up-Unternehmen Commodore USA bekannt, die weltweiten Lizenzrechte für bisherige Commodore-Marken erworben zu haben, vor allem für den C 64 und Amiga Computer. Am 22. März 2012 begann der Verkaufsstart des neuen Amiga Mini.

Fazit: Der Markenname ist geblieben, doch das dahinter stehende Unternehmen, das einst sogar Mitbewerber wie IBM und Apple das Fürchten lehrte, ist längst ein abgeschlossenes Kapitel in der langen Computer-Geschichte. Commodore-Gründer Jack Tramiel starb am Ostersonntag des Jahres 2012 in Monte Sereno (Kalifornien) im Alter von 83 Jahren.

Resümee: Konzeptionelle und finanzielle Schwächen

Neben seinem ruppigen Führungsstil, mit dem Tramiel viele talentierte Mitarbeiter aus dem Unternehmen trieb und mit ihnen teilweise lange Prozesse führte, wurde im Nachhinein oft das schlechte Marketing von Commodore für den Niedergang des Unternehmens verantwortlich gemacht. Scheinbar konzeptionslos habe sich das Unternehmen immer wieder in fragwürdige Abenteuer gestürzt, hieß es. Als Beispiel hierfür wurde die eigene IBM-kompatible Baureihe genannt, die wiederum die Erlöse aus dem florierenden Amiga-Geschäft weitgehend aufzehrte. Diese Konzeptionslosigkeit verstärkte sich noch, nachdem Jack Tramiel das Unternehmen verlassen hatte. Nicht außer acht gelassen werden darf darüber hinaus, dass Commodore von Anfang an knapp bei Kasse war und schon in der Ära Tramiel mehr als einmal vor der Pleite stand.

Dennoch spielte das Unternehmen bei der „Computisierung" der Massen eine bedeutende Rolle. Und der Markenname hat – ungeachtet aller Turbulenzen – bis heute einen guten Klang.

2.4   Crash-Kurs extreme

2.4.1   Neue Heimat: Zu hoch gebaut

Die Pleite des gewerkschaftseigenen Wohnungsunternehmens Neue Heimat gilt als eine der größten Pleiten der deutschen Wirtschaftsgeschichte der Nachkriegszeit. Außerdem lösten die dunklen Machenschaften der Bosse ein neues gesellschaftliches Misstrauen nicht nur gegenüber den Gewerkschaften, sondern gegenüber der gesamten Gemeinwirtschaft aus. Die Handhabung und auch die (nicht stattgefundene) Aufarbeitung des Ganzen hinterließen bei weiten Bevölkerungsteilen einen bitteren Nachgeschmack. Waren doch dem Empfinden nach gerade diejenigen abgezockt worden, die die Klientel der Gewerkschaften bildeten. Nach dem Neue Heimat-Desaster ging die Zahl der Gewerkschaftsmitglieder spürbar zurück. Das Ansehen der Gewerkschaften litt beträchtlich. Kein Wunder, hatten doch unter anderem auch mangelnde Kontrolle und Aufsicht dazu geführt, dass Albert Vietor und Genossen mehr oder weniger machen konnten, was sie wollten. Und an der Aufsicht war nun einmal die Gewerkschaftsspitze beteiligt. Der DGB-Vorsitzende Heinz Oskar Vetter saß immerhin an der Aufsichtsratsspitze. Nicht wenige Gewerkschafter konnten sich damals nicht vorstellen, dass er von den Machenschaften des Neue Heimat-Vorstands nichts mitbekommen haben wollte.

Am 8. Februar 1982 erschien der *Spiegel* mit dem Titel „Neue Heimat: Die dunklen Geschäfte von Vietor und Genossen". Das markierte den Anfang vom Ende der Neuen Heimat, damals bestehend aus zwei Konzernen, der Neue Heimat Gemeinnützige Wohnungs- und Siedlungsgesellschaft mbH (NH) und der Neue Heimat Städtebau GmbH (NHS). Die Geschäftsführungen unter Vorsitz von Albert Vietor waren identisch. Die NH war mit 28 gemeinnützigen Gesellschaften in allen Bundesländern und West-Berlin präsent. Die NHS war ebenfalls mit Niederlassungen in den Bundesländern vertreten, war aber nicht gemeinnützig. Zu ihr gehörten auch 46 sogenannte Vermögensträgergesellschaften. Die NHS-Tochter Neue Heimat International (NHI) fungierte als Holding für die internationalen Beteiligungen der Gruppe. Die Auslandsbeteiligungen umfassten zwischen 60 und 70 Gesellschaften in ganz Europa, der Schweiz, Brasilien, Mexiko, Venezuela und anderen Ländern. Ein tatsächlich schwer zu kontrollierender Moloch, zumal sich Vietor und seine Vorstandskollegen alle Mühe gaben, ihre dubiosen Geschäfte zu verschleiern.

Hervorgegangen ist die Neue Heimat ursprünglich aus der Arbeiterbewegung beziehungsweise aus dem Allgemeinen Deutschen Gewerkschaftsbund und dem Genossenschaftsgedanken, der in der zweiten Hälfte des 19. Jahrhunderts zunehmend erstarkte. Die Genossenschaften wurden von Teilen der Gewerkschaftsbewegung und der Sozialisten als Übungsfeld für den Sozialismus begriffen. Nach der Wirtschaftskrise in den 1920er Jahren des 20. Jahrhunderts wurde in Hamburg die Gemeinnützige Kleinwohnungsbaugesellschaft Groß-Hamburg (GKB) gegründet. Kurz nachdem Adolf Hitler 1933 zum Reichskanzler gewählt worden war, wurde die GKB wie alle anderen Gewerkschaftsunternehmen der Deutschen Arbeitsfront (DAF) zugeschlagen. 1939 wurden schließlich alle Wohnungsunternehmen der DAF in „Neue Heimat" umbenannt. Nach dem Krieg wurde die

Neue Heimat Hamburg (NHH) von den alliierten Besatzungsmächten beschlagnahmt und erst 1952 dem Deutschen Gewerkschaftsbund (DGB) übergeben. Nach der anfänglichen Beschränkung ihrer Aktivitäten auf Hamburg, kaufte die NHH jedoch im ganzen Bundesgebiet Anteile an zahlreichen Baugesellschaften. 1954 wurden nach einem Beschluss des DGB alle gewerkschaftseigenen Wohnungsunternehmen der NHH unterstellt. Der Großkonzern Neue Heimat war geboren. Unter dem Vorstandsvorsitzenden Heinrich Plett wurden zahlreiche Großwohnsiedlungen errichtet, zum Beispiel München-Bogenhausen, die Gartenstadt Farmsen in Hamburg, die Grünhöfe in Bremerhaven und die Neue Vahr in Bremen. Damals ging es vor allem darum, schnell viel und günstigen Wohnraum zu schaffen, um die Kriegsschäden auszugleichen und der wachsenden Bevölkerung ausreichend Wohnraum bereitzustellen.

1963 starb Plett. Der Lebensmittelkaufmann Albert Vietor, der bereits 1950 zur Neuen Heimat gestoßen war und als Protegé Pletts galt, wurde Vorsitzender der Neuen Heimat, die zu dieser Zeit über einen Bestand von etwa 200.000 Wohnungen verfügte. In den folgenden Jahren zählten zu den Projekten des Konzerns der Mettenhof in Kiel, Osterholz-Tenever in Bremen, die Karlshöhe in Hamburg, Ratingen-West und Neuperlach in München, aber auch Gewerbebauten wie das Elbe-Einkaufszentrum in Hamburg. Ab den 1970er Jahren betätigte sich die Neue Heimat auch bei Altstadtsanierungen, zum Beispiel in Hameln und Stade.

Doch während das Unternehmen vordergründig prosperierte, braute sich hinter den Kulissen bereits das Unheil zusammen. Als Hauptursachen des späteren Zusammenbruchs sehen Experten nämlich nicht in erster Linie die Machenschaften von Vietor und Co., sondern vor allem die Gründung von kommerziellen, nicht gemeinnützigen Tochtergesellschaften in den 1960er Jahren, die Internationalisierung und nicht zuletzt die personelle Verquickung der verschiedenen Gesellschaften. In den 1970er Jahren hatte der Gesamtkonzern eine kaum noch durchschaubare Struktur erreicht. Es wurden Leistungen in fast allen Bereichen des Städtebaus angeboten. Das Konzept vereinte Bau und Betrieb von Wohnungen, Kongresszentren und Hotels und bot eine Leistung aus einer Hand, inklusive Mietgarantien. Mit über 320.000 Objekten war die Neue Heimat die größte Wohnungsbesitzerin in Deutschland. Kein anderes deutsches Unternehmen hat je so viele Wohnungen gebaut wie die Neue Heimat. Insgesamt verwaltete sie über 400.000 Wohnungen. Mit der Rezession in der Bauwirtschaft geriet auch der Gewerkschaftskonzern in die roten Zahlen. Häuser und Wohnungen standen leer. Schon 1981 mussten die Gewerkschaften 100 Mio. Mark zuschießen und 60 Mio. Mark neues Kapital bereitstellen.

Gestolpert sind Vietor und Co. und letztlich der gesamte Konzern vordergründig über eine Kündigung. Der gekündigte Pressesprecher John Siegfried Mehnert begann, Gerüchten über private Machenschaften seiner ehemaligen Chefs nachzugehen. Und er wurde fündig. Seine Erkenntnisse – brisante Akten und Notizen – übergab er dem Nachrichtenmagazin *Spiegel*. Auf insgesamt 14 Seiten berichteten die *Spiegel*-Journalisten daraufhin detailliert über die lukrativen Nebengeschäfte des Neue Heimat-Vorstands. Die Systematik des Betrugs rief erboste Reaktionen bei Gewerkschaftern, Mietern und der Öffentlichkeit hervor. Der Betrug des Vorstands war systematisch und dauerhaft. Er begann schon in den 1960er Jahren. So berichtete der *Spiegel* zum Beispiel über eine Firma, die nur zu dem Zweck gegründet worden war, Häuser billig aufzukaufen und teuer an die Neue Heimat weiterzuverkaufen. Der Gewinn floss in die Taschen der Hintermänner, vier Herren aus der Führungsetage der Neuen Heimat. Auch die Mieter zockten die Herren kräftig ab: Hinter der Firma Tele-Therm standen nach Erkenntnissen des Spiegel ebenfalls Vietor und Genossen. Ungeniert wurde mit überteuerter Fernwärme Kasse gemacht. Selbst bei den Hausantennen wurde Extra-Knete gemacht. Auf der anderen Seite wurde in viele Wohnungen jahrelang nicht investiert, weil die für die Instandhaltung vorgesehenen Pauschalen verwendet wurden, um anderweitig Löcher zu stopfen.

Vietor und seine Kumpane waren sich wohl bewusst, dass das, was sie taten, dubios und keineswegs rechtens war. Der *Spiegel* beschrieb zum Beispiel die „Wölbern Hausbau Gesellschaft". Gründer und Gesellschafter waren die Bankiers Wölbern – Vater und Sohn – sowie Georg Bamberg, Wolfgang Vormbrock und Albert Vietor (alle drei Geschäftsführer der Neuen Heimat Nord). Der Notar protokollierte: „Die Vertragschließenden kommen dahin überein, dass nach außen hin die Gesellschafter Vietor, Bamberg und Vormbrock nicht als Gesellschafter in Erscheinung treten." Das war wohl auch besser so, denn das Unternehmen tat nichts anderes als den Besitz der diskreten Gesellschafter zu mehren. Besonders genial: Sogar die Steuerzahler gaben etwas dazu, denn die privaten Bauherren und Immobilienbesitzer aus dem Vorstand der Neuen Heimat machten kräftig Verluste geltend, so dass sie auch bei der Einkommensteuer Vorteile hatten. Die Vorstände müssen ausgeprägte kriminelle Energie gehabt haben, denn obwohl sie sich über ihre hübsche kleine Firma immer mehr Wohnungen zulegten, hielt Vormbrock im April 1979 brav fest: „Vorstandsmitglieder der NH haben grundsätzlich nicht die Genehmigung, bei Eigentumswohnungen als Bauherr aufzutreten. Das hat sich auch in einem Gespräch, das ich am 2. April mit dem Aufsichtsratsvorsitzenden, Herrn Heinz Oskar Vetter, führen konnte, bestätigt." War den Vorständen aber augenscheinlich egal. Die Gründe für den jahrelangen Betrug können nicht wirtschaftliche Nöte der Beteiligten gewesen sein, denn sie verdienten gut. Bleibt nur noch Gier.

Im *Spiegel*-Artikel wurde am Beispiel der Wölbern Hausbau Gesellschaft detailliert aufgezeigt, wie dreist die Vorstände agierten. Mit ihren Insider-Kenntnissen aus der Neuen Heimat wurden günstig Grundstücke erworben. Die Pläne für Bauprojekte wurden der Neuen Heimat angetragen, die sie dann betreute. Zahllose Angestellte arbeiteten vermutlich, „ohne es zu wissen, an Projekten mit, die vor allem der Vermögensbildung ihrer obersten Vorgesetzten dienten". Der *Spiegel* zeigte jedoch auch, dass nicht alle unwissend waren. Als der Treuhänder Ernst Wölbern 1976 starb, brauchte man einen neuen Strohmann. Architekt Georg Bamberg übernahm diese Rolle fortan für seinen Chef Vietor. Wie einträglich die Nebengeschäfte des Vorstands waren, beschrieb der Spiegel am Beispiel von Vormbrocks Einkommensteuerbescheid von 1978: „Damals verdiente Vormbrock bei der Neuen Heimat 284 767 Mark, hinzu kamen 48 839 Mark aus seinen verschiedenen Aufsichtsrats- und Beiratsposten. Alles in allem hatte das Ehepaar Vormbrock Jahreseinkünfte von 404 057 Mark. Da ginge üblicherweise mehr als die Hälfte an Steuern weg. Aber der NH-Manager besaß eine Reihe von Immobilien, darunter die in Hamburg-Mümmelsmannsberg und mehrere Wohnungen in Berlin, für die er steuerlich Verluste geltend machte, insgesamt 356 587 Mark. So ging die Rechnung mit dem Fiskus zu seinen Gunsten auf. Das Finanzamt Wandsbek stellte eine Einkommensteuerschuld von 4712 Mark fest. Da die Vormbrocks im Laufe des Jahres, insbesondere über den Lohnsteuerabzug, bereits 153 117 Mark gezahlt hatten, ergab sich eine Differenz von 148 405 Mark – die hatte der tüchtige Immobilienfachmann noch aus der Staatskasse zu bekommen."

Wenn man den *Spiegel*-Artikel vom Februar 1982 liest, muss man Vietor und seinen Spießgesellen eines neidlos zugestehen: Sie waren ideenreich, kreativ und äußerst findig. Ein Beispiel, bei dem man sich die Augen reibt, war die Sache mit der Fernwärme. Karl Maximilian Eberhardt, ein ehemaliger Angestellter der Neuen Heimat, Leiter des Vorstandsbüros, hatte sich mit einer kleinen Im- und Exportfirma selbstständig gemacht. 1963 trug ihm Vietor das Geschäft mit der Fernwärme an. Er fungierte als Strohmann für eine Liste von Treugebern, in der sich nicht nur Spitzenmanager der Hamburger Zentrale fanden, sondern auch die mächtigsten Regionalfürsten, darunter Walter Hesselbach, Mitglied im Aufsichtsrat der Neuen Heimat. „Im Sommer 1966 schlossen Vietor und die zehn heimlichen Mitverdiener einen Vertrag zur Gründung der ‚Kommanditgesellschaft teletherm (Lübeck) Gesellschaft für Fernwärme mbH & Co.'", schrieb der *Spiegel*. „Eberhardt hat jahrelang eine ganze Reihe von Tele-Therm-Firmen dirigiert. Und sie alle lieferten Fernwärme für die stetig wachsende Zahl von Wohnblöcken der Neuen Heimat." Übrigens zu Preisen, die manche Mieter an den Rand des Ruins trieben. Im *Spiegel*-Artikel hieß es: „In Berlin argwöhnten Mieter, dass die Neue Heimat oder einige ihrer Mitarbeiter irgendwie an dem Fernwärme-Unternehmen beteiligt seien." Praktisch: Die Mieter der Neuen Heimat mussten mit dem Mietvertrag auch einen Vertrag mit der Heizungsfirma unterschreiben. Die Heizkosten trieb dann die Neue Heimat zusammen mit der Miete ein, und zwar mit Nachdruck. Der *Spiegel* führte als Beispiel dafür die Klage der Neuen Heimat gegen einen Mieter an, der eine Heizkosten-Nachforderung nicht begleichen wollte, aber den Prozess verlor. In Berlin rechneten erboste Mieter aus, dass die Wärmeversorgung über die Tele-Therm unter vergleichbaren Siedlungen am teuersten sei. Sie liege im Schnitt gut 30 % über den Heizkosten anderer Wohnbauten.

Bei all dem Staub und den Ungereimtheiten, der im Laufe der Jahre hin und wieder aufgewirbelt wurde, fragte die Öffentlichkeit damals zu Recht, ob denn wirklich niemand etwas von den Machenschaften der Herren Vorstände mitbekommen hatte. Doch solche Fragen wurden stets als Ketzerei und Angriff auf die Gewerkschaften abgebügelt. Die Gewerkschaften selbst hatten jedoch kläglich versagt. Zu Recht zweifelten die *Spiegel*-Journalisten damals an, dass niemand in der Neuen Heimat wusste, was vor sich ging: „Und die vielen Aufsichtsräte – haben sie alle nichts gewusst oder vermutet? Auch der Vorsitzende des Aufsichtsrates, der DGB-Chef Heinz Oskar Vetter, nicht? Oder warum sagte Aufsichtsrat Walter Hesselbach nichts, langjähriger Chef der gewerkschaftseigenen Bank für Gemeinwirtschaft? Hat er nichts gewusst?"

Nachdem die Bombe im *Spiegel* geplatzt war, handelte der DGB sofort und feuerte alle, die sich persönlich bereichert hatten, inklusive Vietor, der noch bis zuletzt versuchte, seine Privatgeschäfte als legal darzustellen. Ende 1982 gab der neue Vorstandschef Dieter Hoffmann einen Verlust von mehr als 190 Mio. D-Mark bei der Neuen Heimat und 560 Mio. D-Mark bei der Neue Heimat Städtebau bekannt. Den Verlust durch die Privatgeschäfte Vietors bezifferte die Wirtschaftsprüfungsgesellschaft „Treuarbeit" auf 105 Mio. D-Mark. Der zeigte sich jedoch uneinsichtig: „Es ist unwahr, dass durch mich der neuen Heimat ein Schaden zugefügt wurde." Der damalige Bundesbauminister Oscar Schneider bilanzierte im deutschen Bundestag: „Der Fall Neue Heimat ist in der deutschen Wirtschaftsgeschichte einmalig, einzigartig, er ist beispiellos ein Dokument frühkapitalistischer Rücksichtslosigkeit." Tatsächlich war der Skandal um Vietor beileibe nicht der alleinige Grund für den wirtschaftlichen Niedergang des Konzerns, sondern eher Misswirtschaft und Managementfehler. Wie sonst hätten sich die Verbindlichkeiten schon wenige Jahre später auf 16 Mrd. D-Mark belaufen können? Außerdem machte der Konzern bereits acht Jahre vor dem Skandal erste Verluste. Ex-Pressesprecher Mehnert sagte in einem Radiointerview: „Das Auslandsgeschäft spielte die entscheidende Rolle für den Niedergang des Konzerns. Es wurde gebaut in Malaysia und in Afrika und in Südamerika und in den Vereinigten Staaten, in Europa sowieso fast in jedem Land – und man hatte überall Verluste. Und man hatte überall Partner, dubiose Partner, die sich so an der Unwissenheit und an dem Geld der Deutschen reich machten. Es war 'ne Spielbude, ja." Die Neue Heimat versuchte nach dem Skandal einen Teil ihrer Wohnungen zu verkaufen, doch das Umfeld mit fallenden Immobilienpreisen stand dem entgegen. 1986 forderte die SPD öffentliche Zuschüsse für das verschuldete Gewerkschaftsunternehmen, biss jedoch bei der schwarz-gelben Regierung auf Granit. Der Liberale Otto Graf Lambsdorff sagte: „Niemals, meine Damen und Herren, ist der Volksmund so ausdrücklich bestätigt worden in der Steigerungsformel: Eigennutz, Gemeinnutz, Nichtsnutz! Für die FDP-Fraktion sage ich mit aller Deutlichkeit: Nein zu jedem beabsichtigten Griff in öffentliche Kassen!"

Doch die Posse sollte noch besser werden: Am 18. September 1986 verkaufte die Gewerkschaft das Wohnungsbauunternehmen mitsamt Verbindlichkeiten für den symbolischen Preis von einer D-Mark an den Berliner Bäckerei-Unternehmer Horst Schiesser. Der in einer Absichtserklärung festgehaltene Preis von 360 Mio. D-Mark sollte bis 2006 gestundet werden. Der Deal löste in der Öffentlichkeit Unverständnis bis Unglauben aus. Wie sollte ein mittelständischer Unternehmer, der nicht einmal aus der Branche kam, das völlig überschuldete Unternehmen aus der Krise führen, fragte man sich. Letztlich schoben die Banken, die den Sanierungsplan Schiessers nicht akzeptierten, dem Ganzen einen Riegel vor. Am 12. November 1986 wurde der Vertrag rückabgewickelt. Schiesser erhielt nach langen Prozessen eine millionenschwere Abfindung, die angeblich jedoch überwiegend für die Bezahlung seiner Anwälte verloren ging. Am 25. November 1986 wurde dann eine Auffanggesellschaft gegründet und die Neue Heimat zerschlagen. Viele Regionalgesellschaften wurden in der Folge an die Bundesländer verkauft, andere an private Investoren, vor allem in Baden-Württemberg und Bayern.

Die Gewerkschaften fühlten sich von der damaligen Regierungskoalition provoziert. Die Situation eskalierte, als im Oktober 1986 auf dem Gewerkschaftstag der IG-Metall in Hamburg der DGB-Finanzchef Alfons Lappas verhaftet wurde. Als Holdingvorsitzender der übergeordneten Gewerkschaftsholding BGAG sollte er in einem Untersuchungsausschuss aussagen, der sich mit dem Filz bei der Neuen Heimat befasste. Nachdem Lappas jede Aussage verweigert hatte, wurde Beugehaft erwirkt. IG-Metall-Chef Hans Mayr tobte: „Wir fordern die unverzügliche Freilassung von Alfons Lappas. Wir fordern ein Ende – das kann man nicht anders sagen – des schamlosen Schmierentheaters und wir fordern die Rückkehr zu rechtsstaatlichen und sozialstaatlichen Prinzipien unserer Verfassung!" SPD-Kanzlerkandidat Johannes Rau vermutete im Hinblick auf die 1987 anstehende Bundestagswahl niedere Motive hinter dem Aufklärungswillen von CDU, CSU und FDP. Er sagte: „Ich warne davor, wegen billiger und vordergründiger Wahlkampfzwecke, die beinharte Kampagne gegen die deutschen Gewerkschaften fortzusetzen."

Wahrscheinlich kann man CDU, CSU und FDP tatsächlich unterstellen, dass ihnen die Affäre Neue Heimat nicht ungelegen kam. Auf der anderen Seite hatten sich die Gewerkschaften bei der Aufarbeitung der Neue-Heimat-Misere nicht gerade mit Ruhm bekleckert. Zwar wurden die verdächtigen Vorstände sofort entlassen, aber Aufklärung und Selbstkritik waren selten zu hören. Im Gegenteil, man sah sich einer Schmutzkampagne ausgesetzt und mauerte. Im besten Fall versuchte man die Schuld dem geschassten Pressesprecher Mehnert zuzuschieben. Im Mai 1982 sagte DGB-Chef Vetter in Bezug auf Mehnert: „Wir müssen uns einmal plastisch vorstellen, wie anders wir an die Sache hätten herangehen können, wenn diejenigen, die Akten geklaut und verscheuert haben, das was sie wussten, uns, den Aufsichtsgremien unmissverständlich gesagt hätten. Dann sähe die Sache wohl sicher anders aus!" Dafür erhielt er Applaus. Doch man sollte sich fragen: Was hätte es genützt, den Aufsichtsgremien mitzuteilen, was ihnen zumindest teilweise doch sowieso bekannt war? Man erinnere sich an den *Spiegel*-Artikel, nach dem auch Aufsichtsratsmitglied Hesselbach bei der Tele-Therm mitverdient hatte. Und noch eine Frage sei erlaubt: Hätte eine Affäre, wie furchtbar sie auch gewesen sein mag, tatsächlich ein gesundes Unternehmen mit 400.000 Wohnungen, rund 6.000 Mitarbeitern und mehr als 100 Gesellschaften im In- und Ausland, Europas größten Wohnungsbaukonzern, zu Fall bringen können? Kaum. Mehnert lag da wohl eher richtig: Größenwahn, Missmanagement, Manager-Betrügereien und Sanierungsfehler. Übrigens verzichtete Vetter auf diesem Kongress auf eine erneute Kandidatur als DGB-Vorsitzender, nachdem die Presse in verdächtigte, selbst an zwielichtigen Spekulationsgeschäften in Berlin beteiligt gewesen zu sein. „Ich bin es leid, diesen Verdächtigungen ausgesetzt zu sein, bloß – um ein einzelnes Beispiel heraus zu nehmen, weil ich wegen der teuren Sicherheitsvorkehrungen an dem Haus, in dem ich wohne, und die mir die Polizei vorgeschrieben hat, besondere Finanzierungswege suchen musste", rechtfertigte er sich damals.

Vier Jahre nach dem Skandal, im Mai 1986, schrieb Kurt Hirche, Wirtschaftsjournalist und Autor mehrerer Bücher über die Gemeinwirtschaft, in der Wochenzeitung *Die Zeit*: „Zweifellos hat sich in der Gewerkschaftsführung seit 1982 einiges bewegt; doch alles, was bisher getan wurde, hat sich in einem kleinen Kreis von Spitzenfunktionären und Managern abgespielt. Von Einzelmitteilungen abgesehen war ihr Handeln mehr darauf abgestellt, lästigen Fragen auszuweichen und Geschehenes zu verharmlosen oder zuzudecken. Dem kritischen Beobachter drängt sich der Eindruck auf, dass die DGB-Führung den Skandal um die Neue Heimat weder in personeller noch in sachlicher Hinsicht bewältigt hat."

Am Rande erwähnt sei auch noch die „ALLWO". Da das Land Niedersachsen 1986 nicht bereit war, die Wohnungen der Neue Heimat Niedersachsen zu übernehmen, kein privater Investor gefunden werden konnte und auch die Mieter ihre Wohnungen nicht kaufen wollten, gründete die Gewerkschaftsholding BGAG das Wohnungshandelshaus Allwo. Die neue Gesellschaft sollte 8.200 Wohnungen von der NH kaufen und dann einzeln an Kapitalanleger veräußern. Auch hier schwierige Verhältnisse von Anfang an, denn der Kaufpreis, den die Allwo bezahlte, lag um rund 180 Mio. D-Mark über den auf den Wohnungen lastenden Krediten. Mit Hilfe des Strukturvertriebs Heinen und Biege wurden die Wohnungen unerfahrenen Leuten mit geringen und mittleren Einkommen angedreht. Angeblich konnten sie damit Steuern sparen. Die Kredite finanzierte die Bausparkasse Badenia. Ende der 1980er Jahre war das nicht ungewöhnlich und die Allwo mit Heinen und Biege sicherlich nicht die Einzigen, die sich mit der Unerfahrenheit und Dummheit der Leute eine goldene Nase an Schrottimmobilien verdienten, doch das von der Gewerkschaft gegründete Unternehmen rupfte damit die eigene Klientel. Die Herren Heinen und Biege wurden später wegen Betrugs verurteilt. Die Badenia schloss mit den über den Tisch gezogenen Wohnungskäufern Vergleiche. Die Kanzlei Dr. Eick und Partner erstritt mehrere rechtskräftige Urteile gegen die Badenia.

Resümee: Kumpanei und Missmanagement

Der Untergang der Neuen Heimat ist ein Paradebeispiel für klassisches Missmanagement gepaart mit persönlichem Versagen der Verantwortlichen und mangelnder Kontrolle der Aufsichtsorgane bis hin zur Kumpanei. Der Skandal, ausgelöst durch die Enthüllungen im *Spiegel*, hat den Untergang, wenn überhaupt, höchstens beschleunigt. In diesem Fall wog der Imageschaden für die Gewerkschaften vermutlich ebenso schwer wie die Zerschlagung des Unternehmens. Das zeigte sich auch daran, dass in der Berichterstattung der Presse nicht die Mitarbeiter im Mittelpunkt standen. Scheinbar ging es nicht so sehr um das Aus für ein riesiges Unternehmen, sondern um das Aus für die Idee der Gemeinwirtschaft. Man muss der Neuen Heimat durchaus zugestehen, dass sie nach dem Zweiten Weltkrieg im deutschen Wohnungsbau Maßstäbe setzte und auch in der Lage war, ihr Geschäftsfeld sinnvoll zu erweitern, zum Beispiel durch Altstadtsanierungen. Ursachen der Katastrophe waren unkontrolliertes Wachstum, mit dem Controlling und Organisation nicht Schritt halten konnten, sowie nur schwer zu kontrollierende Beteiligungen, vor allem im Ausland. Die Enthüllungen im *Spiegel* waren lediglich der Katalysator.

2.4.2   Holzmann: Pfusch am Bau

Es war wohl einer der größten Triumphe des damaligen Bundeskanzlers Gerhard Schröder, als er vor der Holzmann-Zentrale den demonstrierenden Arbeitern an einem Novemberabend 1999 zurufen konnte: „Liebe Freunde, wir haben es geschafft!" und daraufhin die

„Gerhard, Gerhard"-Rufe zurückschallten. Das war Balsam für die Seele des als „Kanzler der Bosse" geschmähten Regierungschefs. Er, dem es gelungen war, in letzter Sekunde die Pleite des Baukonzerns mit seinen fast 25.000 Mitarbeitern abzuwenden, genoss das Bad in der jubelnden Arbeiterschaft. Doch die Freude sollte nicht lange währen – weder für Schröder noch für die Holzmann-Mitarbeiter. Holzmann schaffte es gerade einmal bis März 2002. Dann musste das Unternehmen endgültig Insolvenz anmelden. Für Schröder kam das Aus als Bundeskanzler mit den vorgezogenen Neuwahlen am 18. September 2005. Am 22. Oktober wurde Angela Merkel seine Nachfolgerin.

Die Krise des einst stolzen Unternehmens begann bereits Ende der 1980er Jahre, als der Vorstandsvorsitzende der Philipp Holzmann AG, Lothar Mayer, begann, das Unternehmen in großem Stil umzubauen. Er beabsichtigte, aus dem Bauunternehmen einen „Full-Service-Dienstleister im Baugeschäft" zu machen. Dafür sollte vor allem das sogenannte Betreibergeschäft deutlich erweitert werden. Gleichzeitig wurden Mitarbeiter entlassen, was allerdings der gängigen Praxis der Branche in Zeiten einer allgemeinen Baurezession entsprach. Doch Mayer war ziemlich glücklos. Seinem Nachfolger Dr. Heinrich Binder hinterließ er 1996 einen riesigen Schuldenberg von mehreren Milliarden D-Mark. Doch anscheinend hatte der ein glücklicheres Händchen: Am 18. Februar 1999 prognostizierte der Konzern ein positives Jahresergebnis. Sechs Monate später wurde eine Steigerung der Auftragseingänge um acht Prozent gemeldet und ein erwartetes Neugeschäft in Höhe von mehr als zwölf Milliarden D-Mark. Anlässlich der Feierlichkeiten zum 150-jährigen Bestehen des Unternehmens verkündete der Vorstandschef optimistisch: „Die Gesundung des Unternehmens schreitet rasant voran." Es muss so rasant gewesen sein, dass die Führungsriege wohl über das Minus hinweggeschwebt war. Am 15. November 1999 gab das Unternehmen nämlich überraschend eine Überschuldung aus bisher unentdeckten Altlasten in Höhe von 2,4 Mrd. D-Mark bekannt.

Die Dinge nahmen ihren Lauf. Die Subunternehmer forderten angesichts des drohenden Insolvenzverfahrens die unverzügliche Begleichung ihrer offenen Rechnungen. Nur vier Tage nach der schockierenden Bekanntmachung veröffentlichte Holzmann-Chef Binder ein Sanierungskonzept, für das mindestens drei Milliarden D-Mark nötig gewesen wären. Er betonte, eine Pleite des Bauriesen würde insgesamt 60.000 Stellen im Baugewerbe gefährden. Die Belegschaft demonstrierte, bot Lohnverzicht und Mehrarbeit an. Die beteiligten Banken zierten sich. Die Deutsche Bank, bereits seit 1873 Anteilseigner bei Holzmann und seit 1932 Inhaberin des Aufsichtsratsvorsitzes, bot an, mit 1,5 Mrd. D-Mark einzuspringen, den Rest sollten die anderen beteiligten Bankinstitute aufbringen. Doch die wollten nicht beziehungsweise fanden das Konzept von Binder nicht überzeugend. Letztlich scheiterte die Rettungsaktion an 600 Mio. D-Mark. Damit wollte sich der Betriebsrat nicht zufrieden geben. Bei einem persönlichen Treffen rechnete Gesamtbetriebsratschef Jürgen Mahneke Bundeskanzler Gerhard Schröder vor, dass nur „wenige hundert Millionen Mark" fehlen würden. Auch er argumentierte mit den angeblich 60.000 gefährdeten Arbeitsplätzen im Baugewerbe.

Die Öffentlichkeit und die Medien standen auf Seiten der Holzmann-Beschäftigten, die inzwischen vor den Zwillingstürmen der Deutschen Bank und der Zentrale der Com-

merzbank in Frankfurt demonstrierten. Das Leib- und Magenblatt der Deutschen, die *Bild*
veröffentlichte unter der Schlagzeile „Die Banken-Schande" Steckbriefe der Bankenvertre-
ter, in denen auch deren Einkommen genannt wurde. Das Blatt hatte die Banker in ihren
Glaspalästen in Frankfurt als die Schuldigen identifiziert. Der Medienkanzler Schröder
erkannte die Chance, sich endlich einmal als Kanzler der kleinen Leute zu profilieren und
seinem Brioni-Cohiba-Image etwas entgegen zu setzen. Am 26. November 1999 schwebte
er in der Bankenstadt am Main ein und nahm Gespräche mit den Bankenvertretern auf.
Der Spiegel (48/1999) schrieb: „Beherzt und instinktsicher riss Schröder die Verantwortung für ein Geschehen an sich, dessen komplexe politische, ökonomische und emotionale
Wirkung er als Sprengsatz für die Entstehung ‚eines Flächenbrandes' in der Bundesrepublik Deutschland ansah. Es war vor allem diese Botschaft, die ihm die Herzen zufliegen ließ:
Auf die Regierung ist Verlass als Bollwerk gegen die Zumutungen des Marktes. Kanzler
Schröder präsentierte sich als ruhender Pol, der die Ängste seiner verunsicherten Mitbür-
ger aufsaugt und den Mann von der Straße mit ins globale Zeitalter nimmt."

Und wie immer, wenn er auf Krawall gebürstet war, nahm der Kanzler kein Blatt vor
den Mund. Den Bankenvertretern prophezeite er: „Das wird Ihnen die Öffentlichkeit nie
verzeihen." Dass Holzmann nicht zu retten sei, konterte er mit einem lapidaren „Das glau-
be ich Ihnen einfach nicht." Allerdings hatte er auch handfeste Argumente in Form von
Bundeshilfen in Höhe von 250 Mio. D-Mark im Gepäck. Letztlich wurde ein Sanierungs-
paket von 4,3 Mrd. D-Mark auf die Beine gestellt. Der Staat stellte 250 Mio. als Kredit und
Bürgschaft zur Verfügung. 3.000 der 17.000 inländischen Arbeitsplätze des Holzmann-
Konzerns sollten gestrichen, zwei Drittel der 37 Niederlassungen geschlossen und fast
der gesamte deutsche Immobilienbesitz verkauft werden. Die Mitarbeiter verzichteten 18
Monate lang auf sechs Prozent ihres Gehalts und arbeiteten 43 statt 39 Wochenstunden.
Einziger Nutznießer der Holzmann-Rettung war letztlich Bundeskanzler Schröder. Die
Banken standen als Schurken da, der Steuerzahler blechte und die Sanierungsfähigkeit des
Konzerns wurde von Experten von Anfang an angezweifelt. Nicht vergessen sollte man
bei der Auflistung der Verlierer auch die Aktionäre des Konzerns. Die Pseudo-Sanierung
1999 sah einen Kapitalschnitt im Verhältnis 26 zu 1 vor. Als die Insolvenz im Jahr 2002
bekanntgegeben wurde, stürzte die Aktie zeitweilig um mehr als 40 % ab und wurde gerade einmal noch für 3,95 € gehandelt. Heute liegt sie mit etwa 40 Cent auf Ramschniveau.
Doch Schröder war beim Volk wieder beliebt und seine Popularitätswerte stiegen rasant.
Die *taz* kommentierte damals: „Holzmann saniert Schröder".

Kritische Stimmen wiesen nicht nur auf die Gefahren der staatlichen Einmischung hin,
auch Branchenverbände und Unternehmen zeigten sich über Schröders Rettungsaktion
erbost. Schließlich hatte die Pleitewelle in der Bauindustrie 1999 über 4.000 kleine und
mittlere Unternehmen in die Insolvenz getrieben. Seit Mitte der 1990er Jahre waren rund
300.000 Arbeitsplätze verloren gegangen. Ignaz Walter, Präsident des Hauptverbands der
Deutschen Bauindustrie, sagte: „Durch den Lohnverzicht der Mitarbeiter kann Holzmann
nun mit 15 % geringeren Personalkosten kalkulieren. Eine solche Verzerrung des Marktes
ist nicht hinnehmbar." Hanns-Eberhard Schleyer, Generalsekretär des Zentralverbands
des Deutschen Handwerks, klagte: „Hier erhält ein Großbetrieb neue öffentliche Förder-

mittel, während die Regierung im Mittelstand für Subventionsabbau wirbt. Das passt nicht zusammen." Der Wirtschaftsweise Horst Siebert warnte vor einer interventionistischen Wirtschaftspolitik: „Dieser Sündenfall darf sich nicht wiederholen. Wenn die Betriebe sich auf solche Staatshilfen einstellen können, hat das gefährliche Folgen für die gesamte Volkswirtschaft." Und dann war da noch der damalige EU-Wettbewerbskommissar Mario Monti, der von nichts wusste und umgehend Informationen über die staatlichen Hilfen zur Prüfung forderte. Auch die Frage, ob es sinnvoll sei, das alte Management in Amt und Würden zu belassen, wurde aufgeworfen. Schließlich ist es eine statistisch belegte Tatsache, dass Insolvenzen nicht vom Himmel fallen, sondern die Folge schlechten Managements sind und sich in der Regel lange vorher ankündigen – auch bei Holzmann. Die weitere Entwicklung sollte den Kritikern Recht geben.

Das 1849 von Johann Philipp Holzmann gegründete Unternehmen, der anfangs gemeinsam mit seiner Mutter in Dreieichenhain eine Mühle betrieb, die später zu einem Sägewerk umgebaut wurde, profitierte vom beginnenden Eisenbahnbau und vom technischen Fortschritt. 1865 übergab der Unternehmensgründer die Firma an seine Söhne Philipp und Johann Wilhelm, die ihre Anteile 1973 trennten. Philipp gründete die Kommanditgesellschaft Philipp Holzmann & Cie. Er erweiterte die Geschäftsfelder, richtete das Unternehmen überregional aus und machte es so zu einem der größten deutschen Bauunternehmen der damaligen Zeit.Zwischen 1873 und 1880 baute Holzmann nach einem Entwurf von Lucae das Frankfurter Opernhaus. In der eigenen „Holzschneiderei" zum Beispiel wurden von 300 Zimmerleuten Bauteile angefertigt und die schweren Tore für die Main-Kanalisierung hergestellt. Zwischen 1895 und 1917 wurde das Unternehmen international. So war Holzmann zum Beispiel an der von der Deutschen Bank finanzierten Bagdadbahn beteiligt. Die 1877 fertiggestellte Wettsteinbrücke über den Rhein in Basel war das erste Auslandsprojekt. 1882 folgte der Bahnhof Amsterdam Central. In Deutschland gab es kaum ein Großprojekt, an dem Holzmann nicht beteiligt war, darunter einige der Freihafenspeicher in Hamburg, der Nord-Ostsee-Kanal, der Justizpalast in München und der Elbtunnel sowie die Edertalsperre.

1917 wurde das Unternehmen in eine Aktiengesellschaft umgewandelt. Es expandierte und war in Südamerika ebenso aktiv wie in Russland, Afrika und den USA. Die Auslandsleistungen waren annähernd so umfangreich wie die in Deutschland. Der Erste Weltkrieg, Inflation und Weltwirtschaftskrise sowie der Zweite Weltkrieg bescherten dem wachsenden Unternehmen herbe Rückschläge. Doch nach Kriegsende kam das Unternehmen rasch wieder auf die Beine und entwickelte sich erneut zum führenden Bauunternehmen in Deutschland. Die Krise Mitte der 1970er Jahre zwang Holzmann zur raschen internationalen Expansion. Von 1973 bis 1984 stieg die Bauleistung im Ausland um das fast Vierzigfache, während sie im Inland nahezu stagnierte. Ende der 1970er, Anfang der 1980er Jahre erwarb das Unternehmen verschiedene Firmen in den Vereinigten Staaten und in Europa.

Unter der Führung von Lothar Mayer setzte das Unternehmen auf die Bauland- und Projektentwicklung. Das Unternehmen erwarb Grundstücke per Kauf oder Option, plante, bebaute, vermietete, verwaltete und unterhielt es für den Investor, der dann das Gesamtpaket kaufte. Das größte Risiko dabei waren die langfristig hohen Vermietungsgarantien, die Holzmann geben musste. Zusammen mit mangelnder Koordination zwischen den Hauptniederlassungen und den Tochtergesellschaften und einem unzureichenden Controlling kann das Projektgeschäft als Anfang vom Ende betrachtet werden. Patrick Schneider schreibt in seiner Seminararbeit „Holzmann AG – Der Weg in die Krise", erschienen im „GRIN – Verlag für akademische Texte": „Neben der Projektentwicklung wirkte sich auch der unkontrollierte Zukauf von Beteiligungen im In- und Ausland negativ auf die Entwicklung aus. Niemand war bei dem unterentwickelten Organisations- und Kontrollsystem in der Lage, die über 500 Beteiligungen zu überwachen." Ein bei KPMG in Auftrag gegebenes Gutachten bestätigte 1995 die Undurchsichtigkeit des Projektgeschäfts: Geschäftsabwicklung und Risikobeurteilung entsprachen nach Meinung der Prüfer nicht der aktuellen Marktentwicklung. 1995 zahlte Holzmann erstmals keine Dividende. 1996 wurden Belastungen von rund 1,5 Mrd. D-Mark ausgewiesen.

Nach dem Rückzug von Lothar Mayer im Mai 1996 legte der Vorstand unter seinem Nachfolger Dr. Heinrich Binder ein Konzept vor, das unter anderem ein internes Benchmarking einführte. Unrentable Geschäftszweige wurden verkauft oder abgeschrieben. Das Unternehmen konzentrierte sich wieder auf seine Kernkompetenzen – zu spät. Im November 1999 wurde die Überschuldung bekanntgegeben und die Insolvenz nur durch den persönlichen Einsatz des Bundeskanzlers verhindert. Finanzvorstand Rainer Klee und der Vorstandsvorsitzende Binder verließen das Unternehmen kurz danach – vermutlich ein Segen für den Konzern, denn beide hatten durchaus auf ihren eigenen Vorteil geachtet. Sie und ihre Kollegen hatten zusätzlich zu ihren Gehältern teilweises hoch dotierte Aufsichtsratsposten bei Holzmann-Töchtern inne. Konrad Hinrichs, Nachfolger von Binder, nannte im Geschäftsbericht von 1999 die Gründe für den Fast-Zusammenbruch: „Nichtanpassung tradierter Organisationsstrukturen an die (aus dem Projektgeschäft resultierenden) grundlegenden neuen Geschäfts- und Risikostrukturen"; das Fehlen einer „klaren Festlegung von Kompetenzen und Verantwortlichkeiten" und das Festhalten an „äußerst komplexen Kosten- und Abwicklungsstrukturen sowie einer wirtschaftlich ineffizienten Niederlassungsstruktur". Schneider schrieb: „Den Vorständen unterliefen in der Krisenzeit viele Fehler, ohne die eine Insolvenz möglicherweise hätte verhindert werden können. Durch eine deutlichere Strategie und mehr Offenheit hätten viele Millionen DM gerettet werden können. Der Vorstand war nicht bereit, diese Fehler einzugestehen, sondern sprach nur von Altlasten und verschloss die Augen davor, dass das operative Geschäft zu einem großen Teil am 2,4 Mrd. Loch beteiligt war." Als gravierende Beispiele für Fehleinschätzungen des Managements nannte Schneider die Köln-Arena, die Holzmann für einen Kölner Immobilienfonds gebaut hatte. In den Verträgen verpflichtete sich Holzmann, bis 2018 jährlich für das Betreiben der Arena zwölf Millionen Euro an den Immobilienfonds zu zahlen. Diese Mietgarantie in Höhe von 240 Mio. € machte laut Schneider einen beträchtlichen Teil am 2,4 Mrd.-€-Verlust des Bilanzjahres 1999 aus. Der Konzern kaufte sich schließlich für etwa 75 Mio. € aus den Betreiberverträgen frei.

Doch zurück zur Rettung durch den Kanzler. Sie erwies sich als Schein-Rettung, denn zum einen stimmte die EU der Liquiditätsspritze nur sehr zögerlich zu. Dadurch kamen die Bundeshilfen nicht beim Unternehmen an. Konrad Hinrichs schimpfte damals in der

Bilanzpressekonferenz, von Schröders angekündigtem Sanierungsbeitrag sei noch kein Pfennig angekommen. Im Gegenteil, das Unternehmen müsse dafür bei der Kreditanstalt für den Wiederaufbau (KfW) sogar Bereitstellungszinsen bezahlen. Bundeskriminalamt und die Frankfurter Staatsanwaltschaft untersuchten zudem, ob Kanzler und Banken von den Holzmann-Managern ausgetrickst worden waren. Man warf dem damaligen Vorstandsvorsitzenden Heinrich Binder und dem Vorsitzenden des Aufsichtsrats, Carl von Boehm-Bezing von der Deutschen Bank „schweren Betrug zum Nachteil der Bundesrepublik Deutschland" vor. Binder und Boehm-Bezing hatten für den hohen Verlust 1999 „doloses Handeln" des bis 1997 amtierenden Vorstands verantwortlich gemacht und auch Strafanzeige gegen Ex-Manager gestellt. In der Anzeige war von „systematisch verschwiegenen und unterdrückten Verlusten" die Rede. Tatsächlich stellte sich später ein operativer Verlust von 620 Mio. D-Mark heraus. Über 390 Mio. D-Mark wurden als Restrukturierungsaufwand angegeben – diese beiden Positionen hatten mit versteckten Altlasten nicht das geringste zu tun. Doch Vertuschung konnte auch niemand nachgewiesen werden. Letztlich stritten sich die Anwälte jahrelang. Konrad Hinrichs, der den Baukonzern als Sanierer übernahm, sagte im *Spiegel* (20/2000): „Nach meinen jetzigen Rechnungen hat die Holzmann-Führung seit Beginn der 1990er Jahre bis Ende 1999 ungefähr 6,5 Mrd. Verluste ‚erwirtschaftet'. Von den 6,5 Mrd. Mark hat sie drei Milliarden abgedeckt durch die Hebung aller Reserven, nur 3,5 Mrd. wurden als Verluste ausgewiesen. Das heißt, die Firma ist systematisch von Reserven aller Art entblößt worden. Sie hatte, als das Jahr 1999 kam, medizinisch gesprochen keine Abwehrkräfte mehr."

Eine besondere Rolle – nach Meinung von Journalisten eine dubiose Rolle – bei Holzmann nahm die Deutsche Bank ein, zum Beispiel durch sogenannte Sale-and-lease-back-Geschäfte mit der Deutschen Immobilien Leasing, einer Tochter der Deutschen Bank. Bereits 1873 erwarb die Bank eine indirekte Beteiligung an der AG und stellte seit 1932 den Aufsichtsratsvorsitzenden. Während der Krise war das Carl von Boehm-Bezing. In der Nachkriegszeit hielt die Deutsche Bank immer einen Anteil von 25 bis 35 % an Holzmann. Die Bank war Aktionär, Kreditgeber und Auftraggeber in einem. Sie hatte im Controlling des Unternehmens einen eigenen Controller installiert. Kein Wunder also, dass Kritiker die Rolle der Bank hinterfragten. Zumindest hätte die Bank die Schieflage rechtzeitig erkennen müssen. Der belgische Großaktionär Gevaert, der 30 % an Holzmann hielt, hat die Deutsche Bank sogar auf rund 200 Mio. D-Mark Schadenersatz verklagt. Gevaert hatte Ende 1998 im Vertrauen auf den Börsen-Einführungsprospekt der Deutschen Bank in Holzmann investiert. André Leysen, Aufsichtsrat bei der Gevaert-Gruppe begründete die Klage auch damit, dass die von Gevaert geleisteten Zahlungen zu einem hohen Anteil direkt oder indirekt der Deutschen Bank zugute gekommen seien: Zum einen als Kaufpreis für Holzmann-Aktien aus dem Bestand des Aktionärs Deutsche Bank, zum anderen dadurch, dass das Geldhaus von seiner Konsortialpflicht zur Zeichnung von Wandelschuldverschreibungen entlastet wurde. Ein Jahr nach dem Kauf habe Holzmann mitgeteilt, dass man einen hohen Verlust erwarte. „Wir sind der Meinung, dass die Risiken im Börsenprospekt nicht korrekt beschrieben wurden", so Leysen. Der Milliardenverlust von Holzmann habe sich größtenteils aus Projekten ergeben, die der Konzern bis September 1997 eingegangen sei.

„Die Verluste beruhten daher auf der Neueinschätzung alter Risiken", sagte Leysen weiter. „Die gleiche Risikoeinschätzung hätte aus diesem Grund schon vorher erfolgen und in den Börsenprospekt eingehen müssen." Auch der spätere Insolvenzverwalter war übrigens der Meinung, die Banken hätten die Risiken sehen müssen und die Aussichtslosigkeit des von Kanzler Schröder initiierten Sanierungsversuchs erkennen müssen.

Nicht außer Acht lassen sollte man bei der Beurteilung der Schröder'schen Rettungsaktion auch die Frage, ob eine Insolvenz schon 1999 nicht mehr gerettet hätte als eine halblebige und letztlich misslungene Sanierung. Schließlich eröffnet eine Insolvenz dem betroffenen Unternehmen Möglichkeiten, über die es bei einer Sanierung nicht verfügt. Erfolgreich beendete Insolvenzen wie bei den Traditionsunternehmen Märklin und Schiesser zeigen, dass in der Insolvenz durchaus Chancen liegen. Schiesser zum Beispiel wurde an einen strategischen Investor verkauft, Märklin existierte zunächst als eigenständiges Unternehmen weiter und schrieb wieder schwarze Zahlen. Eine Insolvenz verschafft dem Unternehmen in der Regel nämlich ziemlich schnell Luft. So wäre Holzmann zum Beispiel aus den hohen Mietgarantien, die den Konzern belasteten, sehr schnell herausgekommen. Im Insolvenzfall gelten außerordentliche Kündigungsrechte für alle Arten von Verträgen. Auf diese Weise können zum Beispiel Tochtergesellschaften ohne großes Aufhebens liquidiert werden. Ein weiterer Vorteil im Fall Holzmann wäre auch die Absetzung eines schwachen Managements gewesen. Fast-Insolvenzverwalter Ottmar Hermann sagte: „Eine Insolvenz ist wie eine Notoperation. Die gesunden Teile werden erhalten, die kranken radikal abgeschnitten." Das hätte dem Unternehmen einen schnellen Umbau möglich gemacht. Durch die „Rettung" wurden jedoch alle Altforderungen und verlustträchtigen Immobilien „gerettet". Aus verlustbringenden Verträgen musste man sich mit hohen Summen herauskaufen. Auch der Sozialplan, damit man Mitarbeiter überhaupt entlassen konnte, musste finanziert werden. Ob die Kehrtwende in einer Insolvenz gelungen wäre, kann man im Nachhinein nicht sagen, aber einen Versuch wäre es allemal wert gewesen.

Übrig geblieben ist von dem einst stolzen Unternehmen nicht mehr viel. In der Frankfurter Innenstadt prangte noch 2010 an einem großen Bürogebäude die Tafel „Philipp Holzmann AG i.I." (i.I. für „in Insolvenz"), doch dahinter verbarg sich lediglich Insolvenzverwalter Ottmar Hermann, der seit dem 21. März 2002 die größte Insolvenz in der deutschen Geschichte abwickelte. Er kann sich auf die Fahnen schreiben, dass er rund 80 % der 11.000 Arbeitsplätze in Deutschland retten konnte, indem er Unternehmensteile verkaufte. Dass die Abwicklung jahrelang dauerte, ist nicht ungewöhnlich bei Pleiten dieses Ausmaßes. Hermann fand zudem ein unübersichtliches Geflecht von über 500 Gesellschaften vor und Hunderte von nicht fertiggestellten Baustellen. Für jede musste entschieden werden, ob sie weitergeführt werden sollte. „Ein Insolvenzverwalter muss auch wirtschaftlich denken und die Risiken und Chancen abwägen", sagte der Insolvenzverwalter der *FAZ*. „Deshalb werden die Baustellen nicht einfach geschlossen oder an andere Firmen vergeben." Das letzte Holzmann-Projekt, der Westhafentower in Frankfurt, wurde erst 2004 fertiggestellt. Eine weitere Aufgabe des Insolvenzverwalters war die Suche nach schwarzen Konten im Ausland. Alle Querverbindungen wurden abgeklopft, besonders in den arabischen Ländern. „Wir mussten alle Geldströme bis in die letzten Verzweigungen verfolgen", sagte Hermann. Und auch die rund 9.000 Gläubiger hofften. 2009 konnte Hermann 84 Mio. € an Banken, Handwerker und Kunden ausschütten. Das waren rund fünf Prozent der anerkannten Forderungen von 1,5 Mrd. €. Bereits 2007 hatte er die 19 am Sanierungskonzept beteiligten Banken überzeugt, etwa 210 Mio. € in die Insolvenzmasse einzuzahlen und dafür auf weitere Ansprüche gegenüber den Banken verzichtet. Hermann strebte eine Ausschüttungsquote von etwas mehr als zehn Prozent an. Damit wären die Gläubiger gut bedient.

Resümee: Ein tödlicher Cocktail

Schlechtes und teilweise fehlendes Controlling, unüberschaubare Strukturen, fehlende Kontrolle des Managements und ein Management, das in erster Linie an sich selbst dachte, sowie die Dominanz einer Bank, die ebenfalls nur den eigenen Vorteil im Auge hatte, haben sich für Holzmann zu einem tödlichen Cocktail vermischt. Kontrolle und Transparenz gab es bei Holzmann nicht, und selbst wenn man den Vorständen und dem Aufsichtsrat keine böse Absicht unterstellt, steht fest, dass sie unfähig und sorglos mit der ihnen übertragenen Verantwortung umgegangen sind. Doch – wie der nach der Kanzler-Rettung eingesetzte Sanierer Hinrichs sagte: „Wenn jemand sich als schlechter Manager erweist, ist das nicht justiziabel."

2.4.3 Herstatt-Bank: Beben in Köln

Am 26. Juni 1974, gegen 16.15 Uhr, klingelte der Fernschreiber im Handelsraum der Kölner Herstatt-Bank und kündigte ein eiliges Telex an. Absender war das Berliner Bundesaufsichtsamt für das Kreditwesen, dessen Präsident, Günter Dürre, dem traditionsreichen Geldinstitut mit sofortiger Wirkung die Erlaubnis zum Betreiben von Bankgeschäften entzog und die umgehende Schließung der Schalter anordnete. Der mächtige Chef des Geldinstituts, Iwan David Herstatt, hatte sich schon zuvor aus dem Staub gemacht und – wie Journalisten notierten – bleich und wortlos die Bank durch eine Hintertür verlassen. Unter den über 50.000 Kunden der Herstatt-Bank, darunter die Stadt Köln und die Katholische Kirche, brach Panik aus. Sie fürchteten, die Pleite des einstmals hochgeschätzten Bankhauses könnte sie um ihre Einlagen bringen. Am Tag darauf, als die Geschäftsleitung der Bank offiziell die Eröffnung eines Vergleichsverfahrens wegen Überschuldung beantragte, kam es vor dem Hauptsitz des Geldinstituts in der Kölner Straße „Unter Sachsenhausen" zu schweren Tumulten. Aufgebrachte Sparer drohten, das Gebäude zu stürmen. Nur ein Großeinsatz der Polizei konnte verhindern, dass die um ihr Geld fürchtenden Kunden in das Bankhaus eindrangen und ihrer Wut freien Lauf ließen. An der Börse brachen die Kurse ein. Die Bundesrepublik erlebte den größten Bankenskandal seit dem Zweiten Weltkrieg.

Dabei hatten Nachrichtenredakteure in diesen Wochen des Jahres 1974 ohnehin schon viel zu tun. Im April hatte die portugiesische Armee gegen die rechtsgerichtete Regierung von Premierminister Marcelo José Caetano und deren Krieg in den portugiesischen Kolonien in Afrika geputscht. In Frankreich starb Präsident Georges Pompidou, Anfang Mai trat Bundeskanzler Willy Brandt zurück, und in den USA war klar, dass Präsident Richard Nixon den Watergate-Skandal politisch nicht überleben würde. Er sollte im August aus dem Amt scheiden. Und nun erschütterte der Crash der Herstatt-Bank nicht nur Deutschland, sondern aufgrund der zahlreichen ausländischen Aktivitäten des Bankhauses auch die Märkte jenseits der Grenzen. Herstatt hatte mit Kunden im kapitalistischen New York ebenso Geschäfte gemacht wie mit Staatsbanken im kommunistischen Moskau, mit der sozialdemokratisch dominierten Stadt Köln ebenso wie mit dem konservativen Klerus.

Vielleicht war Iwan David Herstatt kein besonders erfahrener Bankier, aber sein verkäuferisches Geschick stand ebenso außer Frage wie sein Talent für „Networking", wie man es heute nennen würde. Den Kölner Klüngel konnte er bestens für sich und seine Bank instrumentalisieren. Er pflegte gute Kontakte zur Kirche und zum Karneval, gehörte 80 Vereinen an, saß in verschiedenen Aufsichtsräten. Dass er seinen Lebenstraum verwirklichen und zu einem angesehenen Bankier aufsteigen konnte, verdankte Herstatt indessen nicht nur seinen Talenten, sondern in erster Linie seinem Jugendfreund Hans Gerling, dem Gründer und Mehrheitseigentümer des gleichnamigen Versicherungskonzerns. Gerling war – wie Herstatt – gebürtiger und überzeugter Kölner. Er galt als launenhafter Patriarch, der wenig auf die Meinung anderer gab. Wer damit zurecht kam und nicht widersprach, konnte in Gerlings Versicherungsunternehmen ein recht kommodes Leben führen und gutes Geld verdienen. Als einen „sanften Diktator mit sozialem Gewissen" beschrieben ihn manche Mitarbeiter. Auch gegenüber seinem Jugendfreund Iwan D. Herstatt zeigte sich Gerling entgegenkommend. Als Herstatt im Jahr 1955 die traditionsreiche Bank Hocker & Co. übernahm und diese unter dem Namen I.D. Herstatt KGaA fortführte, stiegen Gerling und verschiedene Unternehmen seines Konzerns als Kommanditisten in die Bank ein und hielten die Mehrheit. Herstatt wiederum fungierte als Komplementär, also als persönlich haftender Gesellschafter.

Dank seiner guten Kontakte gewann Herstatt in kurzer Zeit viele prominente Kunden aus Köln. Er internationalisierte das Geschäft, baute den Aktienhandel aus und machte aus der nach wie vor eher mittelständisch geprägten Bank eine erste Adresse des Kreditgewerbes. Dennoch lief das Kerngeschäft Anfang der 1970er Jahre nicht mehr optimal. 1973 fuhr das Institut im klassischen Bankgeschäft immerhin einen Verlust von 14 Mio. D-Mark ein. Das sorgte auf der Chefetage aber keineswegs für Unruhe, schließlich verdiente man anderweitig viel Geld. Ja, bisweilen konnten Außenstehende den Eindruck gewinnen, die Herstatt-Banker wären damals auf eine Goldader gestoßen. Ein sehr junges Team von Devisenhändlern, ausgestattet mit dem damals modernsten technischen Equipment, verdiente unter der Leitung des Chefdevisenhändlers Dany Dattel – ebenfalls erst Mitte 30 – in kurzer Zeit hohe Millionenbeträge. Sie spekulierten vor allem auf die Wechselkursentwicklung des US-Dollars.

Mit dem Ende des Bretton-Woods-Systems der festen Wechselkurse im Jahr 1973 war den Spekulanten Tür und Tor geöffnet worden. Das neue System sah fließende Wechselkurse („Floating") vor, was den US-Dollar zum Beispiel gegenüber der D-Mark mal teurer und mal billiger machte. Die Schwankungen waren durchaus erheblich. Im Jahr 1973 war der Dollar zum Beispiel zeitweise 3,15 D-Mark wert gewesen, ein paar Monate später hingegen nur noch 2,28 D-Mark. Da, wie erwähnt, die Herstatt-Bank mit dem reinen Einlagen- und Kreditgeschäft keine Gewinne mehr erzielen konnte, setzte man ganz auf die Spekulation. Die „Goldjungs", wie die Devisenhändler hießen, arbeiteten im sogenannten „Raumschiff Orion", wie der Handelsraum angesichts des Einsatzes der damals noch recht utopisch anmutenden Computer bezeichnet wurde. Während das normale Bankgeschäft eher lustlos betrieben wurde, spekulierten sich die „Goldjungs", angefeuert von ihren Chefs, in einen wahren Rausch. Sie setzten dabei nicht die Einlagen der Kunden ein, sondern das Geld der Bank. Das heißt, die Spekulationsgeschäfte betrafen den sogenannten Eigenhandel des Kreditinstituts. Wo immer der Eindruck entsteht, dass man schnell und mit vergleichsweise geringem Einsatz viel Geld verdienen kann, kommt es zu einem Phänomen, das plakativ, aber treffend, mit der Feststellung „Gier frisst Hirn" beschrieben wird. Das war auf dem Höhepunkt des Aktienkults zur Jahrtausendwende so – und auch rund 30 Jahre zuvor im Hause Herstatt. Nicht nur die Bank wollte das schnelle Geld verdienen, vielmehr beteiligten sich immer mehr Mitarbeiter an den scheinbar so lukrativen Spekulationsgeschäften. Und nicht nur die Führungskräfte waren geblendet von der Aussicht auf schnellen Reichtum, sogar die Sekretärinnen begannen, am großen Rad der Spekulation zu drehen. In einer dreiteiligen Serie über den Niedergang der Herstatt-Bank berichtete der *Der Spiegel*, die Assistentin von Iwan David Herstatt habe in den Jahren 1973/1974 für mehrere Millionen Dollar spekuliert. Die Rahmenbedingungen waren denn auch ausgesprochen verführerisch. Anfangs genügte ein Einschuss von zehn Prozent der Spekulationssumme, um am Devisenmarkt zu zocken. Wer also 100.000 D-Mark aufbringen konnte, durfte für eine Million D-Mark spekulieren. In der Praxis freilich wurde es den Mitarbeitern noch einfacher gemacht: Sie mussten den zehnprozentigen Einschuss nicht einmal aufbringen. Es genügte schon, wenn die betreffende Person bis zur nachgefragten Summe kreditwürdig war. Ob dies zutraf, prüfte – wie praktisch – die Kreditabteilung der Herstatt-Bank. Da die spekulierenden Sekretärinnen und Pförtner als Privatpersonen allerdings nicht termingeschäftsfähig waren, musste für Verluste letztlich die Bank aufkommen.

Die anfänglichen Erfolge der „Goldjungs" wurden von Bankern in New York und London ebenso bestaunt wie in Zürich und Wien. Und so mancher, der zunächst voller Hochachtung und Bewunderung über die Spekulanten aus der rheinischen Domstadt sprach, sollte später verständnislos den Kopf schütteln und den Eindruck erwecken, er habe von Anfang an die Brisanz dieser Spekulationsblase erkannt.

Tatsächlich hatte es Warner gegeben. Die Risiko-Manager der Bank wiesen auf die Gefahren der immer umfangreicheren Spekulationsgeschäfte hin, doch Vorstand und Aufsichtsrat nahmen diese Ermahnungen nicht ernst. Schon drei Jahre vor dem Zusammenbruch der Bank hatte der Revisor Heinz Laaff manche der spekulativen Transaktionen kritisiert. Wer hört aber schon auf eine Kassandra, wenn die Party in vollem Gange ist (dabei sollte es sich nicht nur bei Bankern herumgesprochen haben, dass Kassandra am Ende Recht behielt)? Hinzu kam, dass die Bank nur dank dieser hochspekulativen Geschäfte überhaupt noch Gewinne machen konnte.

Und zunächst schien das Kalkül auch aufzugehen. Nach der Ölkrise war der US-Dollar zunächst gefallen, erholte sich aber bald wieder. Die „Goldjungs" der Herstatt-Bank spekulierten folglich auf einen weiter steigenden Greenback. Zunächst bescherte dies der Bank glänzende Geschäfte. Im Devisenhandel betrug der Umsatz 1973 rund 24 Mrd. D-Mark. Für damalige Verhältnisse eine äußerst stattliche Summe. Nun kannte die Gier keine Grenzen mehr, immer riskantere Deals wurden getätigt und von der Geschäftsleitung abgesegnet. Plötzlich jedoch ging die Spekulation auf einen steigenden Dollar nicht mehr auf, die Märkte entwickelten sich anders, als von den „Goldjungs" vorausgesagt. Mittlerweile jedoch hatte die Spekulation ein solches Volumen erreicht, dass bereits minimale Veränderungen der Wechselkurse zu hohen Gewinnen oder Verlusten führen konnten. Fiel der Dollar gegenüber der D-Mark um nur ein Prozent, bedeutete dies für das Haus Herstatt einen Verlust von 80 Mio. D-Mark.

Die latenten Risiken der Kölner Bank sprachen sich spätestens Anfang des Jahres 1974 in der Branche herum und alarmierten auch die Deutsche Bundesbank. Deren damaliger Präsident Karl Klasen informierte im Februar das zuständige Aufsichtsamt. Iwan David Herstatt sagte zu, die Probleme mit dem Aufsichtsrat zu diskutieren, doch die Spekulation im Raumschiff ging munter weiter. Angesichts des weiter sinkenden Dollarkurses fand Ende Mai endlich eine bankinterne Prüfung statt. Das Ergebnis kam einer wirtschaftlichen Katastrophe gleich. Am 11. Juni eröffneten die Prüfer dem geschockten Bankier Herstatt, die Verluste aus den Devisentermingeschäften beliefen sich mittlerweile auf rund 64 Mio. D-Mark. Fast 90 % des Eigenkapitals der Bank waren bereits aufgezehrt worden. Eine zweite Prüfung aufgrund des weiter sinkenden Dollarkurses ergab sogar Verluste zwischen 450 und 520 Mio. D-Mark. Allen war klar, dass dies das Ende der Bank bedeuten würde. Die Geschäftsleitung informierte die Bundesbank, Gerling und das Bundesaufsichtsamt für das Kreditwesen. Hinter den Kulissen begannen hektische Verhandlungen mit der Deutschen Bank, der Dresdner Bank und der Commerzbank zur Rettung des unmittelbar vor dem Kollaps stehenden Geldinstituts. Nach dem Scheitern dieser Gespräche ordnete das Bundesaufsichtsamt die sofortige Schließung der Schalter an.

Am nächsten Morgen versammelten sich aufgebrachte Kunden am Eingang zur Bank, rüttelten an der verschlossenen Tür, brüllten „Halunken, Gauner, Betrüger". Im nahen Bonn herrschte höchste Nervosität. Hans Friderichs, Wirtschaftsminister unter dem neuen Bundeskanzler Helmut Schmidt, traf sich eilends mit Bundesbankpräsident Klasen, Finanzstaatssekretär Karl Otto Pöhl und Bankenverbands-Präsident Alwin Münchmeyer. Die Herren waren sich schnell einig: Zumindest die Kleinanleger und Sparer mussten schnell und umfassend entschädigt werden, um einen Flächenbrand mit weiteren Bankenpleiten zu verhindern. Die Angst der Banker und Politiker vor einem Super-GAU führte zumindest dazu, dass die Sparer halbwegs glimpflich davon kamen. So erhielten die Privatkunden im Schnitt mehr als 80 % ihrer Einlagen zurück. Das Geld kam aus einem Feuerwehrfonds der deutschen Banken, aus dem Restvermögen der Herstatt-Bank und aus dem Vermögen von Gerling und Herstatt.

Relativ glimpflich endete die Pleite auch für die Verantwortlichen. Iwan David Herstatt, der sieben Wochen in einem Untersuchungsgefängnis einsaß, wurde 1984 zu einer

Freiheitsstrafe von viereinhalb Jahren verurteilt. Der Bundesgerichtshof hob dieses Urteil jedoch auf. Es folgte ein erneuter Prozess, an dessen Ende Herstatt eine Bewährungsstrafe von zwei Jahren wegen Untreue erhielt. Aufgrund seines angegriffenen Gesundheitszustandes wurde die Strafe 1991 erlassen. Chef-Devisenhändler Dany Dattel, den Herstatt für den Zusammenbruch seiner Bank verantwortlich machte, wurde für verhandlungsunfähig erklärt, da er unter einem „KZ-Syndrom" litt. Er hatte als Vierjähriger mit seiner Mutter einige Wochen im KZ Auschwitz verbracht.

Iwan David Herstatt starb 1995 im Alter von 81 Jahren. Einige Jahre zuvor hatte er ein Buch veröffentlicht. Darin finden sich bemerkenswerte Sätze wie diese: „Dass die Pleite trotz der großen Betrügereien von Dattel (dem ehemaligen Chefdevisenhändler, d. Autor) nicht notwendig war, beweist allein die Hohe der Auszahlungsquote, die trotz der immensen Abwicklungskosten bisher fast 85 % beträgt … Nach zwölf Jahren Prozess bin ich an meinem Lebensabend verständlicherweise sehr bedrückt und über mein unverdientes Schicksal sehr enttäuscht. Dennoch hoffe ich zuversichtlich, am 16. Dezember 1993 mein achtzigstes Lebensjahr zu vollenden." Zumindest diese Spekulation ging auf.

Resümee: Die Gründe des Herstatt-Crashs

Wer die Geschichte des Niedergangs der Herstatt-Bank liest, dürfte manches Déjàvu-Erlebnis haben. Bis heute bringen Banker ohne Augenmaß („Gier frisst Hirn") mit hochspekulativen Geschäften ihre Institute an den Rande des Abgrunds. Nur dass heute keine Bank mehr Pleite gehen darf. Nach wie vor steckt noch der Schock über die Lehman-Pleite im Jahr 2008 den Politikern in aller Welt in den Knochen. Es darf vermutet werden, dass die Herstatt-Bank heute nicht mehr Pleite ginge, sondern verstaatlicht und mit Steuergeldern gerettet würde.

Iwan Herstatt war ein hervorragender Verkäufer, ein glänzender Networker und ein begnadeter Kommunikator. Er überzeugte die konservativen Vertreter der katholischen Kirche ebenso wie Kommunisten. Vom reinen Bankgeschäft indessen verstand Herstatt nur wenig, und man gewinnt den Eindruck, es interessierte ihn auch nicht besonders. Im Einlagen- und Kreditgeschäft, also den klassischen Segmenten einer Bank, erwirtschaftete das Kölner Geldinstitut schon recht früh keine Gewinne mehr. Um diese Entwicklung zu kompensieren, ließ sich das Management auf hochspekulative Devisengeschäfte ein. Ein junges Team mit aggressivem Ehrgeiz und ausgestattet mit dem damals modernsten technischen Equipment wickelte gefährliche Geschäfte ab. Und das anfangs durchaus erfolgreich. Sie erzielten ansehnliche Gewinne, und die Bank galt nach außen weiterhin als solide. Offenkundig wollte keiner so genau hinschauen, was da die Truppe um den jungen Chefdevisenhändler Dany Dattel wirklich trieb. Hauptsache, sie waren erfolgreich und brachten der Bank die Erträge, die das klassische Geschäft schon lange nicht mehr abwarf.

So baute sich im Laufe der Zeit ein brisantes Risikoportfolio auf. Die Herstatt-Banker saßen auf einem Pulverfass. Und so genügte am Ende ein Funke, um die Traditionsbank zu vernichten.

Weiterführende Literatur

Allgemein

1. Erwin K., Ute Scheuch: Deutsche Pleiten. Manager im Größen-Wahn oder Der irrationale Faktor, Hörbuch, Daun 2007

Neckermann, Horten, Müller-Wipperführt, Coop, Schlecker

2. http://einestages.spiegel.de/static/topicalbumbackground/4281/kathedralen_des_kaufrauschs.html
3. Hagel Seidel: Arcandors Absturz, Frankfurt 2010
4. Thomas Veszelits: Die Neckermanns, Frankfurt 2005
5. Coop: Der Beutezug der Bosse. In: Der Spiegel 10/1989
6. http://www.handelsblatt.com/unternehmen/handel-dienstleister/ursachen-fuer-die-niedergang-der-vernichtende-geiz-des-anton-schlecker/7164602.html
7. http://www.sueddeutsche.de/wirtschaft/niedergang-der-drogeriekette-schlecker-funktionierten-wie-ein-schneeballsystem-1.1371682
8. Alfons Müller-Wipperführt: Planen statt Träumen, in: Die Zeit, 12. Juni 1964
9. Billiger Jakob mit rüden Methoden: Hörfunk-Beitrag, WDR 2 am 21. Mai 2011

Panam, Swissair, Borgward, Horex, Kreidler, Zündapp

10. http://www.sueddeutsche.de/auto/der-konkurs-der-panam-die-welt-war-nicht-genug-1.1218531
11. http://www.austrianwings.info/2011/12/pan-am-die-geschichte-einer-legendaeren-airline/
12. http://www.blick.ch/news/wirtschaft/swissair/die-swissair-pleite-im-zeitraffer-id1673959.html
13. Borgward: Der Niedergang eines Wirtschaftswunder-Unternehmens, in: Die Zeit vom 27. Juli 2011
14. Ulf Kaack: Borgward. Das Kompendium, München 2012
15. Henning Wiekhorst: Elefantentreffen, Creative Dragon Works, Wachtberg 2011
16. Frank Rönicke: Deutsche Motorräder seit 1960, Stuttgart 2006
17. Ulrich Kubisch: Zündapp Aufstieg und Niedergang, Schriftenreihe des Museums für Verkehr und Technik Berlin, Bd. 6, Berlin 1986
18. Ralf Schneider in „Motorrad" 04/2012, Seite 14 ff: „Horex Der Countdown läuft"
19. Pressemeldungen und Informationen von www.horex.com, www.werner.de
20. „Rötger Feldmann" auf www.wikipedia.org

Saba, Grundig, Nixdorf, Commodore

21. Hermann Brunner-Schwer, Peter Zudeick: Saba. Bilanz einer Aufgabe, Bühl-Moos 1990
22. 100 Jahre Grundig – Der Untergang eines Patriarchen. Aus: Süddeutsche Zeitung, 17. Mai 2010
23. Grundig-Chronik: Der Niedergang einer Marke, Managermagazin 11/2003
24. Klaus Kemper: Heinz Nixdorf. Eine deutsche Karriere, Landsberg 1986
25. Volker Werb: Heinz Nixdorf. Ein Stück Biographie
26. Boris Kretzinger: Commodore – Aufstieg und Fall eines Computerriesen, Morschen 2005

Holzmann, Neue Heimat, Herstatt

27. Patrick Schneider, Markus Schaufelberger: Holzmann AG – Der Weg in die Krise, Studienarbeit, Grin-Verlag, Norderstedt 2004

28. Wolfgang Reuter: „Gigantische Täuschung" in Der Spiegel, Nr. 33/2000

29. Jürgen Dahlkamp, Wolfgang Reuter: „Holzmann. Riskante Rettung" in Der Spiegel, Nr. 48/1999

30. Kristina Hennigs u. a.: „Holzmann. Viel Wirbel wenig Wirkung" in Focus, Nr. 48/1999

31. Kai Lange: „Holzmann. Risiken nicht korrekt beschrieben" auf www.manager-magazin.de, 1. Dezember 2004

32. Corinna Budras: „Holzman-Konzern wird Dauerbaustelle" in Frankfurter Allgemeine Zeitung, 6. Oktober 2010

33. „Neue Heimat" auf www.architekturarchiv-web.de/nhkap1.htm bis/nhkap5.htm

34. Kurt Hirche: „Neun Fragen an Ernst Breit" in Die Zeit, Nr. 22, 23. Mai 1986

35. Martin Hartwig: „Die dunklen Geschäfte von König Albert" auf www.dradio.de/kultur/sendungen/kalenderblatt/590654, 8. Februar 2007

36. Jens P. Rosbach: „Strohmänner, Scharlatane und Spekulanten" auf

37. www.dradio.de/dlf/sendungen/hintergrundpolitik/591542, 8. Februar 2007

38. „Gut getarnt im Dickicht der Firmen. Neue Heimat: Die dunklen Geschäfte von Vietor und Genossen" in Der Spiegel, Nr. 6/1982, 8. Februar 1982

39. Iwan-David Herstatt: Die Vernichtung, Berlin 1992

Saved Brands – Überlebenskünstler

3

Rettung in letzter Minute Gerettete Marken definieren wir als Marken, die ursprünglich gut aufgestellt waren und Erfolg hatten, aber irgendwann von Insolvenz bedroht waren oder sogar eine Insolvenz durchlaufen haben, sich aber wieder aufrappeln konnten – sei es durch Investoren, durch frischen Wind in der Chefetage, durch den Einsatz der Mitarbeiter oder durch einen geschickten Insolvenzverwalter. Häufig handelt es sich bei den geretteten Marken um Familienunternehmen, bei denen Familien- und Markenname identisch sind. Sie gerieten oft durch Streit im Gesellschafterkreis oder durch unternehmerische Inkompetenz ins Trudeln.

Entscheidend an der Rettung ist ihre Nachhaltigkeit. Ist das Unternehmen gerettet, bedeutet das nämlich nicht zwingend, dass die Marke tatsächlich überlebt. Manchmal wird sie eingestellt oder einem größeren Konzern oder Konkurrenten einverleibt, wo sie dann einen stillen Tod stirbt. Die geretteten Marken sollte man nicht mit den wiederbelebten verwechseln. In diesem Buch sind für uns gerettete Marken solche Marken, in deren Geschichte es keine längere Auszeit gab, die also trotz Insolvenz des Unternehmens nie vom Markt verschwanden. Dazu zählen zum Beispiel der Modelleisenbahnhersteller Märklin oder der Wäschehersteller Schiesser. Die Automarke Maybach oder Getränke wie Bluna und Afri Cola oder die Ahoi Brause sind wiederbelebte Marken. Sie waren Jahre oder Jahrzehnte vom Markt verschwunden und wurden dann erneut eingeführt, in der Regel von anderen Unternehmen, die lediglich die Markenrechte gekauft haben.

3.1 Dinkelacker: Fast verschluckt

Die schwäbische Traditionsbrauerei aus Stuttgart hatte Glück im Unglück. Nachdem sie durch das unverantwortliche Handeln eines der Gesellschafter fast zugrunde gegangen wäre, ist sie heute wieder in Familienhand und erfolgreich. Die Geschichte hat alles, was man zu einem Wirtschaftskrimi braucht. Doch 1888 begann alles wie eine normale schwäbische Erfolgsgeschichte. Damals gründete Kommerzienrat Carl Dinkelacker in der Stuttgarter

M. Brückner, A. Przyklenk, *Lost Brands - vom Aufstieg und Niedergang starker Marken*,
DOI 10.1007/978-3-8349-6984-2_3, © Springer Fachmedien Wiesbaden 2013

Tübinger Straße eine Brauerei. Im Frühjahr 1889 wurde das erste Glas Dinkelacker-Bier ausgeschenkt. 1896/1897 wurde der Flaschenbierverkauf eingeführt. Schon damals gab es viele etablierte Brauereien in Stuttgart und Umgebung, doch Dinkelacker konnte sich durchsetzen und gehörte zur Jahrhundertwende zu den größten Brauereien in Stuttgart. Damals begannen die Stuttgarter auch damit, das Pils zu brauen, das als CD-Pils – CD für Carl Dinkelacker – bekannt wurde. Am 4. Februar 1899 schrieb das *Stuttgarter Deutsche Volksblatt*: „Die Brauerei Dinkelacker hat sich in kurzer Zeit zu einer der größten am Platze aufgeschwungen." 30 Pferde sowie drei Eisenbahnwaggons waren damals laut Unternehmenschronik nötig, um das Bier an die Kunden auszuliefern.

1901 beschäftigte Dinkelacker bereits 140 Mitarbeiter und produzierte 140.000 Hektoliter Bier. Bis Ende der 1930er Jahre stieg die Produktion um gut das Doppelte. Die beiden Weltkriege konnten den Erfolg nur zeitweilig aufhalten. Auch der Tod des Gründers im Jahr 1934 blieb für das Unternehmen ohne Folgen. Seine Söhne Carl und Alfred, die sozusagen in der Brauerei groß geworden waren, übernahmen und bauten das Unternehmen weiter aus. Im Zweiten Weltkrieg ging die Produktion zwar um zwei Drittel zurück, doch das Unternehmen begann sich in den 1950er Jahren zu erholen. Die Produktion stieg an. 1959 starb zuerst Carl Dinkelacker jun., sechs Jahre später auch sein Bruder Alfred. Dessen Sohn Peter führte die Brauerei zusammen mit Dr. Heinz Ammon weiter. 700.000 Hektoliter Bier verließen pro Jahr die Brauerei. 1967 trat Wolfgang Dinkelacker, ein Cousin Peter Dinkelackers und ebenfalls ein Enkel des Gründers, in die Geschäftsleitung ein.

In den 1970er Jahren kaufte das Unternehmen zwei Konkurrenten, die Stuttgarter Brauerei Wulle und ein paar Jahre später die Brauerei Sanwald, mit der einige Weizenbiere ins Portfolio kamen. Doch damit nicht genug. Zu Beginn der 1980er Jahre wurde die Heilbronner Brauerei Cluss übernommen, 1990 die Mauritius-Brauerei aus Zwickau. Die folgenden Jahre standen „im Zeichen der Konzentration und Innovation", wie es in der Chronik heißt. Mit der Errichtung neuer Gär- und Lagertanks 1998 verfügte Dinkelacker über eine der modernsten und umweltfreundlichsten Brauanlagen der Welt. 1996 hatten sich Dinkelacker und Schwabenbräu zur Dinkelacker-Schwabenbräu AG zusammengeschlossen, um dem wachsenden Konkurrenzdruck, auch durch internationale Wettbewerber, weiter standzuhalten. Bereits zwei Jahre zuvor hatten die beiden Brauereien ein gemeinsames Logistikzentrum eröffnet. In Stuttgart ist Dinkelacker-Schwabenbräu auch heute noch eine feste Größe. Auf dem Cannstatter Volksfest, dem Wasen, zweitgrößtes Volksfest in Deutschland nach dem Münchner Oktoberfest, stellen Dinkelacker und Schwabenbräu je eines der großen Brauereizelte.

Doch das Familienunternehmen machte schwere Zeiten durch. Schuld war nicht etwa die Konkurrenz, sondern die Familie selbst, genauer gesagt Peter Dinkelacker, einer der Enkel und Gesellschafter, der 43,5 % der Firmenanteile hielt. Über diese Zeit schweigt die Chronik. Aufschluss gibt ein Artikel in der Zeitschrift *Focus* (Nr. 4/1994). Unter der Überschrift „Millionenerbe verschluckt" erfährt der Leser vom angeblich viel zu teuren Lebensstil von Peter Dinkelacker, der 1991 tödlich verunglückt war. Er hatte laut *Focus* Bankschulden in Höhe von 40 Mio. D-Mark angehäuft und als Sicherheit sein Erbe am

Dinkelacker-Kapital eingesetzt. Die *Focus*-Autoren F. Hofmann und Ulrich Viehöfer schrieben: „Schockiert musste Vetter Wolfgang, 52, konservativer Kopf der Gegenfamilie, zusehen, wie der Cousin seine Millionen TV-reif verjubelte."

Nach dem Tod Peter Dinkelackers beliefen sich die Schulden seines Familienzweigs angeblich auf 100 Mio. € Schließlich sprang die Familie Sedlmayer, Eigner von Spaten-Franziskaner-Bräu den bedrängten Erben Peters zur Seite, natürlich keineswegs uneigennützig. Für die Bayern war es eine seltene Chance, den baden-württembergischen Konkurrenten zu übernehmen, was ihnen nach einigem Hin und Her auch gelang. Ab 1993 hielten die Münchner die Mehrheit an Dinkelacker. Das Karussell drehte sich weiter. 2003 verkaufte die Unternehmensgruppe Spaten-Franziskaner ihr gesamtes Brauereigeschäft mit Wirkung zum 1. Januar 2004 an den belgischen Konzern Interbrew. Gleichzeitig verkaufte die Dinkelacker AG ihre Tochtergesellschaft Dinkelacker-Schwabenbräu AG an die Belgier. Interbrew fusionierte mit der brasilianischen AmBev und firmierte fortan als InBev. Doch damit nicht genug. Der Konzern änderte seine Strategie. Aus dem dezentral und regional organisierten Konzern mit dem Slogan „The world's local brewer" wurde ein zentral gesteuerter Weltbraukonzern mit dem Fokus auf internationalen Märkten und Marken.

Das mag letztlich der Beweggrund für Wolfgang Dinkelacker gewesen sein, die Marke wieder zurückzukaufen. Vielleicht war es auch die Verantwortung für das Familienerbe. Auf jeden Fall führte er ab Mitte 2006 Verhandlungen mit InBev mit dem Ziel, die Dinkelacker-Schwabenbräu GmbH & Co. KG aus dem Konzern herauszulösen – mit Erfolg. Am 15. Dezember 2006 erwarb Wolfgang Dinkelacker die Brauerei zu 100 % Neben Wolfgang Dinkelacker, der 54 % der Anteile hält, gehörten fortan zum Gesellschafterkreis Carl Peter und Christian Dinkelacker aus der nächsten Familiengeneration und die SüdBK, eine Tochter der LBBW. Die Geschäftsführung wurde neu strukturiert und mit Fachleuten besetzt. Ein vierköpfiger Beirat, in dem auch Wolfgang und Christian Dinkelacker sitzen, begleitet das Unternehmen. In einer Pressemitteilung vom 29. Januar 2007 hieß es: „Wesentliches Motiv für das Engagement von Wolfgang Dinkelacker war und ist es, die langfristige Zukunft der Brauerei sicher zu stellen und sie nicht der weiteren Konzentration und Konsolidierung der Braubranche in Baden-Württemberg zu überlassen."

2012 konnte die über 100 Jahre alte Brauerei ihr fünfjähriges Jubiläum als (wieder) unabhängige Privatbrauerei feiern. Bernhard Schwarz, der das Unternehmen zusammen mit Ralph Barnstein als Geschäftsführer leitet, sagte: „Die InBev ist ein Konzern mit einer globalen Strategie, in dem für regionale Bedürfnisse und Besonderheiten letztlich kein Platz blieb. Wolfgang Dinkelacker hat sich mit dem Rückkauf dafür eingesetzt, die Eigenständigkeit, Beweglichkeit und Firmenkultur der Brauerei zu bewahren. Ganz konkret ging es auch darum, Arbeitsplätze zu erhalten und den Standort langfristig zu sichern." Eine Konsequenz der regionalen Ausrichtung ist, dass das Bier, das bei Dinkelacker gebraut wird, völlig aus regionalen Zutaten besteht. Man wolle sich bewusst nicht mit den „Fernsehbieren" messen, sondern lege Wert auf Qualität und die Verbundenheit mit dem Produkt. „Privatbrauerei zu sein, bedeutet für uns, dass wir die Nähe zu unseren Geschäftspartnern und zu den Bierkennern hier in Baden-Württemberg ganz bewusst pflegen und unsere regionale Verbundenheit auch durch eine rege Beteiligung am gesellschaftlichen Leben zum Ausdruck bringen", so Schwarz.

Inzwischen ist Dinkelacker wieder fest in das Stuttgarter Leben integriert. Die Brauerei ist auf Frühlingsfest und Volksfest präsent, die Brauereigaststätte ist verpachtet und läuft. Ein Höhepunkt ist das inzwischen etablierte zweitägige Brauereifest, das jedes Jahr stattfindet. Dafür wird die Tübinger Straße, Standort der Brauerei, für den Verkehr gesperrt. Die Besucher können die Brauerei besichtigen Hopfenbauern zeigen den Bier-Rohstoff. Eine Showbühne mit Livebands und ein Partymobil und viele Aktivitäten für Kinder sorgen für Stimmung. Zum fünfjährigen Jubiläum kamen mehr als 35.000 Besucher und feierten ein fröhliches Familienfest. Am Faschingsdienstag findet auf dem Brauereigelände Stuttgarts größte Faschingsparty statt.

Resümee: Vertrauen ist gut, Kontrolle ist besser

Offensichtlich funktionierten bei dem Familienunternehmen Dinkelacker die Kontrollmechanismen nicht. Es hätte nie so weit kommen dürfen, dass ein Familienmitglied das ganze Unternehmen gefährdet. Mit der Einsetzung eines Beirats, dem auch zwei familienfremde Mitglieder angehören, geht man dieses Mal einen Weg, der eine bessere Kontrolle verspricht. Bei der Besetzung der Geschäftsführung hat man klugerweise auf Kompetenz und nicht auf Familienzugehörigkeit gesetzt. So leichtfertig wie der eine das Familienerbe auf's Spiel setzte, so beharrlich hat es der andere gerettet. Es scheint, als habe der Geist des Gründers Carl Dinkelacker wieder Einzug gehalten in der Tübinger Straße. Er sagte einmal: „Wirtschaften heißt, seine ganze Kraft zum Nutzen dessen einzusetzen, was man herstellt, sich mit seinem Wort für die Güte seiner Ware verbürgen und in guten wie in schlechten Zeiten zu seinem Wort zu stehen."

3.2   Märklin: Vorsicht an der Bahnsteigkante!

Das Jahr 2009 begann für die Mitarbeiter des Göppinger Modelleisenbahnherstellers statt mit Feierlichkeiten zum 150-jährigen Firmenjubiläum mit einem Insolvenzantrag. Während die Fachwelt und die Mitarbeiter schon mit den schlechten Nachrichten gerechnet hatten, verstanden viele Modelleisenbahner die Welt nicht mehr. War doch Märklin der Modelleisenbahnhersteller schlechthin mit rund 60 % Marktanteil. Jahrzehntelang gab es kaum Kinder oder Väter, für die der Name Märklin nicht untrennbar mit Weihnachten und Eisenbahn verbunden war. Märklin war nicht nur die Weihnachtsüberraschung für kleine Jungs (und manchmal auch Mädchen), sondern auch das beliebteste Spielzeug unter Vätern, die ihr Hobby oft noch dann verfolgten, wenn die Kinder längst erwachsen waren. Ja, so mancher Knirps kam gar nicht dazu, mit seiner neuen Modelleisenbahn zu spielen, denn das erledigte Papa, und der wollte keinesfalls riskieren, dass tolpatschige Kinderhände seinen Lieblingen auf Schienen Schaden zufügten.

„So war das bei uns zuhause glücklicherweise nicht", erinnert sich Heidi Zimmermann, jüngstes von fünf Geschwistern. „Meine älteren Geschwister spielten jedes Weihnachten mit einer Märklin-Eisenbahn. Unser Vater half nur beim Aufbau, doch das war keine große Sache. Wir hatten zuerst nur einen einzigen Schienenkreis." Die Freude an der Eisenbahn schmälerte das wohl nicht, denn die drei älteren Geschwister ließen die Lok mit zwei Personenwagen und einem offenen Güterwagen stundenlang ihre Kreise ziehen. „Jedes Mal, wenn der Zug den Bahnhof passierte, rief eines meiner Geschwister ,Holzhausen' – so hieß der Bahnhof – und der Zug musste anhalten", erzählt Heidi Zimmermann weiter. „Manchmal setzten sie kleine Püppchen aus der Puppenstube meiner Schwester in den Güterwagen und ließen sie mitfahren. Später, als wir mehr Schienen, Weichen, Züge und einen Tunnel hatten, produzierten wir herrliche Crashs, bei denen Puppen verletzt wurden, Krankenwagen und Polizei kommen mussten." Trotzdem habe man auf die Eisenbahn achtgegeben. Wirklich kaputt gegangen sei nur selten etwas. „Höchstens Puppen", lacht Reiner Zimmermann. „Ich erinnere mich, dass eine ihren Kopf am Tunneleingang verlor." Etwas Besonderes sei die Eisenbahn gewesen, denn schließlich habe man sie nur maximal acht Wochen im Jahr zur Verfügung gehabt: In der Vorweihnachtszeit und dann höchstens noch bis Ende Januar. „Danach wurde alles wieder weggepackt. Wir hatten einfach keinen Platz für eine ständige Anlage", sagt Reiner Zimmermann. „Aber vielleicht war es gerade deshalb immer wieder der Höhepunkt an Weihnachten, wenn die Eisenbahn ausgepackt wurde – jedes Mal mit einer Überraschung, neuen Gleisen, Weichen oder Wagen. Eine neue Lok gab es nur selten, aber wenn, dann war das der absolute Höhepunkt des Weihnachtsfests."

Auch Helmut von Stackelberg hatte das Glück, dass er selbst mit seiner Märklin-Eisenbahn spielen durfte. „Märklin war etwas Besonderes. Wenn man eine Märklin hatte, war man stolz darauf und passte auch auf, dass nichts kaputt ging", erzählt der Stuttgarter PR-Fachmann. „Natürlich hatte ich meine Unfälle, aber ohne Verluste, abgesehen von zwei, drei Schienen, die zerbrochen waren, weil dusslige Erwachsene sie übersehen hatten und darauf getreten waren." Angefangen hatte auch von Stackelberg mit einem Schienenring in Spur H0, Trafo, Lok und zwei Personenwagen. „Ich bekam die Grundausstattung von meiner Patentante, als ich acht Jahre alt war", erinnert er sich. „Die Lok war eine E 41 und die Wagen waren von einem D-Zug. Ich habe mir jedes Weihnachten Ergänzungen gewünscht, vor allem Bausatz-Wagen. Manchmal durfte ich die Anlage auch in den Ferien aufbauen und eine Zeitlang hatte ich sogar eine feste Anlage auf einem Brett." Natürlich wuchs auch diese Anlage. Es kamen Häuschen hinzu, Landschaften wurden gestaltet, auf unterschiedlichen Stromkreisen konnten Züge unabhängig voneinander fahren. Es gab Kreuzungen und Fahrpläne. Mitunter fuhren die Züge des Juniors durch die ganze Wohnung und der Vater musste Bahnhofsvorsteher spielen. „Als ich 18 Jahre alt war, räumte ich die Bahn in den Keller", erzählt von Stackelberg. „Meine beiden Söhne durften zwar später mit der Bahn spielen, aber geschenkt habe ich sie ihnen nicht. Sie gehört nach wie vor mir."

Tatsächlich sind Modelleisenbahner meistens erwachsene Männer über 40, selten Frauen. Die Eisenbahnen im Miniformat sind ihr Hobby, das sie sich oft viel Geld kosten lassen. Es entstehen komplette Anlagen, die die reale Eisenbahnwelt abbilden, auf denen die Züge sogar zu denselben Zeiten fahren wie ihre großen Vorbilder. Dazu kommen Landschaften aus Pappmaché und Gipskarton, detailgetreue Nachbildungen von Bahnhöfen, historischen Gebäuden, Industriebauten und ganzen Städten. Es gibt in dieser Welt alles, was es in der realen Welt gibt. Egal ob Volksfest, Almhütte, Gärtnerei, Obst- und Gemüseladen, Restaurants, Oberleitungen, Ampeln, Andreaskreuze, Schranken – alles da in verschiedenen Maßstäben, passend zur Größe der Bahn. H0 ist seit Jahrzehnten der Standard, damit können auch Kinderhände umgehen. Der Maßstab entspricht 1:87. Für Z braucht man eigentlich schon eine Lupe und Spinnenhände. Der Maßstab ist 1:220 und die Spurbreite der Normalspur 6,5 mm. Die winzigen Schienen müssen hinter Glas oder regelmäßig abgestaubt werden, sonst entgleisen die Loks. Die Gartenbahnen sind beliebte Outdoor-Varianten für die Freunde der Modelleisenbahn. Lassen sich doch im Garten nahezu echte Landschaften gestalten.

Im Garten der Familie Wahl aus Waiblingen zog eine Gartenbahn der Märklin-Tochter LGB ihre Runden, entlang an einem idyllischen Bach und vorbei an – natürlich ebenfalls naturgetreu nachgebildeten – Mühlen, einem Sägewerk und einer Schnapsbrennerei. Auch im Hobbyraum des Einfamilienhauses war alles Märklin. Vater und Sohn verbrachten viele Stunden mit basteln und werkeln. Unter ihren Händen wurde die Anlage immer größer und perfekter. Zu den Schätzen zählten unter anderem der „Rheingold Express" mit Lok und fünf Waggons und der „Big Boy", die längste je gebaute H0-Lok und gleichzeitig die zugstärkste Märklin-Lokomotive. „Meine erste Märklin-Lok bekam ich schon im Alter von vier Jahren", erinnert sich Henry Wahl. „Als Erwachsener faszinierte mich vor allem die Planung einer großen Anlage, die Gestaltung der Gleisanlagen, Landschaften und Städte. Als ich die erste Anlage auf einer Platte von 2,20 m auf 2,20 m plante, infizierte ich meinen Vater, der daraufhin die Gartenbahn baute."

„Was für einen Uhrensammler eine Patek Philippe, ist für einen Sammler von antikem technischen Spielzeug ohne Frage Märklin", erklärt Christian Selzer, auf historisches Spielzeug spezialisierter Auktionator aus Rüdesheim. Für den Preis von besonders gut erhaltenen und gesuchten Exemplaren könnte man sich schon einen neuen Mittelklassewagen gönnen. Die Märklin-Gotthardlok etwa wurde vor einiger Zeit für 23.500 € versteigert. Sehr hohe Preise erzielen Lokomotiven aus der Zeit vor 1914. „Der Markt für diese Ur-alt-Modelle ist faktisch leergefegt", sagt Selzer. Sammler, die in den 1970er Jahren eine alte Märklin „Krokodil"-Lokomotive kauften, mussten damals ungefähr 3.000 D-Mark investieren. Heute ist das gute Stück – wenn überhaupt – nicht mehr unter 25.000 € zu bekommen. Ein seltener Postwagen von Märklin (Spur 1) wiederum wechselte auf einer Auktion erst bei 5.600 € den Besitzer.

Am Enthusiasmus der Märklinisten, wie sich die Fans der Göppinger Marke selbst nennen, kann es nicht gelegen haben, dass das Unternehmen mit seiner 150-jährigen Erfolgsgeschichte vor dem Aus stand. Allerdings könnte es durchaus eine Rolle gespielt haben, dass mit Beginn des digitalen Zeitalters die Modelleisenbahnen immer seltener in den Kinderzimmern anzutreffen waren. Playstation und andere virtuelle Vergnügungen am PC entwickelten sich zu einer starken Konkurrenz. Der damalige baden-württembergische Ministerpräsident, Günther Oettinger, sagte angesichts des Insolvenzantrags von Märklin im Februar 2009: „Das Grundproblem besteht darin, dass unsere Kinder nicht mehr alle eine Eisenbahn daheim haben und auch gar nicht haben wollen und dass unsere Generation Eisenbahnen hat, aber nicht mehr neue braucht." Damit hatte Oettinger das Dilemma treffend beschrieben. Doch nicht nur Märklin, sondern auch die Konkurrenz kämpften mit diesem Problem. Allerdings war es einigen von ihnen zum Beispiel durch eine Produktionsverlagerung nach Asien gelungen, Kosten zu senken und so ein breiteres Publikum anzusprechen. Die Göppinger hatten lediglich 1991 die Wagenproduktion nach Sonneberg verlagert.

Von Sammlern alleine kann ein Unternehmen langfristig nicht leben, geschweige denn wachsen. Und schließlich müssen auch die Sammler von morgen irgendwann auf den Zug aufspringen. Die Sammler von morgen spielen heute im Kinderzimmer. Ein Märklin-Manager sagte einmal „Wer das erste Gleis ins Kinderzimmer wirft, hat gewonnen." Das mag sein, aber für Kinderspielzeug spielen die Preise durchaus eine Rolle. Die Preise für Märklinprodukte waren vergleichsweise hoch, so dass es sich Eltern gerne zweimal überlegten, bevor sie ihre Sprösslinge mit dem Märklin-Virus infizierten. Das Unternehmen hatte sich selbstverliebt auf technischen Finessen ausgeruht und den eigentlichen Wachstumsmarkt – Kinderspielzeug – etwas aus den Augen verloren. Und nicht nur das. Die Preispolitik des Unternehmens mit ständigen Erhöhungen schreckte sogar die leidenschaftlichen Sammler immer häufiger ab. Hinzu kamen Qualitätsmängel, die eingefleischte Märklinisten besonders ärgerten.

Letztlich lag die Krise der Traditionsfirma nicht an den Kunden, sondern war hausgemacht. Ähnlich wie man die Kinderzimmer vernachlässigt hatte, war man auch die Internationalisierung nicht energisch genug angegangen. Der seit Januar 2011 amtierende Geschäftsführer von Märklin, Stefan Löbich sagte: „Wenn wir expandieren, denke ich in erster Linie an die Auslandsmärkte. Vor allem in vielen europäischen Ländern ist Märklin noch gar nicht oder nur sehr zurückhaltend tätig." Allerdings müsse auch das Inlandsgeschäft forciert werden. „Es darf in Deutschland keine weißen Flecken mehr auf der Landkarte geben, wo wir weder Händler noch Kunden haben", so Löbich weiter.

All diese Fehler wurden aber nicht erst 2008 gemacht, sondern schon lange vorher. Mit den Göppingern war es aus den oben genannten Gründen bereits seit Mitte der 1990er Jahre abwärts gegangen. Die Umsätze gingen stetig zurück. Hinzu kamen Streitigkeiten innerhalb der 22 Gesellschafter aus den Eigentümerfamilien Märklin, Friz und Safft. Im Mai 2006 verkauften die Eigentümer an die Londoner Investmentgesellschaft Kingsbridge Capital, ein Unternehmen der Hardt-Gruppe. Der neue Eigentümer wurde damals von den Beschäftigten als Retter in der Not gefeiert. Doch letztlich markierte der Einstieg des Investors den Anfang vom zeitweiligen Ende. Was Angela Maier und Steffen Klusmann am 19. Februar 2009 auf www.ftd.de in ihrem Artikel „Märklin – Der große Eisenbahnraub" schrieben, lässt erahnen, weshalb: „Die Pleite der Göppinger Traditionsfirma ist viel mehr als nur die Folge schlechten Managements. Sie ist ein Paradebeispiel für zügellose Raffgier und dafür, wie pervers das Geschäft mit Sanierungen bisweilen betrieben wird. Und wie schamlos sich Investoren und ihre Geschäftspartner dabei bereichern." Doch der Reihe nach.

Gegründet wurde das Unternehmen 1859 von Theodor Friedrich Wilhelm Märklin. Zunächst wurden in der kleinen Firma Puppenküchen hergestellt. Märklins Frau Caroline bereiste als Vertreterin Süddeutschland und die Schweiz. Sie soll die erste weibliche Handelsreisende gewesen sein. Obwohl Märklin bereits wenige Jahre nach der Firmengründung starb, gelang es Caroline, das Unternehmen weiterzuführen bis die Söhne Eugen und Karl 1888 übernahmen und das Unternehmen als Gebr. Märklin weiterführten. Von Modelleisenbahnen immer noch keine Spur. Die Produkte waren damals Puppenküchen, Modelle von Schiffen und Karussells, Kreisel und Bodenläufer. 1891 kauften die Brüder den Blechspielzeughersteller Ludwig Lutz aus Ellwangen. Im gleichen Jahr präsentierten sie auf der Leipziger Frühjahrsmesse eine Eisenbahn als Uhrwerkbahn mit Schienenanlage in Form einer Acht. Damit war der Grundstein für den Erfolg gelegt.

50 Jahre nach der Unternehmensgründung bot das Unternehmen etwa 90 verschiedene Produkte an, darunter immer noch Puppenstuben- und Puppenküchenzubehör, Autos, Flugzeuge, Dampfmaschinenmodelle und Metallbaukästen. Nachdem 1926 eine elektrische Eisenbahn mit 20 Volt Wechselstrom vorgestellt worden war, entwickelte sich die Modelleisenbahn schnell zum wichtigsten Produkt von Märklin. 1935 trat Fritz Märklin in die Geschäftsführung ein. Im gleichen Jahr wurde auf der Herbstmesse eine Tischeisenbahn im Maßstab 1:87 vorgestellt, halb so groß wie die bis dato kleinste – Spur H0 („Ha Null") war geboren. In den Boomjahren der Nachkriegszeit wurde Märklin zu einem der weltweit größten Anbieter von Modelleisenbahnen. In den folgenden Jahren begeisterte das Unternehmen seine Fangemeinde immer wieder mit technischen Innovationen und höchster Qualität. Die Märklin-Eisenbahn wurde Kult und ein Sammler-Markt entstand.

Ein Merkmal der Eisenbahnen aus Göppingen war zum Beispiel das Mittelleiter-Stromsystem. Im Gegensatz zu anderen Herstellern, bei denen die beiden isolierten Schienen als Leiter eingesetzt wurden, verwendete Märklin ein Stromsystem, bei dem in der Schienenmitte Punktkontakte eingelassen sind. Die Stromabnahme erfolgt über den charakteristischen Schleifer auf der Unterseite der Fahrzeuge. Die Kontaktfläche zwischen Lokomotive und Schiene ist bei diesem System deutlich größer und verbessert die Betriebssicherheit. Die im Jahr 1972 eingeführte Spur Z mit dem Namen Miniclub war die kleinste in Serie produzierte Modelleisenbahn und ist es es für europäische Fahrzeuge noch heute. Unterboten wurde sie zwar 2007 von einer japanischen Firma, die jedoch nur japanische Modelle fertigt.

1984 führte das Göppinger Unternehmen als einer der ersten am Markt ein Digitalsystem ein. Damit konnten bis zu 80 Lokomotiven unabhängig voneinander gesteuert werden. Für jede Lok waren mehrere Zusatzfunktionen schaltbar. 1988 kam für Spur H0 ein schwedischer Zug auf den Markt, der wie sein großes Vorbild aus Holz konstruiert war. 1997 wurde zum 25-jährigen Jubiläum des Miniclubs eine Dampflokomotive aus 18-karätigem Gold gefertigt. 1999 wurde der 140. Unternehmensgeburtstag mit einem Model der ersten Märklin-Lok gefeiert. Legendär sind auch viele Modellloks wie das Krokodil. Neuauflagen sind häufig sofort vergriffen. 2009 zum Beispiel wurde eine Packung mit drei historischen Lokomotiven des schweizerischen Typs „Krokodil" für 1.499 € angeboten. Sie war schon vor Produktionsbeginn kaum noch zu haben. Im Börsenjargon: Weit überzeichnet. Im Laufe der Zeit erwarb Märklin auch einige Konkurrenten. Die bekanntesten dürften Trix und der Gartenbahnanbieter LGB sein.

Doch wie leidenschaftlich die Fans auch bei der Sache waren – Modelleisenbahnen lagen zu Beginn des neuen Jahrtausends nicht im Trend. Die Produktionszahlen in Deutschland waren stetig zurückgegangen. Erst 2008 zeichnete sich ein leichter Aufwärtstrend ab. Das Statistische Bundesamt meldete für 2008 einen Anstieg von 8,4 % gegenüber 2007 bei der Produktion von Modellbahnen einschließlich Zubehör. Doch zu diesem Zeitpunkt war es für Märklin wohl schon zu spät. Das Unternehmen befand sich bereits seit 2006 in den Fängen von Investoren, denen man, wenn nicht Bösartigkeit, dann doch völliges Unvermögen unterstellen kann.

Als Kingsbridge Capital als Mehrheits- und die US-Bank Goldman Sachs als Minderheitsgesellschafter 2006 bei Märklin übernahmen, schien die Zukunft rosig. Man wusste zwar, dass Restrukturierungen nötig sein würden – damit war schon 2004 begonnen worden –, aber an Insolvenz dachte niemand mehr. Man glaubte sich gerettet. Geschäftsführer Paul Adams sagte damals: „Wir haben mit Kingsbridge Capital nun einen verlässlichen und solventen Partner an der Seite, der flexibel und schnell auf die Bedürfnisse des Unternehmens eingehen kann. Diese unternehmerische Neuausrichtung schafft Freiräume für die Expansion. Damit sind wir für die Herausforderungen der kommenden Jahre gut gerüstet." Dr. Mathias Hink, CEO und Managing Director von Kingsbridge, ließ wissen: „Als neuer Eigentümer fühlen wir uns der Traditionsmarke Märklin verpflichtet und werden alles daran setzen, das Management in der Wahrnehmung der Wachstumschancen des Unternehmens tatkräftig zu unterstützen und die Marke wieder mehr an die jungen Leute heranzuführen."

Die Wirklichkeit sah dann anders aus. Die Misswirtschaft unter Kingsbridge Capital wurde nicht nur von zahllosen Journalisten angeprangert, sondern indirekt sogar durch den späteren Insolvenzverwalter Michael Pluta aus Ulm. Ein knappes Fazit zog ein langjähriger Mitarbeiter von Märklin in einem Gespräch mit dem *Handelsblatt* (31.1.2012): „Wenn man die Geschäftsführer aus der Lostrommel zieht und als Berater nur Abgreifer reinholt, dann fährt der Laden eben gegen die Wand." Tatsächlich haben sich die Investoren nicht mit Ruhm bekleckert. Fachleute bemängelten vor allem, dass gerade unter der Oberaufsicht eines Finanzinvestors und einer Bank die fatale Liquiditätskrise, die letztlich zur Insolvenz führte, rechtzeitig hätte bemerkt werden müssen.

Anfangs schien es so, als ob sich die Hoffnungen der Mitarbeiter, die sogar für den Verkauf an die englischen Investoren demonstriert hatten, erfüllen würden. Zwar wurden Hunderte entlassen, aber es wurde auch investiert und neue Ansätze verfolgt. So wurden Startsets für Kinder angeboten, ein Flagship-Store in Moskau eröffnet und die Kosten gesenkt, indem man (wie die Konkurrenz) Bauteile in Ungarn und China fertigen ließ. Ende 2007 erhielt Kingsbridge sogar einen Preis für Europas besten Turnaround. „Wir freuen uns sehr über diesen Preis, weil wir von Beginn unseres Einstiegs an die schnelle Wiedergesundung von Märklin zum Ziel hatten", sagte Kingsbridge-Chef Mathias Hink. Und auch die Unternehmensberatung Alix Partners freute sich über den Sanierungspreis, konnte sie doch damit ihre exorbitanten Beraterhonorare rechtfertigen. Lachnummer am

Rande: Kingsbridge Capital verklagte Alix Partners – zwei Berater fungierten übrigens ebenfalls eine Zeitlang als Geschäftsführer in Göppingen – auf 30 Mio. € Schadenersatz wegen Falschberatung. Dem *Handelsblatt* zufolge ein Novum für die Branche.

Diese Honorare waren es, die, als ihre Höhe im Zuge der Insolvenz öffentlich wurde, ein ganz neues Licht auf das Engagement von Kingsbridge warfen. „Märklin ist totberaten worden", sagte der Betriebsratsvorsitzende Dieter Weißhaar in der *Stuttgarter Zeitung*. Bereits 2006 wurden über zehn Millionen Euro an Beraterhonoraren bezahlt, bei einem Verlust von 13 Mio. €, 2007 waren es fast 14 Mio. € bei einem Verlust von 16 Mio. €. Man kann sich ausrechnen, was die spätere Insolvenz befördert hat. Hinzu kam ein permanenter und atemberaubender Wechsel an der Spitze. Die Geschäftsführer folgten so schnell aufeinander, dass keiner von ihnen eine Chance hatte, etwas Nachhaltiges zu bewirken. Eines war ihnen abgesehen von der kurzen Halbwertszeit gemeinsam: Sie hatten allesamt keine Ahnung von kleinen Eisenbahnen, waren aber alle interessiert an ihrem Gehalt. Das ist an sich nichts Verwerfliches, doch wenn die Zeitungsberichte stimmen, war bei Märklin eine Absahner- und Pleitegeier-Riege zugange. Als Beispiel mag Robert Calhoun dienen, ein Amerikaner, Vertrauter von Kingsbridge-Chef Hink. Er sollte im Herbst 2008 Chef bei Märklin werden. Vertraut man der Recherche von Angela Maier und Steffen Klusman für die *Financial Times Deutschland (FTD)*, war der Amerikaner auch „sehr, sehr teuer". Hinks war sein Kumpel immerhin so wichtig, dass er ihn, als Goldman Sachs ein Veto einlegte, zumindest noch als Berater einsetzte. „Allein für die letzten Monate des vergangenen Jahres [2008, d. Autor] kassieren Calhoun und Mary, seine Sekretärin, gut 250.000 €", schrieben Maier und Klusmann. Doch der Einsatz des Top-Buddys blieb ohne Erfolg – Märklin meldete trotzdem Insolvenz an. Kein Wunder. Beim Strumpfhersteller Kunert war Calhoun ebenfalls erfolglos geblieben. Und er war nicht der einzige Manager von Kingsbridges Gnaden, der schon zuvor erfolglos gewesen war: Die beiden Kurzzeit-Chefs Ralf Coenen und Rainer Nothwang kamen ebenfalls von Unternehmen, die in Insolvenz gegangen waren.

Das Unvermögen (oder der Unwille) der Spitzenkräfte bei Märklin in der Ära Kingsbridge – Insolvenzverwalter Pluta: „Es gibt bei Märklin keinen Geschäftsführer, der auf der Kostenbremse stand." – wurde nur noch von der Raffgier aller Beteiligten übertroffen. Davon waren zumindest Maier und Klusmann überzeugt. Sie schrieben am 19. Februar 2009: „Die Dreistigkeit, in der Märklin von seinen vermeintlichen Sanierern geschröpft wurde, wird erst allmählich erkennbar – und stellt vieles in Deutschland Dagewesene in den Schatten. Dokumente, die der FTD vorliegen, vermitteln vor allem einen Eindruck: Bei Märklin waren moderne Raubritter am Werk."

Letztlich wurde das Aus bei Märklin 2009 dann durch die Banken ausgelöst. Sowohl die Kreissparkasse Göppingen als auch die Landesbank Baden-Württemberg waren nicht mehr bereit, Kredite zu verlängern oder weiteres Geld nachzuschießen. Angeblich waren die Banken mit der Geschäftspolitik des Investors Kingsbridge nicht mehr einverstanden. Verständlich, wenn man bedenkt, dass in Göppingen nicht nur eine Beteiligungsgesellschaft, sondern mit Goldman Sachs auch eine Bank, die Aufsicht über das Unternehmen hatte. Es ist nicht vertrauensbildend, wenn eine renommierte internationale Bank die Liquiditätskrise nicht kommen sieht.

Insolvenzverwalter Michael Pluta versuchte zu retten, was zu retten war und machte es wesentlich besser als die hochbezahlten Manager im Dienste von Kingsbridge vor ihm. Letztlich ist es ihm zu verdanken, dass wir Märklin zu den „geretteten Marken" zählen können. Pluta startete seine Sanierungsbemühungen mit dem Offensichtlichen und kündigte erst einmal allen Beratern. „Wenn die Beratungskosten nicht bestanden hätten, wäre die Firma jetzt nicht pleite", sagte er. Der weitere Plan: Auftragsbücher füllen und einen Investor suchen, der eine Bindung zum Unternehmen und zum Produkt aufbauen kann. Und siehe da: Trotz angespannter Konjunkturlage schrieb das Traditionsunternehmen bereits 2009 wieder schwarze Zahlen. Bei einem Umsatz von 111 Mio. € schrieb Märklin erstmals seit fünf Jahren wieder ein positives Ergebnis vor Zinsen und Steuern (EBIT). Auch der Cash Flow habe sich positiv entwickelt und zu einer stabilen Liquidität des Unternehmens geführt – mit anhaltend positiver Tendenz, ließen die Göppinger in einer Pressemitteilung wissen. „Trotz der guten Geschäftszahlen wissen wir, dass wir uns nicht auf dem Erfolg ausruhen können", sagte Pluta. Im September 2010 erklärte er: „Das Göppinger Traditionsunternehmen Märklin ist derzeit dabei, die Zukunftsfähigkeit des Unternehmens langfristig auch ohne Investor zu sichern. Wir haben eine Planung für die kommenden vier Jahre bis 2014 erarbeitet, die einen stabilen Umsatz und eine stabile Mitarbeiterzahl für Göppingen garantiert. Damit ist der erste Schritt in einem Insolvenzplanverfahren getan." Die regionalen Gläubigerbanken signalisierten Zustimmung und Unterstützung für den Insolvenzplan. Am 17. Februar 2011 hob das Amtsgericht Göppingen das Insolvenzverfahren über das Vermögen der Gebr. Märklin & Cie. auf und erklärte den am 21. Dezember 2010 von der Gläubigerversammlung beschlossenen Insolvenzplan für rechtskräftig.

„Das Ende der Insolvenz ist ein weiterer Meilenstein und die Basis für eine erfolgreiche Zukunft unseres Unternehmens", sagte der neue Märklin-Geschäftsführer Stefan Löbich, der am 1. Januar 2011 den Insolvenz-Geschäftsführer Dr. Kurt Seitzinger abgelöst hatte. Nach der Konsolidierungsphase werde Märklin auch künftig mit aller Macht die Weichen für eine gesunde wirtschaftliche Entwicklung stellen. Im Geschäftsjahr 2010 konnte der Gewinn vor Zinsen und Steuern auf 10,1 Mio. € gesteigert werden. Das waren zwei Millionen Euro mehr als 2009. 2008 waren noch 18 Mio. € Verluste angefallen. Zum 31. Dezember 2010 beschäftigte das Unternehmen 939 Mitarbeiter, davon 465 im Stammwerk Göppingen. Bei der Vorstellung der Bilanz für das Geschäftsjahr 2011 wiesen Löbich und Mit-Geschäftsführer Wolfrad Bächle darauf hin, dass Märklin dem seit 2009 eingeschlagenen Erfolgsweg weiter treu geblieben sei. Das Unternehmen steigerte den konsolidierten Umsatz auf 108,77 Mio. € (plus 1,64 %) und verbuchte einen Gewinn vor Steuern und Zinsen (EBIT) von 12,36 Mio. € (plus 12,6 %). Auch die Zahl der Beschäftigten legte wieder zu: Zum 31. Dezember 2011 gehörten 980 Mitarbeiter der Firmengruppe Märklin an, davon 464 im Stammwerk in Göppingen. Und noch etwas Positives gab es zu vermelden: Ein konsequentes Bestände-Management führte zu einer erneuten Reduzierung der Vorräte um 20 % und damit auch der gebundenen Finanzmittel. Dadurch konnte ein kräftiges Plus an Liquidität erreicht werden. So war es möglich, auch umfangreiche Investitionen vollständig aus eigenem Cashflow zu finanzieren. Die Eigenkapitalquote kletterte zum 31. Dezember 2011 unter Berücksichtigung der liquiden Mittel auf sehr gesunde 48 %.

Am 21. März 2013 wurde ein neues Kapitel in der Märklin-Geschichte aufgeschlagen. Die Simba-Dickie-Gruppe, Deutschlands umsatzstärkste Spielwarenfirma, hat die Traditionsmarke samt Trix und LGB unter ihre Fittiche genommen. Zu dem 1982 gegründeten Familienunternehmen aus Fürth gehören Marken wie BIG, Schuco, Smoby und Eichhorn. Michael Sieber, Pionier der deutschen Spielwarenindustrie, wird über die Sieber & Sohn GmbH & Co. KG neuer Mehrheitseigentümer bei Märklin. Alle derzeitigen Arbeitsplätze an den Standorten Göppingen und Györ (Ungarn) bleiben erhalten, alle offenen Verbindlichkeiten gegenüber Banken und anderen Gläubigern sollten beglichen werden. Der Sohn von Michael Sieber, Florian Sieber, wird die Doppelspitze bei Märklin ergänzen. Er ist sich der Verantwortung seiner neuen Rolle bewusst. „Der Name Märklin ist Synonym für eine ganze Spielzeugkategorie und steht bereits seit 1859 für deutsche Spitzenqualität", erklärte er. „Deshalb freue ich mich sehr, die Zukunft dieser Traditionsmarke mit einer über 150-jährigen Geschichte mitzugestalten."

Die Siebers wollen der bereits eingeschlagenen Strategie des Modelleisenbahnbauers folgen und verstärkt die Kinderzimmer ansteuern. „Wer, wie ich, schon als Kind von Märklin begeistert war, wird der Marke auch als Erwachsener treu bleiben", sagte Michael Sieber. Vermutlich ist die Traditionsmarke bei einem Familienunternehmen, das auf Langfristigkeit setzt und zudem noch etwas von Spielzeug und vom Spielzeugmarkt versteht, in weitaus besseren Händen als bei jedem anderen Investor.

Resümee: Strategisch planen

Insolvenzverwalter Pluta und seine Mitarbeiter haben das Richtige getan: Bestandsaufnahme und strategische Planung. Dazu gehören für die Zukunft der Ausbau der Drei-Marken-Strategie: Unter der Dachmarke Märklin gibt es künftig Märklin (die traditionelle Modelleisenbahn mit Wechselstrom), Trix (Gleichstromprodukte) und LGB (Gartenbahn). Trix und LGB sind schwerpunktmäßig für die Auslandsmärkte gedacht, Märklin für den deutschsprachigen Raum. Mit der neu eingeführten Serie „my world" wollen die Göppinger zurück in die Kinderzimmer und frühzeitig den Grundstein dafür legen, dass sich Kinder für die Modelleisenbahn interessieren. Mit robusten Fahrzeugen, trittfesten und leicht zu installierenden C-Gleisen sowie günstigen Startpackungen soll Kindern und Eltern der Einstieg leicht gemacht werden. Der Mut der Göppinger wurde belohnt. Drei Monate vor Weihnachten 2011 wurde „my world" vom Bundesverband Spielwaren-Einzelhandel zu einer der TOP 10 der Spielzeug-Neuheiten 2011 gekürt. Auch der zunehmend mobilen Welt wird Rechnung getragen. 2011 wurde die Märklin „MobileStation App" vorgestellt. Mit einem Softwareprogramm lassen sich digitale Märklin-Anlagen komplett über ein einziges Mobilgerät steuern. iPod, iPhone und iPad haben also auch die Modelleisenbahnwelt erreicht. Damit möchte Märklin zeigen, dass das Hobby Modellbahn durchaus auch in der digitalen Welt aktuell ist. Außerdem setzt das Unternehmen auf eine stärkere Interaktion mit seinen Kunden, sowohl in der realen als auch in der virtuellen Welt. Teil dieser Strategie sind die Community-Plattform für Modelleisenbahnfans und der Märklin-Club für Kinder sowie die Märklin-Erlebniswelt in Göppingen.

Dass der neue Eigentümer Sieber in dieselbe Richtung zielt, ist ein gutes Zeichen und zeigt, dass mitunter ein Insolvenzverwalter ein weit besserer Unternehmer ist als hochbezahlte, aber weitgehend uninteressierte Manager. Michael Sieber sagte: „Herr Pluta und sein Team haben die richtigen Weichen gestellt. Insgesamt sehe ich große Wachstumspotenziale für Märklin und die Tochterunternehmen Trix und LGB."

3.3 Salamander: Lurchis Comeback

„Hitzeflimmern, heißes Land, Lurchi hat sogleich erkannt: Hier fehlt Regen, Wolken her, mit dem Fallschirm ist's nicht schwer ..." Solche und ähnliche Verse haben sich in den 1950er bis 1970er Jahren in die Erinnerungen zahlloser Kinder gegraben. Bei Salamander Schuhe kaufen zu gehen, versprach Kindern damals Lesespaß, Lurchi-Figuren und am Rande auch noch neue Schuhe. Und für die Mütter war der Schuhkauf ein Vergnügen, denn die lieben Kleinen waren mit den Abenteuern von Lurchi, dem Feuersalamander, und seinen Freunden vollauf beschäftigt. Während dieser Zeit erreichten die grünen Heftchen Auflagen von über 2,5 Mio. Exemplaren. Dann wurde es stiller um die Kultfigur, doch in den letzten Jahren wurde sie wieder in den Mittelpunkt des Markenauftritts gerückt. Lurchi, die Kinderschuhmarke von Salamander, gewann damit den Marken-Award 2012 in der Kategorie „Bester Marken-Relaunch", und der vorwitzige und abenteuerlustige Feuersalamander feierte ein Comeback. Es hieß fortan wieder: „Salamander lebe hoch!"

Mit diesem Satz schließt jede Lurchi-Geschichte noch heute ab, so Zeichner und Texter Dietwald Doblies, der Lurchi und seine Freunde, die Kröte Unkerich, Mäusepiep, den Zwerg Piping, Igelmann und den Frosch Hopps, seit 1995 begleitet. Seit 1904 gibt es die Marke mit dem Feuersalamander. 1937 wurde Lurchi zum ersten Mal Leben eingehaucht, doch der Krieg unterbrach die Abenteuer nach den ersten fünf Heftchen. Nachdem Salamander 1949 begonnen hatte, Kinderschuhe zu produzieren, machte man sich Gedanken über eine Neubelebung der Lurchi-Geschichten. Und so kam es, dass der Zeichner Heinz Schubel von 1952 bis 1972 Lurchis Abenteuer im Auftrag der Vereinigten Kunstanstalten Kaufbeuren zu Papier brachte. Ideengeber und Urheber der gereimten Texte war damals Salamander-Prokurist und -Werbechef Erwin Kühlewein. Kurioserweiser betrat der Zeichner niemals die Firma Salamander noch lernte er jemals während der gemeinsamen Arbeit den Texter kennen. Sowohl die Vereinigten Kunstanstalten als auch die Firma Salamander hatten offensichtlich kein Interesse daran, zwei so kreative Köpfe wie Schubel und Kühlewein zusammenzubringen. Vielleicht fürchteten sie einen Alleingang von Zeichner und Texter.

Schubel, der bereits Erfolg mit der Gestaltung von Werbung und Plakaten sowie der Illustration von Kinderbüchern vorweisen konnte, veränderte nicht nur die Hauptfigur Lurchi und dessen Freunde, sondern brachte auch die damals verpönten Comic-Elemente unauffällig in den Geschichten unter. Er verzichtete jedoch auf Sprechblasen. Konzentrierten sich die Vorkriegsgeschichten noch auf Natur-Motive, in denen Lurchi mit Fressfeinden konfrontriert wurde, wandelten sie sich unter der Ägide Schubel/Kühlewein zu Abenteuern, die von den vermenschlichten Helden bravourös bestanden wurden. Die Figuren entdeckten die Welt der modernen Technik wie Autos, Motorräder und andere Verkehrsmittel. In der 24. Folge der Geschichten im Jahr 1961 macht sich Lurchi gar auf zu einer Reise ins All. Hula-Hoop-Reifen und Olympia wurden ebenso aufgegriffen wie Indianer, Afrika oder Roboter. Jedes Abenteuer schloss mit den Worten: „Und lange schallt es im Walde noch: Salamander lebe hoch!" Übrigens versammelten sich dafür Lurchi und seine Freunde zu einem Festmahl – lange bevor man je irgendetwas von Asterix gehört hatte. Als Kühlewein 1964 Salamander verließ, übernahm Schubel selbst die Rolle des Texters. Schubel setzte verstärkt auf Geschichten mit märchenhaften Motiven wie Hexen, Elfen und Geister. Anfang der 1970er Jahre zog sich Schubel aus gesundheitlichen Gründen zurück. Das letzte Werk aus seiner Feder war Heft 52, das bei der Olympiade 1972 in München spielte. Eine Comic-Serie lässt sich nicht über Jahrzehnte weiterführen, ohne Figuren und Inhalte dem Wandel der Zeiten anzupassen. Das hat Schubel immer sehr behutsam getan. René Granacher schreibt in einem Aufsatz über Heinz Schubel: „Die Modernisierung von Dekor und Figuren ging allmählich vor sich und ließ die grundlegenden Muster des Lurchi-Universums unangetastet."

Nach Schubels Rückzug wurde die Lurchi-Serie zwar weitergeführt, allerdings taten sich weder Zeichner noch Texter durch größere Taten hervor. Zum Kult waren Lurchi und seine Kumpel jedoch schon längst geworden. Zahlreiche Erwachsene, die mit Lurchi und seinen Abenteuern aufwuchsen, sind sogar unter die Sammler gegangen. Sie sammeln nicht nur die Heftchen, sondern alles andere, was mit Lurchi und den anderen Figuren der grünen Heftchen zusammenhängt. Einer davon ist der Weinhändler Heinz Holey aus Detmold, der 2011 seine Schätze sogar unter dem Motto „Lurchi & seine Freunde" in einer Ausstellung der Öffentlichkeit präsentierte. Holey kam auf den Lurch, als er im Kindesalter regelmäßig seinen Onkel besuchte, um ihm seine Schularbeiten zu zeigen. Der Onkel hatte seine Anwaltspraxis über einem Salamander-Schuhgeschäft. Wenn dem kleinen Heinz langweilig war, weil er auf den Onkel warten musste, oder bevor er sich auf den Heimweg machte, spielte er im Schuhgeschäft mit den Figuren von Lurchi, Piping, Hopps, Unkerich, Igelmann und Mäusepiep. „Mit 30 wollte ich in dem Geschäft ein Paar Schuhe kaufen", erzählte Holey bei der Ausstellungseröffnung. „Die Verkäuferin fragte: ‚Na, Herr Holey, wollen Sie mal wieder mit den Figuren spielen?' Das war mir doch recht peinlich."

Auftrieb erhielten die Kult-Heftchen erst wieder als der Grafiker Dietwald Doblies auf den Plan trat. Der heute 50-jährige Grafiker gesteht schmunzelnd, dass er als Kind seine Mutter immer zu Salamander „hingequengelt" habe, um an ein Lurchi-Heftchen zu kommen. „Vor allem die Zeichnungen von Heinz Schubel fand ich damals schon toll und das ist bis heute so geblieben. Er ist und bleibt mein Vorbild", erzählt Doblies. 1992 sah er dann bei seiner Nichte ein Lurchi-Heft und war entsetzt, als er die seinem Empfinden nach „langweiligen und lieblos hingeworfenen Geschichten" anschaute. Er machte ein paar Entwürfe im alten Stil und schickte sie zu Salamander. Drei Jahre später fing er als

Zeichner der Lurchi-Abenteuer an. „Ich denke mir drei Abenteuer für Lurchi aus, dann wählt Salamander ein Thema aus. Das skizziere ich, stimme es ab und gehe dann an die Reinzeichnung. Erst mit hartem Bleistift, als nächstes mit feiner Tusche und zuletzt mit Lasurfarben", beschreibt er das Prozedere. „Wenn Lurchi erst einmal Farbe hat, fließt auch der Text locker aus der Feder." Allerdings nicht mehr in der traditionellen Reimform.

Auch Doblies kommt ebenso wenig wie Schubel darum herum, Figuren, Geschichten, Darstellung und Texte den gesellschaftlichen Veränderungen und Entwicklungen anzupassen. Zunächst beschränkte sich Doblies Aufgabe auf die Zeichnungen, in denen er sich am Stil von Schubel orientierte. Erst ab 2002 übernahm er auch das Texten. Den größten Einschnitt gab es ab dem Jahr 2000 auf Wunsch von Salamander. Die Agentur des Unternehmens hatte 1999 eine Marktstudie in Auftrag gegeben, die ergab, dass die grünen Heftchen nicht mehr den Erwartungen der Kinder entsprächen. Der Zeichner sollte Figuren und Geschichten modernisieren. Allerdings ging Salamander dabei ziemlich forsch vor. Ende 2000 kamen das erste Heft in neuem Design auf den Markt – für eingefleischte Lurchi-Fans eine Katastrophe. Es war nicht mehr grün, hatte ein Pixi-Format und ähnelte modernen Kinderbüchern. Lurchi verlor seinen Jägerhut. Die klaren, kräftigen Farben mussten gebrochenen Tönen und ungewöhnlichen Lichtstimmungen weichen. In der *Welt* vom 22. September 2000 war damals harsche Kritik zu lesen: „Jetzt ist Lurchi zum heißspornigen Teenager mutiert. Die Hefte sind quadratisch, das Grün des Waldes ist verschwunden; im Lurchi-Dorf ist von Natur überhaupt wenig die Rede (wer glaubt heute noch an die Öko-Bewegung?). Dafür werden die Abenteuer jetzt auch als Hörkassette und als CD im Handel vertrieben. Leider sind sogar die oft urkomischen Verse verschwunden. Statt dessen Action-Bilder und kurze Sätze. Trotzig und voll sentimentaler Erinnerung rufen wir: ‚Lange schallt's im Walde noch, Lurchi, Lurchi lebe hoch!'"

Doch der Wandel war nicht von langer Dauer. Bereits 2002 kehrte man zum gewohnten Format und der Farbe grün zurück. Lurchi durfte in die Anden reisen. In Folge 134 „Lurchi und das Zeitfenster" findet Lurchi auch seinen Jägerhut wieder, den er seitdem gelegentlich trägt. Bei der Erneuerung der Figuren blieb es jedoch nicht. „Mit ihrem neuen Aussehen haben Lurchi und seine Freunde zum Teil auch neue Charaktereigenschaften und eine neue Rolle im Freundeskreis bekommen", sagt Doblies. Bei Lurchi fiel vor allem seine neue Bekleidung auf. Insgesamt bewegte sich die Darstellung der Figuren mehr in Richtung typischer Comic-Figuren im sogenannten Funny-Stil – lustige, karikaturhafte Figuren. Mittlerweile ist es gelungen, die Balance zwischen Tradition und Moderne zu finden. Seit kurzem bereichert die Fee Emily die Lurchi-Comic-Familie und ist auch auf einigen Modellen der neuen Kollektion zu entdecken. Sie soll vor allem die kleinen Mädchen für Lurchi-Schuhe und -Abenteuer begeistern.

Ebenso wenig wie Lurchi jemals ganz weg war, war es das Unternehmen Salamander. Doch beide gingen durch eine wechselvolle Geschichte – ganz wie Lurchi in den berühmten Heftchen, musste auch das Unternehmen einige Abenteuer bestehen, vor allem seit der Jahrtausendwende. Gegründet wurde das Unternehmen 1885 in Kornwestheim vom Schumachermeister Jakob Sigle, der damals erst 23 Jahre alt war. 1891 tat er sich mit dem Stuttgarter Lederreisenden Max Levi zusammen. Gemeinsam gründeten sie „J. Sigle &

Cie.". 1897 hatte das junge Unternehmen bereits mehr als 125 Mitarbeiter. Die Werkstatt wurde vierstöckig ausgebaut. Laut Unternehmenschronik entstand 1904 „Salamander" als Wort- und Bildmarke samt Patenteintrag. Die „Salamander Schuhverkaufsgesellschaft mbH" wurde gegründet, an der J. Sigle & Cie und der Berliner Schuhhändler Rudolf Moos zu je 50 % beteiligt waren. Kurze Zeit später wurde in Kornwestheim eine größere Schuhfabrik gebaut. Als innovativ erwies sich die Idee, eigene Verkaufsgeschäfte zu eröffnen. 1909 gab es bereits 26 Filialen, sieben Jahre später 50. Gleichzeitig vergab das Unternehmen Lizenzen an Alleinverkäufer. Bis 1913 wurden über 800 Lizenzen in Deutschland vergeben und fast 30 im Ausland. Salamander schrieb eine Erfolgsgeschichte. 1914 stellten 2.880 Mitarbeiter über zwei Millionen Paar Schuhe her. Auf 30.000 Quadratmetern wurde mit rund 2.000 Maschinen produziert. 1925 starb Max Levi. 1927 war die Marke Salamander bereits in 123 Staaten eingetragen und unterschiedliche Unternehmen gehörten zur Sigle-Gruppe. 1930 wurden sie in der Salamander AG gebündelt. Ihr Aktienkapital betrug anfangs 32 Mio. Reichsmark. 1932 waren 50 % der Mitarbeiter Frauen. 1935 starb der Unternehmensgründer Jakob Sigle. Der Zweite Weltkrieg, in dessen Verlauf das Unternehmen 26 % der Werksanlagen und 50 % der Verkaufsstellen einbüßte, unterbrach die Erfolgsgeschichte nur kurzzeitig.

Das Unternehmen trieb die internationale Expansion voran. Salamander France wurde 1960 gegründet, Salamander Austria 1969. Auch in Deutschland entstanden neue Fabriken. 1967 produzierten 17.800 Mitarbeiter weltweit 13,5 Mio. Paar Schuhe. Allerdings drängten zu dieser Zeit immer mehr ausländische Billigproduzenten auf den Markt. Das wirkte sich auch auf die Geschäfte der Salamander AG aus. 1981 war die Mitarbeiterzahl auf 7.566 gesunken und die Jahresproduktion erreichte nur noch 8 Mio. Paar Schuhe. Das Unternehmen verstärkte den Vertrieb. 248 Filialen gab es in Westeuropa. Doch Salamander fing sich wieder. 1983 überstieg der Jahresumsatz die Milliardengrenze. Die Expansion nach Osteuropa, zum Beispiel nach Polen, Ungarn und Russland, sowie in die Vereinigten Arabischen Emirate wurde vorangetrieben. Doch gerade die Präsenz in Osteuropa brachte dem Unternehmen hohe Verluste ein. In Deutschland und Tschechien mussten Werke geschlossen werden. 1995 wurden nur noch knapp über 7 Mio. Paar Schuhe produziert. Salamander sah sich wachsenden Schwierigkeiten gegenüber. Die Schuhproduktion in Deutschland war angesichts der weit billigeren Fertigung in osteuropäischen Ländern und Asien nicht mehr rentabel. Obwohl 90 % der Bevölkerung die Marke Salamander kannten, kam das Unternehmen, aus dem mittlerweile ein Mischkonzern geworden war, nicht mehr auf die Beine. Im Jahr 2000 übernahm der Energieversorger EnBW den Konzern. 2002 erwirtschaftete der Salamander-Konzern einen Umsatz von 1,29 Mrd. € Der Schuhbereich wies jedoch einen Verlust von 18,8 Mio. € auf. Das Sanierungskonzept führte unter anderem zur Schließung aller verbliebenen Werke in Deutschland. Über 1.300 Arbeitsplätze im Schuhsegment fielen weg. 2003 schließlich trennte sich die EnBW von dem unrentablen Schuhgeschäft und verkaufte es an die „Garant Schuh + Mode AG".

Keine gute Entscheidung für die Salamander-Mitarbeiter, wie sich ein Jahr später zeigen sollte. Bei der Übernahme sagte Garant-Aufsichtsratschef Kurt Merse: „Salamander hatte und hat viele Probleme, aber in dem Zustand, in dem wir es übernehmen, ist es gesund und ertragsträchtig." Im September 2004 meldete Garant Insolvenz an, Salamander folgte wenige Tage später. Garant mit seinen nur 130 Mitarbeitern hatte sich am vielfach größeren Lurchi verschluckt. Insolvenzverwalter Hendrik Hafermehl sagte: „Salamander war vielleicht zu groß und Garant möglicherweise zu klein." Doch es fand sich eine Lösung. Im März 2005 übernahm die börsennotierte Egana-Goldpfeil-Gruppe mit Hauptsitz in Hongkong und Europazentrale in Offenbach das insolvente Unternehmen Salamander. „Ich bin sehr froh und auch sehr erleichtert, dass ein Verkauf gelungen ist", sagte Hafermehl der *Stuttgarter Zeitung*. Die Betriebsratsvorsitzende Anja Mücke sagte: „Wir stehen diesem Ergebnis sehr positiv gegenüber. Jetzt ist endlich die Chance für einen richtigen Neuanfang gegeben." Das Paket für Egana-Goldpfeil war durchaus attraktiv. Es enthielt nur die besten Filialen, keine Produktionsstätten und die Markenrechte an „Lurchi" und „Salamander". Die Gruppe vereinigte unter ihrem Dach mehr als 30 Luxuslabels wie Carrera, Comtesse, Dugena, Joop, Junghans, Sioux und Pierre Cardin sowie Lizenzmarken wie Cerruti 1881, Esprit und Puma.

Zunächst ließ sich tatsächlich alles gut an. Salamander profitierte von der langjährigen Erfahrung der Gruppe auf dem Gebiet hochwertiger Lederproduktion und konnte die konzerneigenen Leder-Luxuslabels integrieren. Die Produktion der Taschen und Kleinlederwaren der Marke Salamander erfolgte in den Egana-eigenen Manufakturen. Ein eigenes Design-Team kümmerte sich um die aktuellsten Farben, Formen und Trends. Ab 2005 führte Salamander ein neues Ladenbaukonzept ein, das die Formensprache des Feng Shui berücksichtigte. Doch man freute sich zu früh. Für die Europa-Holding von Egana-Goldpfeil wurde im Oktober 2008 vom Amtsgericht Offenbach das Insolvenzverfahren eröffnet. Für Salamander stand der vierte Besitzerwechsel seit 2000 an. Zum Februar 2009 übernahm die in Familienbesitz befindliche Ara-Gruppe aus dem nordrhein-westfälischen Langenfeld, ebenfalls Schuhhändler und Konkurrent von Salamander, sämtliche Anteile des Kornwestheimer Unternehmens, inklusive der ausländischen Tochtergesellschaften. „Salamander ist eine starke Marke", sagte Ara-Vorstand Thomas Schmies. Man wolle dies nutzen, um in Deutschland und Europa weiter zu expandieren. Salamander werde eine eigenständige Marke bleiben und als klassischer Vollsortimenter weiterhin auch Schuhe anderer Hersteller anbieten.

Die deutschen Filialen reichte der neue Besitzer gleich an die Klauser-Gruppe aus Wuppertal weiter. Sie werden seit dem 1. Juni 2009 von der „Salamander Deutschland GmbH & Co. KG" geführt. Der bei Ara in Langenfeld angesiedelten „Salamander GmbH" obliegt die internationale Markensteuerung sowie die Verwaltung, Entwicklung und Lizenzverwertung der Markenrechte von Salamander und Lurchi. Sie zeichnet auch verantwortlich für die Kollektionsentwicklung und den Vertrieb und führt die 142 Geschäfte im europäischen Ausland.

Momentan scheint sich Salamander wieder auf einem guten Weg zu befinden. Das ist nicht zuletzt dem hohen Bekanntheitsgrad von Lurchi zu verdanken. Die Kinderschuhmarke war deshalb auch der erste Relaunch im Hause Salamander, die Herren- und Damenschuhe folgten. Die Verleihung des Marken-Award im März 2012 für den Relaunch

der Kinderschuhmarke spornte das gesamte Team an. Bereits im ersten Jahr des Relaun-
ches konnten Umsatz und Ertrag gegenüber dem Einführungsjahr mehr als verdoppelt
werden. Auch außerhalb Deutschlands stieg die Distribution der Lurchi-Kinderschuhe
kontinuierlich. Bereits in 19 Ländern ist die Marke im Fachhandel vertreten. Die Präsenz
wurde somit binnen eines Jahres um 80 % gesteigert. Dazu trug sicherlich nicht unerheb-
lich bei, dass vielen Eltern der Lurchi noch aus der eigenen Kinderzeit bekannt ist. Doch
auch sonst wurde einiges getan: Eine professionelle Internetpräsenz der Kinderschuhmarke und die zweimal jährlich erscheinenden Lurchi-Hefte spiegeln den zentralen Marken-
gedanken „Mit mir ist jeder Tag ein Abenteuer" wider. Die typischen Identitätsmerkmale
der Marke wie Lurchi-Schriftzug, stilisierte Salamander-Motive oder farbige Fähnchen im
Lurchi-Muster zieren die insgesamt 80 Kinder-Modelle. Mit den grünen Heftchen, so das
Unternehmen, solle das Schuhe kaufen Kindern Spaß machen. Die Lurchi-Geschichten
vermittelten außerdem ohne erhobenen Zeigefinger Werte wie Freundschaft, Vertrauen
und Zusammenhalt. Lurchi sei der Held, der mit Hilfe seiner Freunde und natürlich des
richtigen Schuhwerks alle erdenklichen Abenteuer bestehe.

Resümee: Starke Marken sichern Überleben

Obwohl Salamander seit der Jahrtausendwende eine wahre Odysee hinter sich hat, hat
sich das Unternehmen als Überlebenskünstler erwiesen. Dazu trug ganz entscheidend
der hohe Bekanntheitsgrad der Marken Salamander und Lurchi bei. Den Marken-
Relaunch mit Lurchi und der Kinderschuhkollektion zu beginnen, war zweifellos eine
strategisch richtige Entscheidung. Der zweite Pluspunkt ist sicherlich, dass sich sowohl
mit der Ara AG als auch mit der Klauser-Gruppe Eigentümer gefunden haben, die in der
Branche zuhause sind und etwas von Schuhen verstehen. Mit dem Schuh-Filialgeschäft
konzentriert sich Salamander wieder auf seine ureigene Kernkompetenz, die es bereits
zu Beginn des 20. Jahrhunderts entwickelt hatte. Auch wenn Lurchi gerne jeden Tag ein
Abenteuer besteht, wäre es den noch verbliebenen Mitarbeitern und dem Unternehmen
zu wünschen, dass ruhigere Zeiten einkehren und zwei große deutsche Marken erneut
ihren Platz finden.

3.4   Schiesser: Gerippt

Ganze Generationen in Deutschland sind mit der Feinripp-Unterwäsche von Schiesser
durchs Leben gegangen, Generationen von Kindern mit der Kindermarke Tausendsassa
aufgewachsen. Ende der 1990er Jahre hatte die Marke in Deutschland einen Bekanntheitsgrad von über 90 % Allerdings galt das Image der Marke besonders bei der trend- und
modebewussten Generation immer als leicht angestaubt. Frauen, so wird gern behauptet,
würden Feinripp am Mann als absoluten Liebestöter empfinden, und da 70 % aller Män-
nerunterwäsche laut Statistik von Frauen gekauft werden, sei das schon bedenklich. Aber
Feinripp ist anscheinend nicht gleich Feinripp. Wie sonst lässt sich der Erfolg der Calvin-

Klein-Unterwäsche erklären? Denn auch CK ist nichts anderes als Feinripp. Vielleicht liegt es eher an den Männern, die den Feinripp tragen? Das fand wohl Jaqueline Horner, die auf *Bild.de* die Männer anflehte: „Und bitte, bitte, bitte – tragt kein weißes Feinripp-Unterhemd, wenn ihr nicht mindestens so aussseht, wie das Model, das für Feinripp-Unterhemden Werbung macht." Der Fußballer David Beckham im Feinripp-Unterhemd seiner H & M-Kollektion hätte sicherlich auch vor ihren gestrengen Augen Gnade gefunden. Ob unsexy oder nicht – es liegt am Träger der Feinripp-Dessous. Kann sich frau etwas Erotischeres vorstellen als Bruce Willis in „Stirb langsam" im verdreckten, Blut beschmierten Feinripp-Unterhemd?

Tatsächlich lag es wohl auch nicht am Feinripp oder am angestaubten Image, dass das Traditionsunternehmen vom Bodensee in die Insolvenz taumelte, sonst hätte es sich auch gar nicht so schnell wieder berappeln können, wie es das tat, und sogar den Börsengang ins Auge fassen. Sicherlich, ein jüngeres und modischeres Image hat dabei eher genützt als geschadet, aber es war ja beileibe nicht so, dass bis zur Insolvenz nur die weißen Liebestöter aus 100 % Baumwolle produziert wurden. Auch vor der Insolvenz gab es schon BHs in verschiedenen Farben mit Spitze besetzt, Boxer-Shorts, Freizeithosen, Nachtwäsche und Bademoden. Über die Qualität der Schiesser-Produkte gab es noch nie Diskussionen und ein BH von Triumph oder Passionata oder ein Hemdchen von Mey war auch noch nie billiger als das vergleichbare Schiesser-Produkt. Die Gründe für den kurzzeitigen Niedergang der Marke müssen woanders gesucht werden.

Gestartet ist das Unternehmen als Erfolgsgeschichte. Es wurde 1875 von dem damals 27-jährigen Schweizer Jacques Schiesser und seine Frau Malwine gegründet. Sie mieteten in Radolfzell den Tanzsaal im Gasthaus „Schwert" und begannen auf neun Rundstühlen mit der Fertigung von Trikotagen. 1876 bauten sie eine Fabrik für Trikotagen und Färberei. Nur vier Jahre später beschäftigte das junge Unternehmen bereits 280 Mitarbeiter und verkaufte seine Waren bis nach China, Japan, Indien und in den vorderen Orient. In den folgenden Jahren wurden Filialen in Stockach, Engen und Bukarest eröffnet. Bis 1896 wuchs die Mitarbeiterzahl auf 600 an und es wurden sogar Arbeiterinnen aus Italien angeworben. Um die Jahrhundertwende gingen bereits 80 % der Produktion in den Export. 1901 wurde Firmengründer Jacques Schiesser auf der Pariser Weltausstellung eine besondere Ehre zuteil. Er erhielt den „Grand Prix für Innovation" für die patentamtlich geschützten Spezialitäten des Hauses wie Flechttrikot, Damasttrikot, Abhärtungswäsche aus Ramieleinen und Längsstreifen-Trikotagen. Zu diesem Zeitpunkt produzierte das Unternehmen 12.000 Stück Wäsche pro Tag und beschäftigte fast 1.000 Mitarbeiter sowie mehrere hundert Heimarbeiterinnen. Im August 1913 starb Jacques Schiesser und hinterließ das Unternehmen seiner Frau Malwine. Geschäftsführer und Chef der mittlerweile 1.200 Mitarbeiter wurde sein Schwiegersohn Wilhelm Finck.

Der Erste Weltkrieg setzte dem stetigen Wachstum zunächst ein Ende. Die Produktion musste auf Heeresbedarf umgestellt werden. Mitten im Krieg musste Schiessers Neffe Jean Schiesser die Geschäftsführung übernehmen. 1916 wurde das Unternehmen in eine Aktiengesellschaft umgewandelt. 95 % der Schiesser AG übernahm der Schweizer Industrielle Jakob Heusser-Staub. 1918, am Ende des Krieges, arbeiteten nur noch 360 Mitarbeiter für das Unternehmen, das sich jedoch schnell erholte. 1922 beschäftigten die Radolfzeller schon wieder 800 Menschen. Doch der Zweite Weltkrieg warf seine Schatten voraus. Inflation und die Weltwirtschaftskrise von 1929 warfen das Unternehmen erneut zurück. Sanierungsmaßnahmen wurden notwendig. Die Produktion in Engen und Stockach wurde stillgelegt. Ab 1933 ging es wieder aufwärts. Schiesser übernahm die Radolfzeller Kinderwäschefabrik, aus der später die Kindermarke „Tausendsassa" hervorging. 1936 wurde Walter Schellenberg der erste nicht aus der Familie stammende Geschäftsführer. 1938 gründete Heusser-Staub die „Hesta Holding" – später Hesta AG –, die Muttergesellschaft von Schiesser wurde. Als der Zweite Weltkrieg begann, war die Belegschaft auf 1.100 Mitarbeiter angewachsen und wieder musste für den Krieg produziert werden. 1945 waren kaum noch Rohstoffe zu bekommen und die Produktion kam fast vollständig zum Erliegen.

Nach dem Zweiten Weltkrieg erholte sich das Unternehmen schnell. Eine Zeit der Expansion und des Wachstums begann. Zu Beginn der 1960er Jahre wurden bereits 3.500 Mitarbeiter beschäftigt. In der Schweiz und in Griechenland wurden neue Produktionsstandorte errichtet und Schiesser Niederlande gegründet. 1966 entstand ein neues Werk in Radolfzell mit 32.000 Quadratmetern. In Griechenland, Irland, Österreich und der Schweiz wurden weitere Produktionsstandorte aufgebaut, in Mailand und Belgien Vertriebsgesellschaften gegründet. 1971 übernahm Schiesser die Standop GmbH und die Hudson-Textil-Werke. Damit waren die Radolfzeller Marktführer im Bereich „bedruckte Maschenstoffe". Eine eigene Stoffdruckerei wurde in Betrieb genommen. Ein Werk in Engen sowie Niederlassungen in Mimmenhausen und Rielasingen wurden eröffnet. Jährlich wurden 2,7 Mio. Stück Trikotwaren hergestellt. Der Umsatz lag bei rund 13 Mio. D-Mark. Im Jahr 1975 wurde das Unternehmen 100 Jahre alt.

Die deutsche Wiedervereinigung brachte dem Unternehmen noch einmal einen Wachstumsschub. Schiesser übernahm den Hersteller „Eminence" und wurde zur Schiesser-Eminence-Gruppe. Der Markenauftritt wurde überarbeitet und die Mode in den Mittelpunkt gestellt. Der Slogan hieß jetzt: „Lust auf Mode. Lust auf Schiesser." Schiesser war in Bezug auf den Umsatz der größte Hersteller von Unterwäsche in Europa und nahm den Spitzenplatz unter den deutschen Textilmarken ein.

In den 1990er Jahren geriet jedoch zunehmend Sand ins Getriebe. Schiesser konnte sich dem allgemeinen Trend nicht verschließen und verlagerte die Produktion zunehmend nach Osteuropa. Die Werke in Tengen, Stockach und Kreuzlingen wurden geschlossen, um die Kosten zu senken. 1996 sollte es noch schlimmer kommen. Die Werke in Waldshut-Tiengen, Titisee-Neustadt sowie die Standorte Mimmenhausen und Rielasingen wurden dicht gemacht. In Radolfzell wurden ebenfalls Mitarbeiter entlassen. Das Unternehmen war zu dieser Zeit in 30 Ländern präsent und hatte in Deutschland über 8.000 Textilgeschäfte und Warenhäuser als Kunden. Trotzdem verlangten die Krise in der Textilbranche und der anhaltende Preisverfall in der Textilindustrie weiterhin Kostensenkungen und andere Maßnahmen. 1997 wurde das Unternehmenslogo überarbeitet. Die Marke wurde runderneuert. 1999 wurden weitere Stellen abgebaut. Eminence wurde abgestoßen und das Unternehmen firmierte fortan unter „Schiesser Group AG". Im neuen Jahrtausend wurden weitere Arbeitsplätze eingespart. Die Produktion wurde nach Griechenland und Tschechien, später nach Bulgarien verlagert. Die Zentrale in Radolfzell wurde zum Entwicklungs-, Vertriebs- und Marketingzentrum.

Doch es sollte noch schlimmer kommen. Im April 2001 wurde Winfried Daltrop, ein ehemaliger Reebok-Manager und seit 1999 Vertriebsleiter bei Schiesser, zum Vorstandsvorsitzenden ernannt. Nach Meinung von Branchenkennern war dies der erste Schritt Richtung Insolvenz. Mario Brück und Lothar Schnitzler listeten im Februar 2009 in ihrem Artikel „Fein R.I.P. – Wie Missmanagement Schiesser in die Pleite trieb" in der *Wirtschaftswoche* auf, was Daltrop nach ihrer Ansicht verbockt hatte. Dazu zählten die Journalisten nicht nur eine eigenwillige Personalpolitik und die Schließung des letzten Produktionsstandorts in Radolfzell, sondern vor allem die von Daltrop forcierte Lizenzfertigung für Marken wie Hugo Boss, Ralph Lauren, Puma und Hilfiger. Dafür gründete er mit viel Geld die Firma „Schiesser Lifestyle". Ein weiterer Sargnagel sei die Eröffnung eigener Läden unter dem Namen „Kju" in den feinsten Innenstadtlagen der Großstädte gewesen. Soweit bekannt, mussten alle diese Läden wieder geschlossen werden. Doch damit nicht genug: Mit einer von ihm durchgedrückten Logistik-Software löste Daltrop ein heilloses Durcheinander aus, das darin gipfelte, dass die Frühjahrskollektion 2007 nach Erfahrungswerten produziert wurde. Brück und Schnitzler schreiben über die Folgen des EDV-Desasters: „In der Spitze stapeln sich weit über 30 Mio. Wäschestücke in den Schiesser-Lägern. Ware, die bis spätestens Februar beim Handel eintreffen muss, kommt gar nicht oder erst Monate später an. Von März 2007 an ist Schiesser gezwungen, die Produktion mit Abschlägen von bis zu 70 % zu verhökern. Edle Spitzen-BHs, die im Fachhandel 49,95 € kosten, landen für zwei Euro auf den Grabbeltischen der Supermarktkette Real."

Als ein weiterer teurer Flop sollte sich die Zusammenarbeit mit dem griechischen Modeschöpfer Kostas Murkudis erweisen, der mit dem Entwurf einer Designer-Linie beauftragt wurde. Sie sollte nur in wenigen ausgewählten Shops in Deutschland verkauft werden. Alte Kunden aus dem Fach- und Einzelhandel fühlten sich brüskiert. Die Design-Teile des Griechen trafen nicht auf Begeisterung und er wurde in die Wüste geschickt. Die *Wirtschaftswoche*-Autoren beschreiben eine weitere Idee des Vorstandschefs: „Ähnlich erfolglos läuft Schiesser-Revival, die traditionelle weiße Feinripp-Ware, die Daltrop in einer aufwendigen Retro-Verpackung auf den Markt wirft. Wer kauft schon Unterhosen für 60 €?" Schließlich hatte der Schweizer Thomas Bechtler, zu dessen Hesta-Gruppe Schiesser gehörte, genug von den Kapriolen des Vorstandschefs und setzte ihn vor die Tür. Neuer Vorstandschef wurde Ende 2007 Vertriebschef Rudolf Bündgen. Der sah sich allerdings einer kaum lösbaren Aufgabe gegenüber.

Trotz sofort eingeleiteter Restrukturierungsmaßnahmen, konnten die Lieferprobleme nicht von heute auf morgen gelöst werden. Lizenzverträge wurden nicht mehr verlängert. 2008 lag der Umsatz nach einer Meldung des *Handelsblatts* bei 130 Mio. € Die Bankschulden summierten sich auf 65 Mio. € In einer Mitteilung des Unternehmens hieß es: „Schiesser wird auch durch hohe finanzielle Verpflichtungen, die für nicht zum Kerngeschäft gehörende und zwischenzeitlich eingestellte Geschäftsfelder aufgebaut wurden, nachhaltig belastet." Die Familie Bechtler war nicht mehr bereit, Geld nachzuschießen. „Hesta hätte nochmals einen zweistelligen Millionenbetrag investieren müssen und hat jetzt beschlossen, das nicht zu tun", teilte ein Sprecher der Holding aus dem Kanton Zug mit. Am 30. Januar 2009 ließ das Unternehmen wissen, dass es Insolvenz anmelden müsse. Bitter, denn der Umsatz war im Januar 2009 um 20 % gestiegen und die Vorbestellungen für die Herbst-Winter-Kollektion wiesen ein Plus von acht Prozent gegenüber dem Vorjahr auf. Volker Grub wurde zum vorläufigen Insolvenzverwalter bestellt.

Zusammen mit dem Insolvenzverwalter führte das Management die Restrukturierung fort. Neben einem Schrumpfkurs, dem auch weitere 90 der noch in Radolfzell verbliebenen 600 Arbeitsplätze zum Opfer fielen, konzentrierte man sich wieder auf das Kerngeschäft und den Verkauf über das Internet. Im Sommer 2009 warf das Unternehmen bereits wieder Gewinne ab. Der Umsatz betrug im ersten Halbjahr 2009 60 Mio. €, eine Steigerung um rund drei Prozent. Der Gewinn belief sich zwischen Januar und Mai vor Abschreibungen auf 1,5 Mio. € Im Vorjahr war in diesem Zeitraum noch ein Verlust von 300.000 € ausgewiesen worden. Der Insolvenzverwalter teilte mit, es gebe eine Reihe von Interessenten, die sich für eine Übernahme des Unternehmens interessierten, unter ihnen die bisherige Eigentümerfamilie Bechtler und der Designer Wolfgang Joop. Die Gläubigerversammlung beschloss, das Unternehmen weiterzuführen und zu verkaufen.

In einem am 10. Dezember 2009 auf *Zeit online* veröffentlichten Interview sagte Volker Grub, die Insolvenz habe Schiesser geholfen, einen Imageschaden habe es durch die Insolvenz nicht gegeben: „Im Gegenteil, es gab einen positiven Impuls. Unsere Verkaufszahlen sind gestiegen, trotz Insolvenz. Im Herbst und im Winter lief das Geschäft besser als geplant. Die Kunden haben mehr Unterwäsche gekauft als vor der Insolvenz." Grub machte indirekt auch die Finanz- und Wirtschaftskrise für die Schiesserinsolvenz und andere Pleiten im Jahr 2009 verantwortlich. Er sagte: „Normalerweise gehen etwa 90 % der Pleiten auf Fehler des Managements zurück. 2009 war es höchstens die Hälfte."

Im Sommer 2010 war klar, dass Schiesser einen anderen Weg als ursprünglich gedacht einschlagen würde. Jetzt wurde nicht mehr von Verkauf gesprochen, sondern von Börsengang. Ende 2010 wurde der Gläubigerversammlung ein Insolvenzplan vorgelegt, der den Börsengang für 2011 vorsah. Die Schiesser-Aktien sollten, so der Beschluss, im Prime Standard der Frankfurter Börse notiert werden. Begleitet werden sollte der Börsengang von der Equinet Bank und der BHF-Bank. Aus der Insolvenz an die Börse zu gehen, ist ein ehrgeiziges Ziel, doch Insolvenzverwalter Volker Grub verfügte in dieser Hinsicht bereits über Erfahrung. 1986 brachte er aus der Insolvenz der Bauknecht-Gruppe heraus den Spezialisten für Antriebstechnik ATB, an die Börse. ATB zählt heute zu den führenden Unternehmen seiner Branche. Nach der Gläubigerversammlung versprach Grub, dass alle Beteiligten durch einen Börsengang gewinnen würden. Damit werde einem chancenreichen Unternehmen eine exzellente Perspektive eröffnet und Arbeitsplätze gesichert. Die rund 500 Gläubiger mit ihren insgesamt 66 Mio. € an Forderungen könnten eine beträchtliche Quote erwarten. „Ihre Forderungen werden auch durch die gute Geschäftsentwicklung in einem höheren Maße erfüllt werden können, als dies noch vor einem Jahr überhaupt denkbar war", sagte er. Ein Börsengang, so die Erwartungen, könne 80 Mio. € einbringen. „Die Stimmung unter den Gläubigern ist sehr positiv. Wir können uns nicht vorstellen, dass jemand dagegen ist.

Immerhin sichert sich Schiesser damit seine Unabhängigkeit und wird ein schuldenfreies Unternehmen", verlautete es von Schiesser im Hinblick auf den Börsengang.

Tatsächlich stimmte die Gläubigerversammlung dem kühnen Plan zu. In Wolfgang Joop hatte das Unternehmen außerdem einen berühmten Mitstreiter gefunden, um das Angebot des Traditionsunternehmens zu entstauben und auch für junge modebewusste Käufer attraktiver zu machen. Grub zeigte sich beeindruckt von der Energie, mit der sich Joop für das Traditionslabel stark machte: „Er identifiziert sich mit Schiesser. Und er hat nicht locker gelassen. Sein Mitwirken ist höchst erwünscht. Doch weder Börsengang noch die Zusammenarbeit mit Joop ließen sich 2011 verwirklichen. Der Börsengang wurde aus nachvollziehbaren Gründen auf das erste Halbjahr 2012 verschoben: Das wirtschaftliche Umfeld war noch nicht ideal. Warum die Zusammenarbeit mit Joop nicht klappte, bleibt bis auf einige dürre Worte im Dunkeln. Im März 2011 teilte das Unternehmen lediglich mit, der aktualisierte Markenauftritt und die Entwicklung der neuen Kollektion seien bereits so weit abgeschlossen, dass es wenig Spielräume für das Engagement des Designers gebe. Die Entscheidung sei im Einvernehmen mit Joop getroffen worden. Ein Sprecher Joops ließ wissen, der Designer wolle sich wieder auf sein eigenes Modelabel „Wunderkind" konzentrieren. Deshalb habe er sich bei Schiesser zurückgezogen.

Schiesser-Vorstandschef Bündgen, der zusammen mit zwei Kollegen seit Ende 2010 die Geschicke des Unternehmens wieder auf eigene Verantwortung lenkt – Ende 2010 wurde die Insolvenz beendet –, bedauerte die Verschiebung des Zeitpunkts für den Börsengang nicht. Der „Süddeutschen Zeitung" sagte er im August 2011: „Jeder Monat, den sich der Börsengang nach hinten verschiebt tut uns gut." Der „neue Schiesser" könne sich auf diese Weise nachhaltiger etablieren und die Anleger begeistern. Dafür hat das Team um Bündgen und Grub, der jetzt im Aufsichtsrat sitzt, einiges getan. Das Unternehmen konzentriert sich wieder auf das Kerngeschäft, statt 80.000 Einzelteile werden nur noch 20.000 angeboten, die in Radolfzell entworfen und in eigenen Werken in Griechenland, Tschechien und der Slowakei gefertigt werden. Die Mitarbeiterzahl wurde etwas reduziert. 500 Menschen arbeiten noch in Radolfzell. Schiesser kommt jetzt modern und fröhlich daher. Es gibt den unbedingt notwendigen Online-Shop. Auch das Logo wurde angepasst. Unter dem blauen Schiesser-Schriftzug steht jetzt in Grau: „Natürlich. Zeitgeist. Seit 1875." Unterwäsche gibt es in Trendfarben. Haus- und Freizeitwäsche sind ebenfalls farbenfroh und aufeinander abgestimmt. Natürlich gibt es auch noch den Feinripp, den Schiesser bereits seit 1923 anbietet. Er ist jetzt elastisch geworden und soll als Imageträger unter dem Label „95/5" (95 % Baumwolle, fünf Prozent Elasthan) zur meistverkauften Unterwäsche Deutschlands werden. Außerdem sollen die Schiesser-Shops ausgebaut werden. Die beiden ersten wurden in Regensburg und in Berlin eröffnet – in den angesagten Hackeschen Höfen. Dort wird Feinripp auf 250 Quadratmetern präsentiert – von angestaubt keine Spur. Vermutlich werden hier auch die Anhänger von Calvin Klein & Co. das Passende finden, sofern es der Marke gelingt, sich ihren Platz als Kult-Label zu erobern.

Die Neuausrichtung des Unternehmens ist wohl auch in der Branche beobachtet worden, denn am 2. Mai 2012 sagte die Schiesser AG den geplanten Börsengang endgültig ab und gab den Verkauf des Unternehmens an die in Israel und den USA ansässige Delta-

Galil-Gruppe bekannt. Der Verkauf erfolge vor allem aus unternehmensstrategischen Gründen, hieß es aus Radolfzell. Der neue Eigentümer, ein weltweit tätiger Wäschehersteller mit Standorten im Mittleren Osten, den USA, Asien und Europa, und Schiesser würden sich hervorragend ergänzen. Laut einer Pressemitteilung des Unternehmens wird Schiesser als eigenständige hundertprozentige Tochter unter der Leitung des jetzigen Vorstands fortgeführt. Aufsichtsratschef Grub ließ verlauten: „Obwohl Schiesser sicherlich eine vielversprechende Aktie geworden wäre, hätte das derzeitige volatile Börsenumfeld für die mittelfristige Entwicklung von Schiesser weniger Vorteile geboten, als der langfristig orientierte strategische Investor Delta Galil." Anders ausgedrückt: Der Börsengang barg Gefahren für das gerade gerettete Unternehmen. Schiesser hätte zum Schnäppchen für Finanzinvestoren werden können. Zum anderen konnte niemand zuverlässig eine Prognose zum Interesse an der Aktie abgeben. Mit dem Verkauf an Delta Galil schlug Grub zwei Fliegen mit einer Klappe. Er sicherte Schiesser einen branchenkundigen Investor mit langfristigen Interessen. Die Radolfzeller können vom neuen Eigentümer profitieren, zum Beispiel bei der Erschließung neuer Märkte und der Auslastung ihrer Produktionskapazitäten. Außerdem war es Grub wichtig, die Forderungen der Gläubiger möglichst zu 100 % zu befriedigen. Und ganz wichtig: Delta Galil ist kein Pleitegeier, kein dubioser Finanzinvestor, der nichts vom Geschäft versteht. Derzeit erzielt die Gruppe einen Jahresumsatz von rund 700 Mio. US-Dollar und macht solide Gewinne, mit Schiesser werden es mehr als 900 Mio. US-Dollar sein. Das Unternehmen ist an der Börse in Tel Aviv gelistet. 50 % gehören dem Vorstandsvorsitzenden Isaac Dabah und elf Prozent der Gründerfamilie Lautman. Der Rest befindet sich im Streubesitz. Schiesser-Finanzvorstand Karl-Achim Klein, der ebenso wie seine Vorstandskollegen im Amt bleiben wird, sagte: „Delta Galil ist ein grundsolides Unternehmen, liquiditätsstark und ausgezeichnet finanziert. Seit 15 Jahren zeigt das Unternehmen einen positiven Cash Flow und wird von Moodys mit A3 und positivem Ausblick bewertet. Mit Delta Galil haben wir einen Eigentümer, der die Mittel und die Erfahrung hat, um unseren weiteren Wachstumskurs abzusichern." Insolvenzverwalter Grub ergänzte: „Durch die Transaktion wird Schiesser schuldenfrei und erhält einen Partner, der Schiesser neue Wachstumsperspektiven eröffnen wird und langfristige Perspektiven bietet."

Resümee: Management-Eitelkeiten machen Unternehmen tot

Natürlich kann niemand sagen, wie sich Schiesser entwickelt hätte, wenn es Winfried Daltrop an der Spitze nicht gegeben hätte. Möglicherweise wäre es auch ohne ihn nicht gelungen, die Marktveränderungen im Textilbereich aufzufangen. Tatsache bleibt jedoch, dass sich Daltrop nicht mit Ruhm bekleckert hat, auch wenn sich das Unternehmen selbst mit Wertungen zurückhält und vornehm schweigt. Der größte Fehler dürfte gewesen sein, sich von den Kernkompetenzen zu entfernen, ohne die Fähigkeiten, die für das neue Geschäft benötigt wurden, rechtzeitig aufzubauen. Möglicherweise waren einige Ideen Daltrops gar nicht so schlecht, aber in jedem Fall hat er es versäumt, die Mitarbeiter einzubinden und so für eine solide Basis für Veränderungen zu sorgen.

Das lässt auf einen eklatanten Mangel an Führungsqualitäten schließen. Letztlich ging es wohl weniger um den Unternehmenserfolg, sondern um die eigenen Egoismen und Eitelkeiten. Abgesehen davon zeigt sich auch bei Schiesser: Ein Unternehmen kann unheimlich viel Missmanagement aushalten. Es ist erstaunlich, wie lange es letztlich dauert, bis Managementfehler tatsächlich in die Insolvenz führen. Bleibt zu wünschen, dass sich die mit dem Verkauf verbundenen Hoffnungen auf langfristiges Wachstum und sichere Arbeitsplätze erfüllen.

Weiterführende Literatur

Dinkelacker

1. Pressemeldungen und Informationen von www.dinkelacker.de
2. F. Hofmann, Ulrich Viehöver: „Millionenerbe verschluckt" in Focus, Nr. 4/1994

Märklin

3. Pressemeldungen und Informationen von www.maerklin.de
4. „Märklin-Investor will Unternehmensberater verklagen" auf www.spiegel.online.de, 20. September 2009
5. Jochen Eversmeier, Matthias Kaufmann: „Märklin rollt aufs Abstellgleis" auf www.manager-magazin.de, 4. Februara 2009
6. Corinna Meineke: „Die erschütterte Märklin-Welt" in „Stuttgarter Zeitung, 11. Februar 2009
7. Angela Maier, Steffen Klusmann: „Märklin – Der große Eisenbahnraub" auf www.ftd.de, 19. Februar 2009
8. „Modellbahnhersteller Märklin: Pleite statt Party" in Frankfurter Rundschau, 3. Februar 2009

Salamander

9. Pressemeldungen und Informationen von www.salamander.de, www.dietwald-doblies.de
10. „Salamander (Schuhe)" auf www.wikipedia.org
11. „Lurchi, Lurchi, du musst wandern…" auf www.sueddeutsche.de, 15. Januar 2009

Schiesser

12. „Israelis kaufen Wäschehersteller Schiesser" in Stuttgarter Zeitung, 3. Mai 2012
13. Pressemeldungen und Unternehmensgeschichte von www.schiesserag.com
14. „Männerdessous: Shorts oder Schlüpfer" in Focus, Nr. 40/2007
15. Mario Brück, Lothar Schnitzler: „Fein R.I.P. – Wie Missmanagement Schiesser in die Pleite trieb" in Wirtschaftswoche, 23. Februar 2009
16. David Lerch: „Die Insolvenz hat Schiesser geholfen", Interview mit Insolvenzverwalter Volker Grub von www.zeit.de, 6. April 2012
17. Tino Andresen: „Aus der Insolvenz an die Börse" in Handelsblatt, 6. April 2012

Brands Revived – Neustart oder Untergang

4

Erfolg und Misserfolg von Marken-Reanimierern Viele Markennamen haben noch nach Jahren und Jahrzehnten einen Wiedererkennungswert und einen Klang. Das ist der Grund dafür, dass Unternehmen oder Unternehmer alte Markennamen kaufen. Die Wiederbelebung einer ruhenden Marke ist in der Regel nicht so aufwendig und teuer wie der Aufbau einer völlig neuen Marke. Und natürlich verspricht man sich von einem glanzvollen Namen eine Wiederholung der Erfolgsgeschichte, doch das ist nicht zwangsläufig. Ohne die Erfolge der Marken-Reanimierer schmälern zu wollen: Viele Wiederbelebungsversuche scheitern. Das passiert vor allem dann, wenn nur auf Nostalgie gesetzt wird. Die „alte" Marke muss in den heutigen Kontext gestellt und mit Werten hinterlegt werden. Der Wert von Marken liegt im emotionalen Bereich. Wenn die neuen Markenprodukte diese emotionalen Erwartungen nicht erfüllen, ist eine erneute Etablierung der Marke nicht möglich. Maybach ist dafür ein gutes Beispiel.

In den letzten Jahren erlebten besonders viele Produkte aus den 1970er Jahren eine Renaissance. Man denke nur an die Flip-Flops, die Badelatschen, die mit einem Steg zwischen den Zehen festgehalten werden. Heute gibt es sie wieder in allen Formen und Farben – als einfache Plastikbadelatschen und als mehrere hundert Euro teure Luxus-Exemplare der großen Schuhdesigner, aus Leder, Stoff oder mit Swarovskikristallen besetzt, flach oder mit High Heels. Sogar die Espadrilles sind wieder salonfähig, die Stofflatschen mit geflochtenen Sohlen, die einst als Hippie-Accessoire galten.

Erinnern Sie sich noch an „Creme 21"? Sie wurde Ende der 1960er Jahre von Henkel entwickelt, um dem Wandel von Kosmetika Rechnung zu tragen. Damals fanden Kosmetikprodukte erstmals den Weg von den Fachgeschäften in den Lebensmittelhandel. Die Creme in der orangefarbenen Dose mit der großen 21 auf dem Deckel wurde als Creme „für die ganze Familie" entwickelt. Die 21 entsprach dem damaligen Alter für Volljährigkeit und sollte signalisieren: „Dies ist eine Creme für Jung und Alt." Das vermittelte auch der Werbespruch: „Creme 21– hält die Haut jung." Für Creme 21 wurde zum ersten Mal in der Werbung nackte Haut gezeigt – eine Revolution ganz im Sinne der 68er-Bewegung. Die Creme traf den Nerv der Zeit und errang bald Kultstatus. Doch das Lebensgefühl

M. Brückner, A. Przyklenk, *Lost Brands – vom Aufstieg und Niedergang starker Marken,*   147
DOI 10.1007/978-3-8349-6984-2_4, © Springer Fachmedien Wiesbaden 2013

veränderte sich, und nach einem misslungenen Relaunch 1983 nahm Henkel die Creme 1986 vom deutschen Markt. Die Creme in der orangenen Dose wurde nur noch auf den Auslandsmärkten verkauft. Heute steht sie auch wieder in den Regalen deutscher Drogerie- und Supermärkte. 2003 erwarb Antje Willems-Stickel von Henkel die weltweiten Markenrechte und brachte die Kult-Creme mit neuer Rezeptur, frischem Duft und aktualisiertem Auftritt wieder auf den Markt. Auf der neuen Website ist zu lesen: „Creme 21 ist nicht irgendeine Marke, sondern eine ganz Besondere. Eine Marke mit einer außergewöhnlich starken Persönlichkeit. Rein rational betrachtet ist Creme 21 nur für die äußere Anwendung auf der Haut gedacht. Emotional hat sie jedoch das Zeug dazu, auch unter die Haut zu wirken. Das macht sie so besonders!" Das klingt zwar sehr enthusiastisch, aber es ist zu bezweifeln, ob die Creme jemals wieder den Kultstatus der 1970er Jahre erreicht. Der Kosmetikmarkt und auch die Ansprüche der Verbraucher haben sich verändert. Die Erinnerung an die eigene Jugend wird wohl nur wenige Frauen dazu bewegen, sich deshalb von ihrer gewohnten Pflege zu verabschieden.

Kennen Sie Ahoi-Brause – Tütchen aufreißen, Finger mit Spucke anfeuchten, eintauchen und ablecken, dann das typische prickelnde Gefühl auf der Zunge und am Gaumen genießen? Sie ist wiederauferstanden wie Phönix aus der Asche. 2002 übernahm der Süßwarenhersteller Katjes die Marke und brachte die Tütchen mit dem sauren Inhalt wieder auf den Markt. In den ersten drei Jahren stieg der Umsatz mit dem Brausepulver aus der Tüte um über 50 % auf 24 Mio. €. Mehr als 100 Mio. Tütchen werden jedes Jahr aufgerissen. Das ist ein beachtlicher Erfolg für ein Produkt, das 1925 entwickelt wurde.

4.1   Trendgetränke

4.1.1   Sind wir nicht alle ein bisschen Bluna?

Ganz ähnlich verhält es sich mit den Kultgetränken der 1970er Jahre wie Bluna, Afri Cola, Sinalco oder Tri Top – sie sind alle wieder auf dem Markt. Den besten Relaunch legte die Limonade Bluna hin, allerdings war er nicht von Dauer. 1995 entwarf die Agentur Jung von Matt den Werbespruch „Sind wir nicht alle ein bisschen Bluna?", der von dem Schauspieler Utz Richter gesprochen wurde. Damit war Bluna plötzlich wieder in aller Munde, ja der Satz fand sogar einen festen Platz im deutschen Sprachgebrauch. Als Synonym für „Sind wir nicht alle ein bisschen verrückt?" ist der Werbespruch noch heute gebräuchlich. Bluna hat zwar noch einen Platz auf dem Markt, aber der Kultstatus, den das Getränk aus der grünen Flasche kurzzeitig wieder erreichte, gehört längst der Vergangenheit an. Auch wenn die Inhaberin der Markenrechte für Westeuropa und angrenzende osteuropäische Länder, die Mineralbrunnen Überkingen-Teinach AG, sich größte Mühe gibt, die Marke weiterhin witzig-spritzig zu bewerben und neue Produkte zu entwickeln. 2002 wurde mit der Frage „Wie Bluna bist du?" geworben. 2006 hieß es dann „Sind wir nicht alle ein bisschen LimoLimo… äh, Bluna?" Inzwischen gibt es unter anderem „Bluna LimoLimo Apple + Kick", „Bluna Classic Orange" und „Bluna Classic Zitrone". Aber ob es hilft?

Die Limonade wurde ursprünglich 1952 von dem Unternehmen F. Blumhoffer Nachfolger GmbH in Köln auf den Markt gebracht. In den 1950er Jahren war sie neben Afri Cola ein echter Verkaufsschlager. Im Südwesten der Republik war Bluna bis in die 1970er Jahre hinein ein Synonym für Limonade so wie Tempo für Papiertaschentücher. In den 1970er Jahren wurde „Bluna-Zit" (Zitrone) eingeführt, später kamen die Geschmacksrichtungen Limette und Mandarine dazu. Doch bis zum Revival 1995 spielte die Marke keine große Rolle mehr, ebenso wenig wie Afri Cola.

4.1.2 Sexy-mini-super-flower-pop-op-cola

Afri Cola kam ursprünglich ebenfalls aus dem Hause F. Blumhoffer Nachfolger GmbH. Die deutsche Cola-Marke wurde bereits 1931 als Warenzeichen eingetragen. Das 1864 gegründete Unternehmen stellte Essenzen zur Herstellung von Schnaps, Likören und Limonaden her, konzentrierte sich dann aber völlig auf die Limonadenherstellung. Heute wird Afri Cola wie Bluna durch die Mineralbrunnen Überkingen-Teinach AG vermarktet.

Von Anfang an bestand zwischen Afri Cola und Coca-Cola ein scharfer Wettbewerb, der teilweise mit harten Bandagen geführt wurde. In den 1960er Jahren verlor Afri Cola stark an Marktanteilen. Ende der 1960er Jahre wendete sich das Blatt, als eine neue Werbekampagne gestartet wurde. Prägnant war der Werbefilm unter dem Slogan „Sexy-mini-super-flower-pop-op-cola – Alles ist in afri-cola …" Der Film, in dem sich junge Frauen lasziv hinter einer Glasscheibe produzierten, über die Wasser lief, griff das Lebensgefühl der Zeit auf. Er symbolisierte Freiheit, Auflehnung, Provokation und Abenteuer. Die katholische Kirche empörte sich darüber, dass in dem Spot auch als Nonnen verkleidete Mädchen zu sehen waren. Das verhalf dem Spot und Afri Cola zu noch mehr Aufmerksamkeit. Zeitweilig hatte Afri Cola zu dieser Zeit in Deutschland einen Marktanteil von 30 %. Dazu trug sicherlich auch der hohe Koffeingehalt von 25 mg/100 ml bei. In Coca-Cola waren es nur zehn Milligramm.

Doch auch dieses ehemalige Kultgetränk konnte seinen Markt nicht wiedererobern, obwohl viel dafür getan wurde. 2007 wurde sogar ein Kurzfilm-Wettbewerb veranstaltet, der „afri Jungfilmer Award". 2008 wurde der „afri Art Award" vergeben. Der neue Slogan „… und alles wird afri" wurde 2002 eingeführt. Doch der Kult-Effekt von früher reichte nicht aus, zumal Ende der 1990er Jahre ein entscheidender Fehler gemacht wurde: Der ursprüngliche Koffeingehalt der schwarzen Brause wurde drastisch gesenkt. Afri Cola sollte zum Familiengetränk werden. Doch das funktionierte nicht. Erst 2006 wurde der Koffeingehalt wieder erhöht. Man nahm eine neue Zielgruppe ins Visier. Geblieben ist all die Jahre das 1962 eingeführte Design, entwickelt von Jupp Ernst und einem Künstlernetzwerk. Noch immer weisen die Glasflaschen und Gläser die typischen Einkerbungen auf, die an die Taille einer Frau erinnern sollen. Bei der PET-Flasche werden sie zumindest angedeutet. Und auch die Palme des Kunstmalers Rafael Becker aus den 1930er Jahren ziert nach wie vor Flaschen und Gläser.

Heute ist Afri Cola in einem Nischenmarkt wieder gut aufgestellt. Die Marktanteile sind allerdings im Vergleich zum Konkurrenten Coca-Cola gering. Afri Cola ist kein Massenprodukt. Zum 80. Markengeburtstag 2011 wurden verstärkte Anstrengungen unternommen, das Getränk in den Clubs als Szenegetränk zu etablieren. Zumindest lässt darauf die Werbung auf der Website schließen. Die Sorten „afri-red" und „afri-white" wurden umbenannt in „afri power" und „afri sugarfree". Zu „afri power" heißt es: „Mit erhöhtem Koffeingehalt, Vitaminen und Taurin überzeugt die Power-Cola Szenegänger und Trendsetter." Bei der Vermarktung wird stark auf Social Media gesetzt, um eine junge Zielgruppe anzusprechen. Seit 2010 gibt es in Frankfurt das erste „afri studio" für „aufregende Nächte – für ein prickelndes Lebensgefühl".

4.1.3   Die Sinalco schmeckt

Ein weiteres Revival verlief ebenfalls eher schleppend: Sinalco. Ein ganzes Bündel von Marketingmaßnahmen , darunter die größte Promotion in der Sinalco-Geschichte sollte den deutschen Markenklassiker 2012 wieder flott machen. Neues Motto: „Aufschrauben und Ausrrrasten" und „Schmeck dich frei!". Zielgruppe: Limonaden- und Cola-Trinker zwischen 14 und 29. Preisausschreiben, Gewinne, Mitmach-Aktionen und vor allem eine konsequente Ausrichtung der Kampagne auf den Dialog über Social Media und moderne Medientechnik. Dabei sollen die Webseiten sinalco.de und freischmecker.de helfen. Hinzu kommt Online-Werbung auf reichweitenstarken und jugendaffinen Seiten, für die ein spezieller Freischmecker-Werbeclip kreiert wurde. Sinalco-Trinker sollen sich als anders als die anderen Limo-Trinker begreifen, als Freigeist (Freischmecker!) – wild, kreativ und mit viel Spaß am Leben. Der Sinalco-Truck geht regelmäßig auf Tour, um Tuchfühlung mit der Klientel aufzunehmen.

So etwas hatte sich der Naturheilkundler Friedrich Eduard Bilz aus Radebeul wohl nicht träumen lassen, als er 1902 zusammen mit dem Detmolder Kaufmann Franz Hartmann das Getränk ohne Alkohol, „sine alcohole", erfand. Zunächst hieß das Getränk „Bilz-Limetta". Erst 1905 entstand über ein Preisausschreiben der Name Sinalco, der 1907 geschützt wurde. Im selben Jahr ging Sinalco global, wie man heute sagen würde. Der unverkennbare rote Sinalco-Punkt und die Flaschenform wurden erst Jahrzehnte später eingeführt. Bis zum Ende der 1970er Jahre schrieb die Marke eine internationale Erfolgsgeschichte. Menschen in 150 Ländern tranken Sinalco. Der eingängige Werbejingle „Die Sinalco schmeckt", obwohl erst 1979 eingeführt, war blitzschnell in ganz Deutschland bekannt. Zwischen 1970 und 1997 wechselte die Marke mehrmals den Besitzer, was seinen Teil zum Niedergang der Marke beitrug. Seit 1997 bewegt sich die Marke wieder in ruhigeren Gewässern. Die Hövelmann-Gruppe, die 1994 bereits die deutschen Markenrechte erworben hatte, erwarb auch die internationalen, mit Ausnahme der Rechte für die Schweiz. Der Duisburger Getränkeunternehmer gründete die Deutsche Sinalco GmbH Markengetränke & Co. KG. Doch auch hier reichte die Nostalgie für den Erfolg nicht aus. Hövelmann musste sich etwas einfallen lassen. Sein ursprüngliches Konzept ging nicht auf. Die Verbraucher waren nicht bereit, für Limo in kleinen Flaschen mehr zu bezahlen. Der Unternehmer ließ sich nicht entmutigen und investierte rund 100 Mio. €. Zunächst brachte er Anfang des neuen Jahrtausends die Flaschen aus den 1950er und 1960er Jahren wieder auf den Markt: 0,2 Liter mit dem Sinalco-Schriftzug schräg über dem roten Punkt, darüber fünf Kohlensäureblasen. Zwei Jahre später folgte ein sinalcogelber Kasten mit Einliterflaschen. Das Konzept ging auf. 2009 wurden 1,4 Millionen Hektoliter Limonade abgefüllt.

2012 wurde Sinalco von einem prominent besetzten Beirat aus hochrangigen Markenexperten zu einer der „Marken des Jahrhunderts" gewählt und in das gleichnamige Buch aufgenommen. Gleichzeitig erhielt Sinalco den „Markenpreis der Deutschen Standards", für herausragende Verdienste rund um Markenführung und Markenpflege. Die Auszeichnung, eine hochwertige, von der Porzellanmanufaktur Fürstenberg hergestellte Skulptur, wurde im Rahmen einer großen Markengala im Berliner Adlon vom Herausgeber der „Marken des Jahrhunderts", Dr. Florian Langenscheidt, überreicht.

4.1.4 Tri Top ist wieder da

Ebenfalls ein Hit der 1960er und 1970er Jahre war Tri Top. Wer damals Kind war, wird sich an den fürchterlich süßen Sirup in allen Farben erinnern. Eine winzige Menge ins Glas, Wasser dazu, und das Getränk war trinkfertig. Die meisten Kinder liebten das Getränk. Für die Eltern war es eine günstige Möglichkeit, den Durst des Nachwuchses zu stillen, und allzu viele Gedanken über Karies machte man sich damals noch nicht. Das Design der Flaschen passte perfekt in das Lebensgefühl der 1970er Jahre. Es war den damals äußerst beliebten Lavalampen nachempfunden, vielleicht war es auch ein Prototyp für die Lavalampen. Mit dem wachsenden Bewusstsein für Gesundheit und Zahngesundheit nahm in den 1980ern die Begeisterung für den pappigen Sirup ab. Der Hersteller Unilever nahm das Produkt schließlich vom Markt.

2003 war das „klebrige Zeug" wieder da, allerdings in PET-Flaschen und mit viel weniger Zucker. Der Erfolg kam jedoch nicht von selbst. Schließlich wusste eine komplette Kindergeneration nichts von Tri Top und die Erwachsenen, die es in den 1970ern als Kinder begeistert getrunken hatten, stellten inzwischen andere Ansprüche an ein Getränk. Gekauft hatte die Markenrechte das Hamburger Unternehmen DS, das Tri Top 2007 an den Investor „Absolute Opportunity Investment" weiterreichte. Dort wurde der Sirup in die Tochter Aquellness eingegliedert. 2009 meldete die Tri Top GmbH zusammen mit anderen Unternehmen des Investors Insolvenz an. Doch Totgesagte leben bekanntlich länger. Der Rosenheimer Getränkespezialist DrinkStar GmbH, eine Tochter der Symrise AG aus Holzminden übernahm den Sirup und gliederte ihn in sein Portfolio ein. Wie einst werden quietschbunte Sorten angeboten – Waldmeister, Kirsche, Orange-Mandarine, Himbeere etc. Es gibt sogar Funkspots, in denen sich eine glückliche Familie über die Farbe ihrer Tri Top-Mischungen austauscht. Mama bevorzugt rosa oder pink. Auch hier spielen Online-Medien eine Rolle bei der Vermarktung. Tri Top-Trinker können ihre Rezepte einreichen, den Werbespot anschauen und bei Gewinnspielen mitmachen.

„Tri Top ist wieder da" war übrigens ein Werbejingle, der eine Zeit lang verwendet wurde, um die Marke wieder aufzubauen. Wer sich auf die Suche nach den Ursprüngen des
Ohrwurms machte, hatte zumindest etwas zu lachen. Der Jingle geht zurück auf den Song
„Tarzan ist wieder da" eines Sängers namens Wille. Auf Youtube kann man sich ein Video
seines Auftritts anschauen, in dem ein leicht aus der Form gelaufener Mann im Tarzan-
kostüm auf die Bühne stürmt. Leicht bekleidete Damen mit Piepsstimmchen singen den
Refrain „Tarzan ist wieder da".

Resümee: Nostalgie reicht nicht aus

Alle Beispiele zeigen, dass sich nicht unbedingt an vergangene Erfolge einer Marke
anknüpfen lässt. Nostalgie allein ist für die meisten Menschen kein Grund, ein wie-
derbelebtes Produkt zu kaufen – und wenn, dann nur einmal. Entspricht es nicht den
Erwartungen, wird es kein zweites Mal gekauft. Die Erwartungen liegen meistens im
emotionalen Bereich und sind schwierig zu fassen. Eine Marke muss ein Versprechen
mitbringen, das in die aktuellen Befindlichkeiten der potenziellen Käufer passt. Es mag
einen Retro-Trend geben, doch erwachsen sind wir doch geworden. Die Sommertage
in Omas Garten oder den ersten Zelturlaub als Jugendlicher mit den Freunden kann
man nicht zurückholen. Doch solche Erinnerungen sind es in der Regel, die wir mit
den Produkten von einst verbinden. Wenn die Markenwerte von einst nicht aktualisiert
werden, sitzt das Produkt in der Retro-Falle fest und kommt über einen kleinen Nost-
algiker-Käuferkreis nicht hinaus. Das gilt insbesondere für Kultgetränke und -lebens-
mittel. Sie entsprachen meistens einem Lebensgefühl und verschwanden mit diesem
speziellen Lebensgefühl.

4.2   Maybach: Wiederbelebt und doch gestorben

Der Name Maybach steht nicht nur für die Geschichte des Automobils, sondern für ulti-
mativen Luxus und Individualität. Politiker, Unternehmer, Prinzessinnen und sogar ein
Kaiser, der Äthiopier Haile Selassi, König Paul von Griechenland und das niederländische
Thronfolgerpaar Juliana und Bernard, Fürst Esterhazy und indische Maharadschas ließen
sich im Fond eines Maybach-Automobils nieder oder steuerten es selbst, nicht zu vergessen der Sänger Enrico Caruso und der Boxer Max Schmeling.

Natürlich – ein Maybach ist kein Ferrari. Mit ihm rast man nicht um die Kurven, sondern gleitet entspannt dahin. Beweisen muss der Maybach-Fahrer weder sich etwas noch
anderen. Er spielt in einer anderen Liga und in der ist er der einzige. Zumindest war das
so. Der Versuch der Daimler AG, den Mythos wiederzubeleben, darf getrost als gescheitert
betrachtet werden. Er scheiterte nicht daran, dass es zu wenige Käufer mit genug Geld gibt,
sondern nach Meinung von einigen Branchenexperten daran, dass die Erwartungen der
Käufer nicht erfüllt werden konnten. Eine Rolle mag auch gespielt haben, dass der Name

Maybach international nicht sehr bekannt ist. Dort, wo es Geld im Überfluss gibt, zum Beispiel in den arabischen Emiraten oder in den USA, kennt man Daimler und Porsche. Aber Maybach?

Dabei ist Maybach ein Name, der eng mit den Anfängen der Automobilgeschichte in Deutschland verbunden ist. Wilhelm Maybach war wie auf der Daimler-Website zu lesen ist, „der kongeniale Weggefährte Gottlieb Daimlers und blieb mit ihm bis zu dessen Tod eng verbunden". Der 1846 in Heilbronn geborene Waisenjunge lernte Daimler 1865 in Reutlingen kennen. Er hatte entscheidenden Anteil an der konstruktiven Verwirklichung von Daimlers Ideen, die er ergänzte und durch eigene Vorstellungen in die Praxis umsetzte. Gemeinsam gingen die beiden jungen Männer nach Karlsruhe zu den Deutzer Motorenwerken. Als Daimler die Motorenwerke verließ, folgte ihm sein Freund Maybach nach Stuttgart-Bad Cannstatt. Dort entwickelte er nicht nur leichte, schnell laufende Motoren, sondern den „Stahlradwagen" und mit ihm das Zahnradwechselgetriebe für das Automobil. Nach einigen Differenzen wurde Maybach im November 1895 Technischer Direktor der 1890 gegründeten Daimler-Motoren-Gesellschaft. Dort entwickelte er den Röhrchenkühler mit Ventilator und den Bienenwabenkühler. Als nächstes folgte der erste Vierzylinder-Automobilmotor. 1898/1899 entstanden fünf Typen zwischen sechs und 23 PS. Um 1900 konstruierte Maybach auf Anregung des österreichischen Kaufmanns und Generalkonsuls Emil Jellinek den Mercedes-Simplex mit einem 35 PS-Motor, zwei Vergasern, Bienenwabenkühler und Zahnradgetriebe. Mit dem auf der „Woche in Nizza" 1901 vorgestellten Mercedes – benannt nach Jellineks Tochter, wurde das Kutschenzeitalter im Automobilbau endgültig beendet. Maybach sagte damals zu Jellinek: „Ich und Sie sind die Erfinder des Mercedes-Wagens." Mit dieser Konstruktion wurde Maybach tatsächlich zum „König der Konstrukteure", wie ihn die Franzosen nannten. 1906 entwickelte das technische Genie einen Rennmotor mit hängenden Ein- und Auslassventilen, obenliegender Nockenwelle und Doppelzündung.

1907 verließ der geniale Konstrukteur die Daimler-Motoren-Gesellschaft. Zwei Jahre später machte er sich gemeinsam mit seinem Sohn Karl mit der „Luftfahrzeug-Motorenbau-GmbH Bissingen" selbstständig, die später nach Friedrichshafen am Bodensee umzog. Karl war sozusagen von Kindesbeinen an mit der Entwicklung des Automobils vertraut. Der Vater überließ ihm die Führung der Geschäfte. Der Sohn konstruierte einen neuen Motor für das Zeppelin-Luftschiff. 1911 erhielt das Zeppelin-Luftschiff LZ 10 „Schwaben" drei Maybach-Motoren mit je 145 PS. Die „Viktoria-Luise" bekam 1912 drei Sechszylinder in Reihe von Maybach. Von da ab wurden alle Zeppelin-Luftschiffe mit Ausnahme der „Hindenburg" und der „Graf Zeppelin II" mit Maybach-Motoren ausgestattet. Während des Krieges wurden auch in die „Marineluftschiffe" und sogar in Schnellboote Maybach-Motoren eingebaut. Karl Maybach erwies sich als ebenso genialer Konstrukteur wie sein Vater. Es gelang ihm, einen echten Höhenluft-Motor zu entwickeln, also einen Motor, der mit dem Problem des geringen Luftdrucks in großen Höhen zurechtkam.

Wie bei vielen Unternehmen beeinflusste der Erste Weltkrieg auch die Entwicklung der Maybach'schen Firma. In Deutschland durften keine Flugzeuge und Luftschiffe mehr gebaut werden. 1918 wurde das Unternehmen deshalb in „Maybach-Motorenbau-GmbH"

umbenannt und begann mit dem Automobilbau. Bereits 1919 entstand der erste Versuchs-
wagen W 1. Zwei Jahre später wurde auf der Berliner Automobilausstellung der W 3 vorgestellt. 1930 kam aus der Fabrik am Bodensee die größte deutsche Luxuslimousine, der
„Zeppelin", ausgestattet mit einem Zwölfzylindermotor. Maybach-Automobile etablierten
sich als individuelle Luxusgefährte. Eigentlich hatten sich die Maybachs wohl vorgestellt,
als Motorenzulieferer für die Autohersteller zu arbeiten, doch als sich das nicht realisie-
ren ließ, boten sie eigene Automobile an. Ihre Autos wurden als Spitzenprodukt bekannt,
das sich durch ausgereifte Technik, überdurchschnittliche Qualität, leichte Bedienung und
hohen Fahrkomfort auszeichnete. In diesem Anspruch ließ sich Maybach auch nicht von
Branchenvertretern beirren. „Als vor der großen Ausstellung des Verbandes der Deutschen Motorfahrzeuge Industrie im Jahre 1921 einige Mitglieder des Vorstandes mich
spöttisch fragten, ob Maybach den billigsten Wagen bringen werde, waren sie betroffen,
als ich antwortete: Nein den teuersten!" (Alfred Colsman, Generaldirektor des Zeppelin-
Konzerns in *Luftschiff voraus*).

Wie damals üblich, stellte der Motorenhersteller keine Karosserien her, sondern arbeitete dafür mit Karosseriebauern wie dem Ravensburger Hermann Spohn zusammen. Gemeinsam mit Spohn bot Maybach standardisierte Karosserien an, die jedoch auf Kunden-
wunsch geändert wurden. Das führte mitunter zu ausgesprochen scheußlichen, aber auch
zu sehr schönen Exemplaren. Doch die Karosserie interessierte Karl Maybach nur am
Rande. Sein Metier war die Motorentechnik. 1926 wurde auf der Automobilausstellung in
Berlin der W 5 vorgestellt, der 120 PS aus einem 7-Liter-6-Zylinder-Motor holte. Er galt
als bequemer, geräuschlos fahrender Reisewagen. Doch Maybach ruhte nicht. Ab 1928
wurde das berühmte Maybach-Schnellganggetriebe eingebaut. Es galt zu dieser Zeit als das
Non-plus-Ultra und war jedem anderen Personenwagengetriebe durch seine geräuschlose
und ruckfreie Bedienung überlegen. Zudem erübrigte sich das Kuppeln. Andere Autohersteller bauten das Schnellganggetriebe als Zusatzteil ein. Das Modell „Maybach 12" war
der Vorläufer des „Maybach-Zeppelin". Mit dem Zeppelin spielte Maybach international
ganz vorne in der Liga der Hersteller exklusiver, technisch erstklassiger Luxusautomobile
mit. Mit den Typen DS 7 und DS 8, ausgestattet mit 7-Liter-V-12-Motoren mit 150 beziehungsweise 200 PS und dem leicht schaltbaren Vorwählgetriebe war er den meisten
zeitgenössischen Konstruktionen weit überlegen. Zwar war der Kundenkreis für das teure
Vehikel überschaubar, doch dem begegnete man, indem man nur auf Bestellung fertigte.
Der Preis des Zeppelins entsprach etwa dem Wert von 33 Opel-P 4-Limousinen. Man versuchte zwar, den Preis zu senken, indem man schwächere Motoren in das Chassis des Zeppelin einbaute, doch zu einem „Volkswagen" wurden die Maybach-Automobile nie. 1931
zum Beispiel wurden lediglich 80 Wagen aller Typen verkauft.

Als mit dem Ende der Rezession die Motorisierung stieg, wurde ein „kleiner Maybach"
geschaffen, der im Frühjahr 1935 unter der Bezeichnung SW 35 auf den Markt kam, auch
er ein supermodernes Luxusfahrzeug. 1937/1938 wurden jeweils 180 Wagen verkauft. Damit waren 0,1 % aller Zulassungen im Gebiet des Deutschen Reiches Maybach-Wagen. Und
wieder lenkte ein Krieg eine Unternehmensgeschichte in eine andere Richtung. Ende 1941
verließ der letzte Maybach, ein SW 42 das Werk. In den rund 20 Jahren ihres Bestehens

hatte die Maybach-Motorenbau-GmbH fast 1.800 Automobile hergestellt. Während des Zweiten Weltkriegs bauten die Maybach-Werke Panzermotoren und Motoren für Sturm-boote. Nach dem Krieg wurde das Werk in Friedrichshafen wieder aufgebaut. Allerdings diente es hauptsächlich als Reparaturwerkstatt. Die Familie Maybach lebte inzwischen in Vernon in Frankreich, wo Karl Maybach für die französische Regierung Motoren kons-truierte. Die Wiederaufnahme der Automobilproduktion scheiterte wohl in erster Linie an Kapitalmangel. Karl Maybach zog sich 1952 aus dem Unternehmen zurück. 1960, in Maybachs Todesjahr, übernahm Daimler-Benz das Unternehmen, das von nun an MTU Friedrichshafen GmbH hieß und sich auf die Produktion von Dieselmotoren spezialisierte.

Maybach-Automobile wurden zu einem Mythos, zu einer Legende, die man nur noch bei Sammlern bewundern konnte. Befeuert wurde die Legendenbildung, weil es nicht sehr viele Exemplare gab. Historische Maybach-Fahrzeuge zählen deshalb heute zu den Pre-ziosen der Automobilgeschichte. Nur etwa 160 von ihnen haben die Jahrzehnte überlebt. Mehr als zehn Prozent dieses Bestands stehen heute in Neumarkt in der Oberpfalz. Dort haben Anna und Dr. Helmut Hofmann 16 Exemplare der edlen Stücke zusammengetra-gen. Seit dem 31. März 2009 hat das Ehepaar die historischen Fahrzeuge in einem privaten Museum der Öffentlichkeit zugänglich gemacht. Die Sammlung von Fahrzeugen, Moto-ren, Firmenschriften und zahlreichen anderen Exponaten der Marke gilt als einmalig. Das Museum ist in einer alten Fabrikanlage untergebracht, in der zwischen 1884 und 1959 Fahrräder, Mopeds und Motorräder der längst vergessenen Marke „Express" hergestellt wurden. Unter Federführung der Neumarkter Architekten Berschneider + Berschneider wurde die Fabrikanlage behutsam saniert und bildet heute zusammen mit zeitgemäßer Architektur ein stimmiges Ensemble, in dem neben dem Museum Kultur, Gastronomie, Event und Gewerbe einen Platz gefunden haben. Der Energiebedarf wird durch erneuer-bare Energien wie Erdwärme und Solarenergie gedeckt. Den Zustand der Fahrzeuge be-zeichnet Dr. Hofmann mit den Worten „von Concours bis Scheunenfund." Auf rund 2.250 Quadratmetern kann sich der Besucher an Exponaten aus allen Abschnitten der May-bach-Unternehmensgeschichte erfreuen. Neben dem berühmten „Zeppelin", sind meh-rere Fahrzeuge der SW-Baureihen ausgestellt, ein W 5 und Teile eines W 3, zwei SW 38 Cabriolets sowie zahlreiche Motoren, darunter ein Zwölfzylinder-Dieselmotor, der früher eine V1000-Lokomotive antrieb und eine „Weiße Mars", ein Motorrad, dessen 1.000-cm^3-Motor bei Maybach produziert wurde. Ein moderner Maybach 57 S, eine Leihgabe von Daimler, darf ebenfalls bewundert werden. In Vitrinen finden sich Fahrzeugpapiere und andere Unterlagen aus der Unternehmensgeschichte. Und auch die Geschichte der alten Fabrik wurde nicht vergessen. In einem Nebengebäude ist eine Ausstellung zur Express Fahrradwerke AG untergebracht, die mit Leihgaben der Stadt Neumarkt und von Privat-personen möglich wurde.

Fragt man Dr. Hofmann, der auch Präsident des Maybach-Clubs ist, wie man zum Maybach-Sammler wird, erzählt er von seinem Freund Dr. Ingo Gräfling. „Ich habe Ingo in den 1980er Jahren kennengelernt. Damals fuhr er immer wieder in die damalige DDR zu einer alten Dame und brachte ihr Blumen. Die alte Dame hatte nämlich einen Maybach, den Ingo kaufen wollte. Er sagte mir: ‚Ein Maybach ist nicht einfach ein Auto, sondern zählt als Familienangehöriger. Man kann nicht einfach hingehen und sagen, den möchte ich kaufen. Zuerst muss man sich bekannt machen, dann darf man ihn vielleicht einmal anschauen und darum bitten, ein Gebot abgeben zu dürfen.' Ich wurde unheimlich neugierig und wollte dieses Auto unbedingt sehen. 1987 war es dann so weit. Ich war dabei, als Ingo den Maybach in Aschaffenburg in eine ziemlich große Garage schaffte, und trotzdem die Stoßstange abbauen musste. Es war ein viertüriges Cabrio in schwarz und rot mit einer langen Schnauze vom Karosseriebauer Gläser in Dresden. Als ich es sah, wusste ich sofort: So ein Auto möchte ich auch haben."

Dr. Hofmann war vom Maybach-Bazillus infiziert und wurde ihn auch nicht mehr los. Ein Jahr später hatte er seinen ersten eigenen Maybach, ebenfalls ein viertüriges Cabrio, aber in der Pullman-Ausführung, das heißt, vorne relativ eng, aber sehr großzügig im Fond. Die weitere Entwicklung seiner Sammelleidenschaft habe der einer Lawine geglichen, schmunzelt der Sammler. Gefahren werden die „flüsternden Riesen vom Bodensee", die sich in Dr. Hofmanns Besitz befinden, selbstverständlich auch. Er nimmt an den „Bodensee Classics", den „Arabella Classics" und natürlich den Treffen des Maybach-Clubs teil. „Bei unseren Club-Events kommen die Besitzer historischer Maybachs, ehemalige Mitarbeiter und die Nachfahren der Familie Maybach zusammen", sagt Dr. Hofmann. „In der Regel sind 15 bis 20 historische Fahrzeuge dabei und ein paar neue." 2012 fand das exklusive Event im badischen Achern statt.

Als die Sprache auf das Fahrgefühl in einem Maybach kommt, gerät der Sammler ins Schwärmen. „Mein Freund Ingo sagt, Maybach fahren sei schrecklich schön", erzählt er. „Schön, weil man wie auf Kufen übers Eis gleitet, möglichst nicht auf der Autobahn, sondern auf den Landstraßen. Dort ist der Maybach in seinem Revier. Er gleitet dank des Vorwählgetriebes dahin, ohne dass der Fahrer kuppeln und schalten muss. Schrecklich, weil der Fahrer beim Rangieren und Einparken Kraft und Geschick braucht. Nicht umsonst hießen die Autos ,Kraftfahrzeuge'. Außerdem gibt es bei so betagten Fahrzeugen natürlich immer mal wieder die eine oder andere Panne." Maybach fahren sei wie ein entspanntes Essen zu Hause im Kreis von Freunden im Unterschied zu einem schnell hinunter geschlungenen Burger, zieht Dr. Hofmann den Vergleich zu allem, was nicht Maybach heißt.

Einen Mythos wieder auferstehen zu lassen, ist keine leichte Aufgabe. Doch anscheinend fühlte sich Daimler der Aufgabe gewachsen, als die Stuttgarter Autobauer im Jahr 2002 die Marke Maybach wieder einführten. Die Schwaben wollten wohl der Konkurrenz nicht nachstehen. Ende der 1990er Jahre hatte sich VW Bentley als Nobelmarke gesichert, BMW nahm Rolls Royce unter seine Fittiche. 2002 wurde mit großem Pomp der Maybach 62 vorgestellt. Leider verbarg sich nach Meinung von Experten hinter dem großen Namen eine Mogelpackung. Georg Kacher schrieb am 5. Dezember 2011 in der *Süddeutschen Zeitung*: „Der Luxuswagen war eine mit viel Chrom und wenig Stilsicherheit neu eingekleidete alte S-Klasse, die allenfalls durch nette Details wie Schlafsessel im Fond oder das in der hinteren Dachkonsole untergebrachte zweite Instrumentarium Aufsehen erregte." Man konnte Daimler nicht vorwerfen, beim Relaunch gespart zu haben. Zur Premiere wurde ein Exemplar mit der Queen Elizabeth II in einem Glascontainer auf dem Oberdeck auf die Reise nach New York geschickt. Dort angekommen, schwebte der Maybach an einen

Hubschrauber gekettet über Manhattan in die Stadt ein. Obwohl Daimler nach Schätzungen rund eine Milliarde in das Maybach-Revival-Abenteuer steckte, konnte sich das Auto im Luxussegment nie richtig etablieren. Daran konnten auch die Maybach-Welt, rund um die Uhr verfügbares Personal, Liasion Manager und die Manufakturqualitäten des „Center of Excellence" nichts ändern.

Nachdem der Name Maybach international nur wenig bekannt ist, hätte es einer technischen Innovation bedurft, die nicht kam, monieren Kenner der Szene. Das Premium-Fahrzeug habe mit den technischen Meriten einer alten S-Klasse-Generation vorliebnehmen müssen, die bereits 1998 eingestellt worden sei, so die Vorwürfe. Technisch sei der neue Maybach schon veraltet gewesen, als er auf den Markt kam. Dafür konnte man sich einen Parfumspender für mehrere tausend Euro als Zubehör bestellen. 2005 wurde bei den Filmfestspielen in Cannes sogar noch ein gemeinsames Projekt von Daimler und der Luxus-Schmuckmarke „De Grisogono" vorgestellt: Maybach-Individualisierung durch de Grisogono. Vor rund 1.000 Gästen aus dem internationalen Jet-Set, Film- und Showbusiness wurde eine mit hochkarätigen Diamanten veredelte Maybach-Limousine 62 S enthüllt. Die luxuriösen Edelsteine befanden sich auf der Mittelarmlehne im Fond. Man werde aber weitere Möglichkeiten zur individuellen Veredelung erarbeiten, hieß es. Gute Ideen, aber anscheinend nicht die richtigen.

Wahrscheinlich fehlte den Verantwortlichen die Erkenntnis, dass man eine historische Luxusmarke, die von technischen Innovationen lebte, nicht auf Sparflamme oder lediglich mit luxuriösen Spielereien wiederbeleben kann. Immerhin erwarben die Maybach-Kunden früherer Zeiten mit dem Kauf eines Maybach das Recht, von künftigen technischen Neuerungen zu profitieren. 1.500 Exemplare wollten die Stuttgarter pro Jahr verkaufen, doch es blieb bei wenigen hundert Fahrzeugen. Die Konkurrenz aus Niedersachsen und Bayern stand und steht weit besser da. 2011 verkaufte Rolls-Royce 3.538 Autos – ein Plus von 31 % gegenüber dem Vorjahr. Rolls-Royce-Chef Torsten Müller-Ötvös sagte vor der Presse: „Wir hatten 2011 ein herausragendes Jahr und sollten diesen Moment nutzen, uns auf diese britische Erfolgsgeschichte zu besinnen." Die Edelmarke konnte in allen Märkten zulegen: In Deutschland und Russland verdoppelte sich der Absatz, in Asien wurden 47 % mehr verkauft. Ähnlich gute Zahlen konnte der britische Hauptkonkurrent Bentley vorweisen. Der Absatz stieg 2011 um 37 % auf über 7.000 Fahrzeuge. Im Vorkrisenjahr 2007 waren 10.000 Fahrzeuge verkauft worden, doch der Absatz 2011 reichte immerhin aus, um das Unternehmen nach drei Verlustjahren wieder in die Gewinnzone zu bringen. Bentley-Chef Wolfgang Schreiber gab ein ehrgeiziges Ziel aus: Bis 2018 sollen 15.000 Bentleys verkauft werden.

Daimler zog die Konsequenz aus dem anhaltenden Misserfolg. Im November 2011 kündigte Daimler-Chef Dieter Zetsche das zweite Aus für Maybach an. Als im Jahr 2013 die neue S-Klasse-Generation auf den Markt kam, hatte Maybach ausgedient. „Es wäre nicht sinnvoll, ein Nachfolgemodell für den jetzigen Maybach zu entwickeln", sagte Zetsche in einem Gespräch mit der *Frankfurter Allgemeinen Zeitung*. „Die kommende S-Klasse ist ein in jeder Hinsicht so überlegenes Fahrzeug, dass sie die Maybach-Modelle ersetzen kann." Maybach-Club-Präsident Dr. Hofmann sagte zu dieser Entscheidung: „In der Geschichte der Firmen Daimler und Benz hat es schon immer Fahrzeuge gegeben, die keinen Gewinn, aber sehr wohl Prestige brachten." Außerdem ist der Maybach-Fan überzeugt, dass ein großer Mercedes Maybach-Käufer nicht anspreche. Sie seien Individualisten und hätten nicht zufällig einen Maybach gekauft statt einer S-Klasse. Doch in die allgemeine Kritik möchte er nicht einstimmen: „Ich hätte mir vielleicht ein bisschen mehr Eigenständigkeit für den neuen Maybach gewünscht", sagt er. „Außerdem darf man nicht Äpfel mit Birnen vergleichen. Rolls Royce ist zweifellos ein schönes Auto, doch ein Maybach ist ein Auto von einem anderen Stern."

Die unter Daimler-Regie gefertigten Maybach-Modelle werden den Kultstatus ihrer historischen Vorgänger wohl nicht erreichen, auch wenn sie selten sind. Der Vollständigkeit halber seien sie kurz vorgestellt: Es gab die Basismodelle 57 und 62. Diese Bezeichnungen beziehen sich auf die Fahrzeuglängen in Dezimetern (5,70 und 6,20 m). Von beiden Modellen gab es eine PS-stärkere Variante mit der Zusatzbezeichnung S für „Spezial". Mehr Hubraum, eine geänderte Kühlermaske, 20-Zoll-Felgen, Edelstahlblenden am Auspuff zählten ebenfalls zu den Unterscheidungsmerkmalen. Ab 2009 war sogar noch die Variante „Zeppelin" im Angebot, in Anlehnung an das legendäre Modell aus den 1930er Jahren. Mit einem Preis ab 560.000 € für die Langversion galt er als teuerste Serienlimousine der Welt. Das „Landaulet" mit Stoffverdeck ging nie in Serie, konnte allerdings auf Wunsch einzeln angefertigt werden.

Käufer des neuen Maybach waren Prominente, Königshäuser oder einfach Leute mit viel, viel Geld. Unter ihnen waren nach einem Bericht der *Frankfurter Allgemeinen Zeitung* vom 21. Dezember 2004 durchaus auch etwas zweifelhafte Gestalten wie König Mswati III. aus dem bitterarmen Swasiland, denen man nicht unbedingt die Hand schütteln möchte. Die meisten Einwohner müssen dort mit einem Dollar oder weniger am Tag auskommen. Allerdings hätte der König lieber einen Privatjet gehabt – zu Recht, wie Autor Hannes Hintermeier, nicht ganz ernst gemeint, erläuterte: „Mswati III. ist wahrscheinlich noch immer sauer, weil ihm Parlament und Untertanen bislang die Anschaffung eines Privatjets vermiest haben. Das Flugzeug sollte $ 45 Mio. kosten – deutlich mehr als Swasiland für sein Gesundheitssystem ausgibt. Also ist er fürs erste am Boden geblieben; und man muss den Monarchen auch verstehen: Im Flugzeug hätte er wenigstens seine elf Frauen und zwei Verlobten unterbringen können, die sich der gläubige Christ und bekennende Polygamist zumutet. Im großen Maybach kriegt er sie nicht unter."

Resümee: Mogelpackungen haben keine Chance

Wer eine exklusive Marke wiederbeleben möchte, sollte sich darüber im Klaren sein, dass Markenhistorie verpflichtet. Der „alte" Maybach glänzte durch technische Innovationen ebenso wie durch Luxus. Daimler hat offensichtlich vor allem den Luxus aufgegriffen und die technische Seite vernachlässigt, doch genau das wird erwartet – vor allem bei einem Preis zwischen 300.000 und einer halben Million Euro. Die heutigen Käufer möchten keinen historischen Maybach fahren, sondern ein Fahrzeug mit modernster Technik. Der zweite gravierende Fehler dürfte die Anlehnung an die S-Klasse gewesen sein. Maybach wurde nicht als durch und durch eigenständige Marke geführt. Das bedeutet, dass auch die Bedürfnisse der möglichen Käufer nur teilweise bedacht wurden. Erschwerend kam in diesem Fall hinzu, dass zwar jeder Rolls Royce und Bentley kennt, aber Maybach außerhalb des deutschsprachigen Raums nur wenig bekannt ist. Luxus verkauft sich eben doch nicht unter allen Umständen.

4.3   Junghans-Uhren: Als die Zeit abgelaufen schien

Die Wege zu den renommierten Zentren der Uhrmacherkunst führen in der Regel in die Provinz. In die sächsische 8.000-Seelen-Gemeinde Glashütte, wo das Herz der deutschen Nobelticker schlägt und einige der bedeutendsten Manufakturen der Welt ihren Sitz haben, fährt man von Dresden aus eine knappe Dreiviertelstunde durch das Sächsische Schweiz-Osterzgebirge. Zu den führenden eidgenössischen Herstellern – sofern Sie nicht im mondänen Genf domizilieren – muss man sich ins einsame Vallée de Joux wagen. Und das deutsche Traditionsunternehmen Junghans, einst Weltmarktführer unter allen Herstellern von Zeitmessern mit zeitweise 3.000 Beschäftigten, befindet sich im zwar recht pittoresken, aber doch weit abgelegenen Schwarzwald-Städtchen Schramberg. Von Offenburg aus geht die Fahrt durch das Kinzigtal und dann über zahlreiche Serpentinen zum Sitz der Firma Junghans. Die zahlreichen Gebäude auf dem dortigen Betriebsgelände lassen noch etwas von der früheren Größe dieses Unternehmens erahnen. Später jedoch wurden zahlreiche Immobilien an andere Betriebe vermietet. Das einstige Betriebsgelände ist heute ein Gewerbepark.

Beinahe hätte Junghans im Jahr 2008 sogar die letzten Gebäude räumen müssen, denn das wirtschaftliche Schicksal dieser Firma stand vorübergehend auf Messers Schneide. Die Rettung kam in letzter Minute. Und dann ging es mit diesem ehemaligen Aushängeschild der Schwarzwälder Uhrenfabrikation wieder aufwärts.

Lange Zeit jedoch sorgte Junghans vor allem für negative Nachrichten – mit dem vorläufigen Höhepunkt am 29. August 2008, als der Uhrenhersteller Insolvenz anmelden musste. Die Nachricht vom drohenden Aus sorgte deutschlandweit für Aufsehen. Nicht nur, weil rund 110 Jobs auf der Kippe standen. Der Niedergang dieser Traditionsmarke schien vielmehr ein weiterer Beleg dafür zu sein, dass die so lange als stabil geglaubten mittelständischen Unternehmen letztlich doch in den Strudel der im Jahr 2008 ausgebrochenen Finanz- und Wirtschaftskrise gerissen werden. Sogar führende Berliner Politiker, wie der CDU/CSU-Fraktionschef Volker Kauder, meldeten sich telefonisch in Schramberg und fragten besorgt bei der Geschäftsleitung nach, wie ernst die Lage denn wirklich sei.

Und sie war ernst genug, selbst wenn die Insolvenz keineswegs überraschend kam. Eine nicht eben überzeugende Modellpolitik und die Schwierigkeiten der früheren Muttergesellschaft Egana-Goldpfeil, zu der unter anderem auch der Schuhhersteller Salamander gehörte, rissen das Unternehmen immer weiter in die Tiefe. Schließlich holte der damalige Eigentümer den Ex-Chef von Glashütte Original, Heinz W. Pfeiffer, ins Boot. Er sollte dem kriselnden Unternehmen wieder auf die Beine helfen. Doch zu diesem Zeitpunkt war es offenkundig schon zu spät. Als Junghans dann im August 2008 Insolvenz anmeldete, war indessen eines klar: Es würde alles versucht werden, um das Unternehmen zu restrukturieren und ihm wieder zu neuem Glanz zu verhelfen. In der Tat meldeten sich zahlreiche potenzielle Investoren aus dem In- und Ausland, die starkes Interesse an Junghans zeigten. In der Krise offenbart sich mitunter der wahre Wert einer Marke.

Auch die Medien nahmen den Insolvenzantrag zum Anlass, um nicht nur über die aktuellen Schwierigkeiten des süddeutschen Uhrenherstellers zu berichten, sondern gleichermaßen über dessen große Vergangenheit. Immerhin stellte das damals noch zur Nürnberger Diehl-Gruppe gehörende Unternehmen die offizielle Zeitmessung bei den Olympischen Spielen in München 1974. Im Jahr 2008 indessen erschienen im Internet die ersten Nachrufe – viele von ihnen waren von großen Fans dieser Marke in echter Trauer verfasst worden.

Am Ende sollte der Retter aus der unmittelbaren Nachbarschaft kommen: Wenige Monate nach dem Insolvenzantrag übernahm der ebenfalls in Schramberg tätige Unternehmer Hans-Joachim Steim gemeinsam mit seinem Sohn Hannes Steim den schlingernden Betrieb. Beide haben selbst eine enge Affinität zu Uhren – und setzen damit eine Familientradition fort. Schon vor über hundert Jahren belieferte die heute zur Kern-Liebers Firmengruppe gehörende und von Hannes Steim geführte Carl Haas GmbH Junghans mit Präzisionsfedern. Ab dem Jahr 1930 stellte das Unternehmen Nivarox-Spiralfedern für mechanische Uhrwerke her.

Seit der Übernahme firmiert Junghans unter neuem Namen. Das Unternehmen heißt seit 1. Februar 2009 „Uhrenfabrik Junghans GmbH & Co KG". Im Management gibt man sich zuversichtlich und stellt die wohl schwierigste Phase in der Firmengeschichte sogar als Beispiel dar, wie ein Unternehmen gestärkt aus einer Insolvenz hervorgehen kann. „Die Insolvenz bescherte uns eine unglaubliche Medienpräsenz", berichtet Geschäftsführer Matthias Stotz, der gemeinsam mit Werner Wicklein das Unternehmen in eine bessere Zukunft führen sollte. Kaum stellten sich erste Erfolge ein, wurde Junghans von einem weiteren Schlag getroffen. Am 18. Mai 2010 starb im Alter von 64 Jahren Werner Wicklein – und damit einer der beiden Geschäftsführer.

Doch die Weichen für den künftigen Kurs waren zu diesem Zeitpunkt schon gestellt: Die Schwarzwälder fokussieren sich auf drei Produktlinien, die zum Teil über unterschiedliche Juweliere vertrieben werden. Im Standardsegment Junghans bietet das Unternehmen Quarz- und Funkuhren, aber auch mechanische Uhren an. Preislich liegen diese Zeitmesser zwischen 300 und 1.750 €. Besonders gefragt bei den Kunden sind die Modelle aus der Max Bill-Kollektion. Der Bauhaus-Künstler und Designer, der im Dezember 2008 seinen hundertsten Geburtstag hätte feiern können, entwarf für Junghans sowohl Armbanduhren als auch Wanduhren. „Die Stückzahlen in der Max Bill-Kollektion haben sich so gut entwickelt, dass wir beim Einkauf der Werke aus der Schweiz unser Kontingent komplett ausschöpfen. Vermutlich könnten wir noch mehr Max Bill-Uhren verkaufen, wenn wir mehr Werke bekämen", berichtet Geschäftsführer Matthias Stotz.

Immerhin kann diese Nobelmarke aus dem Schwarzwald mittlerweile auf einen sehr prominenten Träger verweisen. Muss sich Omega zum Beispiel mit George Clooney als

Testimonial begnügen, so kann Junghans berichten, dass kein Geringerer als der Ende Februar 2013 zurückgetretene Papst Benedikt XVI. eine Tempus Automatic trägt. Dabei handelt es sich um das Einsteigermodell in die rein mechanische Linie „Erhard Junghans". Die Tempus gibt es auch mit Gangreserve-Anzeige und Chronografen-Funktion. Für diese Uhren mit aufwändigeren Komplikationen muss der Käufer schon tiefer in die Tasche greifen, womit er sich durchaus bereits im Luxussegment bewegt. Die Modellreihe Creator 1861 ist preislich noch leicht über der Tempus positioniert. Für die goldenen Varianten müssen bis knapp 10.000 € gezahlt werden. Die reservierten Werke für diese Modelle fertigt ein Kooperationspartner nach den Vorstellungen von Junghans. Dem Vernehmen nach ist es der japanische Hersteller Seiko.

Wenige Monate vor dem Insolvenzantrag hatten die Schwarzwälder Uhrenbauer auf der internationalen Uhrenmesse „Baselworld 2008" mit ihrem bislang exklusivsten und auf gerade einmal zwölf Stück limitierten Zeitmesser überrascht: der Erhard Junghans 1 mit dem selbst entwickelten und größtenteils selbst gefertigten Handaufzugskaliber J325. Die Werk-Vollendung erfüllt höchste Ansprüche: handgravierte Unruhbögen mit Feinregulierung, Streifenschliff auf Räder- und Kaliberbrücken, anglierte Kanten, verschraubte Goldchatons, eine perlierte Grundplatine und selbstverständlich gebläte Schrauben. Spätestens mit der Lancierung dieser rechteckigen Uhr im Weißgoldgehäuse machte der Hersteller deutlich, dass er künftig wieder in der Spitzenliga mitspielen möchte. „Wir haben eine große Vergangenheit, und ich bin sicher, wir werden eine große Zukunft haben", zeigt sich Geschäftsführer Matthias Stotz überzeugt. Und dann schwärmt er davon, was Junghans in Sachen Feinuhrmacherei alles kann: „Wir fertigen unter anderem die Unruhbrücken, die Räderwerkbrücken und die Kaliberbrücken selbst, machen die Verzahnung sowie die Goldchatons und vieles mehr. Wir haben eine sehr weitgehende Fertigungstiefe erreicht. Die Art, wie wir finissieren, die Kanten anglieren, handgestochene Gravuren ausführen – das ist klassische Uhrmacherei." Sogar ein renommierter Schweizer Juwelier führe jetzt wieder Spitzenuhren der Marke Junghans, freut sich der Chef.

Nach der abgewendeten Insolvenz geht die Junghans-Geschäftsführung mit Selbstbewusstsein in die Zukunft. So betont Matthias Stotz nicht zuletzt die Chancen, die sich durch den neuen Eigentümer ergeben. Ein renommierter Hersteller von Präzisionsfedern einerseits, ein traditionsreicher Uhrenhersteller mit weiter zunehmender Fertigungstiefe andererseits – aus der Addition beider Stärken könnte ein Kompetenzzentrum für wichtige Teile mechanischer Uhrwerke entstehen.

Die Übernahme des personell abgespeckten Uhren-Unternehmens durch einen wirtschaftlich gesunden Mittelständler mit viel Know-how war sicher die beste aller möglichen Lösungen. Der Name Junghans stößt bei Verbrauchern mit einem eher pragmatischen Bezug zu Zeitmessern ebenso wie bei vielen Uhrenfreunden nach wie vor auf viel Goodwill. Mit den Einstiegsmodellen ihrer Premium-Linie Erhard Junghans decken die Schwarzwälder zudem einen interessanten Bereich ab. Sie sind günstiger als die großen Schweizer Marken und überzeugen mit einer ansehnlichen Werkdekoration. Optisch strahlen diese Uhren ein gewisses Understatement aus, obwohl sie mit einem Durchmesser von 42 mm durchaus dem allgemeinen Trend hin zur Größe folgen. Immerhin: Für manchen

Uhrenfreund liegt der Reiz mitunter in der Differenzierung. Mögen andere Zeitgenossen Uhren aus der Schweiz oder dem sächsischen Glashütte am Handgelenk tragen, so entscheidet sich der Individualist für High mech aus dem Schwarzwald. Und apropos Glashütte: Schramberg ist immerhin eine Partnerstadt der sächsischen Uhren-Hochburg.

Resümee: In den Konzern-Strudel gerissen

Für den Niedergang von Junghans, der schließlich in der Insolvenz endete, sind vor allem zwei Gründe verantwortlich. Erstens hat es das frühere Management versäumt, die Marke klar zu positionieren. Während sich die Wettbewerber in der Schweiz mit neuen, teuren mechanischen Zeitmessern von der Quarzkrise der 1980er Jahre erholten, blieb Junghans eine eher biedere Marke im unteren bis mittleren Preissegment. Uhren, die man auch schon mal im Kaufhaus ersteht. Für Sammler und Liebhaber war diese Marke nicht mehr interessant. Allenfalls alte Modelle waren wegen der großen Vergangenheit des Unternehmens noch gefragt. Wer sich eine teure Uhr gönnen wollte, kaufte sich einen Schweizer Zeitmesser. Und Kunden, die nur ein pragmatisches Verhältnis zu Uhren haben und höchstens 100 € zu investieren bereit waren, kauften Quarzuhren aus Fernost. Salopp ausgedrückt: Junghans-Uhren waren lange Zeit weder Fisch noch Fleisch.

Das Management hat dies schließlich erkannt und mit Heinz W. Pfeiffer und Matthias Stotz ausgewiesene und erfolgreiche Fachleute an Bord geholt. Tatsächlich gelang es, wenige Monate vor der Insolvenz mit einem größtenteils selbst gefertigten Uhrwerk wieder technische Kompetenz zu beweisen. Junghans sollte – endlich – wieder zu einer Marke auch für Liebhaber werden. Doch dazu war es schon zu spät.

Der zweite Grund für den Niedergang des Traditionsunternehmens ist die damalige Zugehörigkeit von Junghans zur Egana-Goldpfeil-Gruppe mit Hauptsitz in Hongkong. Einstmals als „deutsche Antwort" auf den weltweit führenden Luxusgüterkonzern Louis Vuitton Moët Hennessy (LVMH) geplant, entwickelte sich dieser von Hans-Jörg Seeberger gegründete Konzern zu einem Konglomerat von Marken, die größtenteils ihre besten Zeiten schon hinter sich hatten. Als Egana-Goldpfeil in die Insolvenz geriet, gab es auch für Junghans kein Halten mehr.

Die Renaissance von Junghans begann, als die ehemalige Konzernmarke wieder in ein Familienunternehmen überführt wurde. Mancher spricht heute schon vom „Junghans-Wunder". Selbst die in der Krise veräußerten Immobilien konnte Junghans inzwischen wieder zurückkaufen.

Weiterführende Literatur

Trendgetränke

1. Pressemeldungen und Informationen von www.drinkstar.de, www.sinalco.de, www.afri.de, www.creme21.com

Maybach

2. Mercedes beerdigt still und leise den Maybach, in: Die Welt, 18. August 2012
3. Maybach wird wieder Geschichte, in: Motor Klassik 11/2011

Junghans

4. Michael Brückner: Exzellenz in der Nische, Kühbach-Unterbernbach, 2009, Gespräch des Autors mit dem Geschäftsführer
5. Horst Poller: Firma und Familie – Anmerkungen zu 150 Jahren Junghans-Uhren, München 2011
6. Nach Insolvenz: Uhrenhersteller Junghans auf Wachstumskurs, in: Handelsblatt, 22. Februar 2013

The manufacturer's authorised representative in the EU is Springer
Nature Customer Service Centre GmbH, Europaplatz 3, 69115 Heidelberg,
Germany. If you have any concerns regarding our products, please
contact ProductSafety@springernature.com

Printed and bound by CPI Group (UK) Ltd, Croydon, CR0 4YY
24/04/2026
02096335-0019